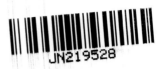

後期スコラ神学批判文書集

後期スコラ神学
批判文書集

M. ルター 著
金子晴勇 訳

知泉学術叢書 6

はじめに

ルターはその初期の聖書講義を行っている期間に新しい神学思想を着想しはじめ，それを大学における討論を通して表明するようになった。そこには彼が強く影響を受けたにもかかわらず批判しなければならないと感じた後期スコラ神学があった。このようにルターは初期の聖書講義のさ中に新しい認識に到達していたのであるが，これは彼の求道生活から生まれてきていた。だが，こうした新しい認識に到達した人はだれでも，それに対する批判者が立ち上がって来るのを避けることができない。彼の場合には聖書の解釈から生まれた自己の新しい思想を弁護せざるを得なかった。彼は自分の信仰義認についての解釈と対立する見解を中世後期のスコラ学者たちの中に見いだした。これらの反対者に対決して自己の新しい神学を確立するためには当時大学で行われていた学問的討論の方法が採用された。この討論を大学で公に開くためには一連の「提題」ないし「論題」を肯定的にせよ否定的にせよ提示して，それに対決する反対者の批判を反駁しなければならなかった。そのさい教師同士の論戦もあったが，総じて学生の訓練のために，また博士論文審査のためにもこの神学討論が用いられた。ルターはローマ書講義が終わった1517年に後期スコラ神学批判のテーゼをまとめて，学生フランツ・ギュンターにそれを弁護することを命じた。これが「スコラ神学を批判する討論」(1517) である。これは当時の宗教事情からすると神学的にやや危険な試みであって，教会当局と衝突を起こすかも知れなかった。しかし何事も起こらなかった。その数週間後に，彼は贖宥問題を取りあげてみた。これが所謂「九五カ条の提題」である。それは先のスコラ神学批判とは相違して，政治的にも重要で，民衆にもよく理解できる論題であった。贖宥状は至るところで売られていたから，今日のお守りか宝くじのようなものであった。しかし神学的に見るならば，その内容はそれほど重要とも思われなかった。ところがドイツのみならずヨーロッパの各地からの反響は絶大であって，これがヨーロッパ各地に波及し，これによって宗教改革の火ぶたが切って落とされることになった。

その後もアウグスティヌス修道会で開催された「ハイデルベルク討論」，エックとの論争を記録する「ライプチヒ討論」などは先に大学で行われた討論と同様に神学的に重要な内容が展開するばかりか，宗教改革の神学思想の形成の跡をはっきりと残している点でも貴重な資料である。1521年のヴォルムスの国会以後になると，ルターの宗教改革が現実味を帯びてくる。彼の思想は危険視され，遂にヴァルトブルク城に幽閉され，聖書の翻訳に従事するとともに，『スコラ神学者ラトムス批判』をも執筆することになった。ここには初期の討論集における問題点を批判したスコラ神学者ラトムスへの反駁討論が詳細かつ厳密に行われ，初期のルター神学の成果が豊かに表明されるようになった[1)]。

ルターが所属していたヴィッテンベルク大学でははじめ講義と並んでロンバルドゥスの『命題集』（Sententia）の講読や古典の演習が行われていたが，それらはいずれも講

1）『スコラ神学者ラトムス批判』の表題に関しては本書にあるその「解説」を参照されたい。

義と討論によって進められていた。講読というのはテキストの祖述と，学生の暗記から成り立っていたが，こうした講読と並行して討論も盛んに行われた。したがって 1502 年の「ヴィッテンベルク大学設立案」にも 1508 年の「神学部規則」にも三種の討論が定められており，古典的テキストの演習討論の他に学者間の討論や博士試験のための討論が行われていた。

本書は内容からすると後期スコラ神学に属するウイリアム・オッカムに強く影響されたガブリエル・ビール（Gabriel Biel，1420 頃 -90）の神学思想との討論と批判から成り立っている。後期スコラ神学については後の「総説」でその概要を説明するが，ここでは「後期スコラ神学の公理」となった命題だけは，繰り返し登場してくるので解説しておきたい。

一般的に言って，義認，つまり神によって義人と認定され，判断されることが修道の目的であるが，ここでは義認への準備についてのビールの学説がもっとも重要である。そのさいスコラ神学によって古くから提示されてきた公理をどのように解釈するかが各々の学説の特色となっていた。その公理は「自己にできるかぎりをなしている人に対し神は恩恵を拒まない」（Facienti quod in se est, Deus non denegat gratiam.）という命題によって示される。この命題はさまざまに理解されている。スコラ神学の最大の権威者トマス・アクィナスは，この義認のための準備が神の恩恵と自由意志との協働によって行われるとはじめ説いたが，後に恩恵の先行性を強調し，この命題では恩恵を受けるに値する功績が自由意志に帰せられているのではない，なぜなら恩恵は無償で与えられるから，と説くにいたった。それに対しオッカムとビールにおいては義認への準備を自由意志の功績に帰する解釈がなされた。それはこうである。恩恵は救いと善いわざにとって必要であるにしても，信仰の行為の発端はもっぱら自由意志にかかっている，と。これはアウグスティヌスの論敵であったセミ・ペラギウス主義の主張である。すなわち，ビールは義認への準備が，聖霊の特別な働きによっても支えられていない自然的人間の自由意志によりまず開始されると主張して，次のように主張した。

> 魂は自由意志により障害をとりのぞき，神に向かう善い運動によって呼び起こされるならば，最初の恩恵に適宜的に（de congruo）値することができる。そこから次のことが明らかになる。神は自己の中にあるかぎりをなしているわざを最初の恩恵を与えるために受け入れたもうが，それも義に相当しているからではなく，神の寛大さからなのである。ところで魂は障害をとりのぞいて，罪の行為と罪への同意とをやめ，神に向かい，自己の根源と目的に向かうように，善い運動を起こすならば，自己の中にあるかぎりをなしているのである。だから，障害をとりのぞく行為と神に向かう善い運動とを，神はその寛大さから恩恵を注ぎ入れるべく受け入れたもう[2)]。

このビールの主張によく示されているように義認への準備とは自由意志によって罪に同意することをやめ，神に向かって立ち返ることであり，これが「自己の中にあるかぎりをなす」，つまり最善を尽くすことの意味である。こういう準備行為により恩恵を注ぎ込まれるに値するといっても，そこには一つの制限が与えられている。すなわち，この準備もしくは功績は「適宜的」に恩恵に値する功績であって，「応報的」(de condigno）に当然の報酬に値するの

2）　G. Biel, Lib. II Sent., dis. 27, qu. 1, art. 2, c.4.

ではないと主張されている。当然の報酬として応報的に功績を立てるのはペラギウス主義と呼ばれる異端である。しかしビールの言う「適宜的」とは「神の寛大さにもとづく受納」を意味し,「相当分以上」の恩恵が神のあわれみにより与えられることを言う。ここにわたしたちはビールのキリスト教的福音の使信を見ることができる。だがこれによってルターは罪からの救済を実現できなかった。そこからスコラ神学との対決が彼にとってもっとも重要な課題となった。

本書においてわたしたちは最初に中世思想を通して終始問題とされた最大の討論主題であった「恩恵と意志」についての神学的討論を問題にし(第1文書),次いでスコラ神学批判という本書の主題に関する討論を検討し(第2文書),またルター神学の核心が要約して提示された「ハイデルベルク討論」を考察し(第3文書),さらにルターの批判者エックとの討論である「ライプチッヒ討論」をとりあげ(第4文書),これらルターの文書を批判して当時のルーヴァン大学の教授ラトムスが提起した問題点に対するルターの批判をとりあげたい(第5文書)。というのもルターは後期スコラ神学を徹底的に批判しながら彼自身の神学思想を形成していったからである。彼はこのような自己の新しい神学思想を携えて,また同時に「9月聖書」と呼ばれる新しいドイツ語訳の新約聖書を完成させて,ヴィッテンベルグに帰還し,宗教改革の事業を開始した。彼の神学思想が如実に表明されるこれらの諸文書によってわたしたちは,彼の学問的な形成過程を新鮮で真に瑞々しい表現を通して直接学ぶことができる。

目　　次

第 3 文書　「ハイデルベルク討論」1518 年

第 4 文書　ヨハン・エック博士の中傷に反対する修道士マルティン・ルターの討論と弁明 1519 年

第 5 文書　『スコラ神学者ラトムス批判』1521 年

後期スコラ神学批判文書集

第 1 文書

「恩恵を欠いた人間の力と意志に関する問題」
1516 年

(W. 1. 145) アウグスティヌス修道会士，文学と神学の修士である教師，優れた人物マルティン・ルターの司会のもとに，来たる金曜日7時[1)]，下記のような問題が討論されるであろう。

神の像にしたがって創造された人間は，その自然的な能力によって，創造主なる神の戒めを守り，何か善いことを行ったり考えたり，恩恵を受けるに値したり，功績を認めることができるか。

第1命題

人間は，魂に属する理性によって[2)]神の像であり，したがって神の恩恵に適合しているが，その自然的な能力によるだけでは，彼が使用するどのような被造物をも虚無に服させ，自分の利益[3)]と肉に属するものとを求める[4)]。

人間が神の像であることは，創世記第1章（27節）の「神は御自分にかたどって人を創造された」によって明らかであるが，それが魂に属する理性によってであるということを，聖アウグスティヌスが次の言葉でもって明らかに

1） この日は1516年9月25日に当たる。

2） 「魂に属する理性によって」（ratione animae）は「魂の分別によって」とも「魂のゆえに」とも訳せる。この「理性」に相当するものがアウグスティヌスの説く「精神」（mens）であって，理性も精神も作用であって実体的には魂に所属する。というのはアウグスティヌスは『三位一体論』において精神の作用の中に神の像を探究したからである。

3） 「自分の利益」（sua）は「自分のもの」の意味であるが，新共同訳に従ってこう訳す。

4） 人間における神の像と自然的な人間の道徳的性質が第一命題の主題である。

している。すなわち「人間の精神（mens）は神の本性と同じ本性のものではないとしても，何ものもそれに優っていない神の像がそこで[5]探究されるべきであり，〔わたしたちのうちに〕見いだされるべきである。わたしたちの本性はそれに優る」，つまり精神に優る「何ものももっていないから」[6]。このように人間が神の恩恵を受けるに適合していることを，聖アウグスティヌスは，人間の本性に恩恵が与えられる理由をたずねて，次のように述べながら弁護する。「わたしたちの主，イエス・キリストによる神の恩恵は，石や木や家畜に与えられているのではなくて，〔人間の本性が〕神の像であるがゆえに，この恩恵に値する。とはいえ，人間の善い意志は恩恵に先行することができないし，意志は〈報いを受けるために先立って主に与える〉（ローマ11・35）ことができない」[7]。この命題のその他の点は，十分明らかである。なぜなら，恩恵から切り離された人間は「良い実を結ぶことができない悪い木」（マタイ7・18）であり，被造物を神の栄光と讃美——これが被造物が造られた目的であるが——のために用いることができない。そうすることは被造物を虚無に服させることである。人間はただ自分の利益と肉的なものとを追求する。

第1補遺[8]

古い人は空の空であり（コヘレト1·2），全く空しい（詩39・5）ものであって，元来は善である，その他の被造物をも空しくする[9]。

5）「そこで」とは「精神において」（in mente）の意味である。

6）アウグスティヌス『三位一体』14・8・11。

7）アウグスティヌス『ユリアヌス駁論』4・3・15。

8）Corollariumというのは「小さい花冠」の意味であるが，追加の議論ということで「補遺」と訳した。

9）悪の根源はすべて人間にある。

（W. 1. 146）古い人間はもっとも純粋に神を愛する者でも，熱烈に神に飢え渇く者でもないが，それでも神に関与する者として神によってのみ満ち足りることができるのに，精神と霊でもって[10]被造物の中に満足を獲ようと企てることは明らかである。したがってコヘレト第1章には「空の空」（コヘレト1・2）とあり，また「すべては空しい」（詩39・5）とある。詩編38編には「生きているすべての人はすべて空である」とある。しかし元来は善である他の被造物〔創世記第1章によれば「神はお造りになったすべてのものをご覧になつた。それは極めて良かった」（1・31）とあり，使徒のテモテへの第一の手紙第4章によれば「神がお造りになったものはすべて良いものである」（4・4）とある〕を人が空しくすることは，使徒のローマの信徒への手紙第8章の言葉「被造物が虚無に服したのは，自分の意志によるのではない」（8・20）から引き出される。これによって明白に立証されることは，人間によって主観的な考えや間違った評価，あるいは転倒した愛や享楽によって実際にあるよりも高く見積もられて，被造物は自分自身には悪徳がないのに外側から悪しきもの・空しいもの・有害なものとされる[11]。同じように乾草は，人間の食物であると予想される場合には，実際あるよりも価値があるとみなされる。

10）「精神と霊でもって」（mente et spiritu）とあるように，精神と霊とはともに魂の作用として認められている。

11） ルターによるとわたしたちは事物や事柄自体よりも，それに対する価値評価と愛によって縛られており，そこからの解放は神の力である聖霊によって行われる。したがって人間は事柄自体を見ないで，それへの主観的な評価によって縛られ動かされている。『重荷を負い労苦する人たちのための慰めの14章』（1520）や『詩編90編の講解』（1547）を参照。

第2補遺

古い人間が「肉」の名称でもって呼ばれるのは，単に感覚的な情欲に導かれるからだけではなく（たとえ貞潔で賢く義であっても），霊によって神から生まれていないからである[12)]。

古い人間が「肉」と呼ばれることは，ヨハネ福音書第3章の「肉から生まれた者は肉である」（3・6），ガラテヤ書第5章の「肉の望むところは霊に反する」（5・17），およびローマの信徒への手紙第8章の「肉の思いは神に敵対する」（8・7）という言葉から明らかである。しかし，ヨハネが「霊から生まれる者は霊である」（3・6）と付け加えていることから，この補遺の全体は明らかである。だれでも霊から生まれ変わらないでは（自己と人々の前でどのように義・貞潔・賢明であっても），肉であり，肉的であって，古い人間である。神を除くすべての善は肉に属するものであり，造られたのではない善だけが霊に属するものである。アウグスティヌスは言う，「まことにそれ（彼は愛によって働く信仰について語っている）がないならば，善と思われるわざも罪に変えられる」[13)]と。

第3補遺

すべて不信仰な者たちは何も善を行っていないので空しいが，それでもすべての人が同じ罰を受けないであろう[14)]。

この補遺の初めの部分は，次の出典箇所から明らかである。ハバクク書第2章，「義人は信仰によって生きる」（2・4）。ヘブライ人への手紙第2章，「信仰がなければ，神に

12）　肉は霊的なものと対立している。これは神学的な霊肉の区分である。

13）　アウグスティヌス『ペラギウス派の二書簡駁論』3・5・14。

14）　人間が罪を犯しやすい点でも多様な段階がある。

喜ばれることはできない」(11・6)。第二の部分は同様に使徒のローマの信徒への手紙第 2 章によって明らかである。その箇所では次のように言われる。「たとえ律法をもたない異邦人も，律法の命じるところを自然に行えば，律法をもたなくとも，自分自身が律法なのである。というのも彼らは律法の要求するわざがその心に記されていることを示し，彼らの良心もこれを証しており，また心の思いも互いに告発し合っているから」(2・14-15)。アウグスティヌスは『ユリアヌス駁論』第 4 巻第 3 章でこのことを論じ，不信仰な者たちに関する解釈もしくは説明を与えて，次のように語っている，「もし彼らがキリストに対する信仰をもっていないとしたら，確かに彼らは義人ではないし，神に喜ばれない（というのは「信仰なしに神に喜ばれることは不可能である」から)。しかし彼らは律法に一致することを自然本性からできるかぎり行ったがゆえに，裁きの日に（W. 1. 146）いっそう寛大に罰せられるように，彼らの意見は彼らを弁護するであろう。なぜなら彼らは心に書かれた律法の要求するわざをもっていて，それが我慢できないことを他者に対して行わないように命じているから。しかしながら彼らは，信仰のない者として，それらのわざを当然向けるべき目的に向けなかった点で，罪を犯している。実際，ファブリキウス[15]はカティリナ[16]よりも罰を受ける程度が小さいであろう。それも彼が善人であったからではなく，カティリナよりも悪と不信仰の程度が小さかったからである。またファブリキウスは真の徳をもっていなかったのではなく，真の徳からそれほどひどく逸脱し

15）「ファブリキウス」(Fabricius Luscinus, Gaius)。紀元前 4-3 世紀のローマの軍人，風紀取締官であったが，美徳の模範とされた。

16）「カティリナ」(Catilina, Lucius Sergius）前 108-62。ローマ共和政末期の政治家。陰謀によって統領になろうとしたカティリナ事件の首謀者。キケロに追及され，死す。

ていなかったことによる。そして少し前には「自然の律法によって義である人たちは，全く神に喜ばれない」[17]とアウグスティヌスは言う。

第 2 命題

人間は，神の恩恵が取り除かれると，神の戒めを決して守ることができないし，また適宜的にも（de congrue）応報的にも（de condigno）[18]，自らを恩恵に向けて準備することができず，まことに必然的に罪の下にとどまる[19]。

命題の第一の部分は，使徒のローマの信徒への手紙第 13 章「愛は律法を全うする」（13・10），「知識は人を高ぶらせ，愛は造り上げる」（Ｉコリント 8・1），「文字は殺すが，霊は生かす」（II コリント 3・6）から明らかである。これらの言葉を考察して聖アウグスティヌスは言う，「律法の知識は愛がないと，人を誇らせ，徳を建てない」[20]と。その少し後で彼は「したがって律法の知識は倣慢な違反者を造るが，愛の贈り物によって喜んで律法を実行する者で

17）　アウグスティヌス『ユリアヌス駁論』4・3・25。

18）　ビール『コレクトリウム』II, Sent. dis. 27, q. unica. a. 2,. 4 参照。ここで言う「適宜的」とは「神の寛大さにもとづく受納（acceptatio）」を意味し，「応報的」に支払われる報酬とは区別されている。応報的に支払われるなら，神は負債者となるが，適宜的に受納する場合には神は寛大なあわれみ深い存在なのである。ここにビールの福音的使信が見られる。なお，「コレクトリウム」（Collectrium）というのはビールのロンバルドゥス『命題集注解』の新版（1984 年改訂新版）につけられた名称である。

19）　ここではオッカム主義の救済論に対する批判を展開し，人間には自力で救いに到達する力がないことが説かれる。

20）　アウグスティヌス『ペラギウス派の二書簡駁論』4・5・11。「徳を建て（aedificat）ない」は「建てない」，「造らない」の意味であるが，内容的には「建徳的でない」の意味である。

あろうとする」と言う。また多くの箇所で彼は「律法は恩恵が求められるために授けられた。恩恵は律法が遂行されるために与えられた」[21]と語る。

第二の部分について聖アウグスティヌスは多くの箇所で述べている。今はそのいくつかを参照すれば十分であろう。ヨハネ福音書第15章「わたしを離れては，あなたがたは何もできない」(15・5)。同様に「父がわたしに与えてくださらなかったなら，だれもわたしのところに来ることはできない」(6・65)。使徒のコリントの信徒への第1の手紙第4章「あなたの持っているもので，いただかなかったものがあろうか」(4・7)。そのほか旧新約聖書の多くの箇所でこのような結論に達し，教えられている。とくに預言者エゼキエルによって教えられる。そこでは神が簡潔に語る，「神は人間の善なる功績に動かされて，人間が神の戒めに従順な者であるかのように，人間を善となすのではなく，かえって人間に対しては善をもって悪に報いる，それも人間のためではなくて，神自身のためにこれを行う」と。つまり神は言う，「主なるあなたの神はこう言われる，わたしがイスラエルの家に行うことは，あなたがたが諸国民の中で汚したわたしの聖なる名のために行う，と」(エゼキエル36・22) と。また預言者は多く語った後に，「わたしがこれを行うのはあなたがたのためではないことを知れ，と主なる神は言われる」(同36・32) と続ける。これらすべてから，恩恵の擁護者である聖アウグスティヌスは，恩恵の説教者である至聖なる使徒〔パウロ〕とともに，「これは人の意志や努力ではなく，神のあわれみによる」(ローマ9・16) こと，神は受けて当然である者に罰を報いるのではなく，むしろ受けるに値しないあわれみを報いる〔と結論する〕。したがって恩恵に先行する

21) アウグスティヌス『霊と文字』19・34。

功績は止み，それは全くなくなるであろう。それゆえ人間は，恩恵なしには必然的に怒りの子にとどまる。なぜなら「神の御霊に導かれる者だけが神の子なのである」（同 8・14）から。

第 1 補遺

恩恵がないなら人間の意志は自由ではなく，不本意ではないとしても，奴隷的である[22)]。

（W. 1. 148）このことはローマの信徒への手紙第 7 章の「すべて罪を犯す者は罪の奴隷である」（実際はヨハネ 8・34）ことから明らかである。意志は恩恵がないと（sine gratia）罪を犯す。したがって自由ではない。この点は聖福音書記者の言葉によっても明らかである。そこではキリストが「もし子があなたがたを自由にすれば，あなたがたは本当に自由になる」（ヨハネ 8・36）と語る。ここからアウグスティヌスは次のように言う，「あなたが〔まず最初に〕〈羊〉とならなければ，義を行うのに自由でないような，自由意志をあなたはどうして提示するのか。したがって人々を羊となすお方は，人間の意志を信仰の従順に至るように解放する」[23)]と。しかしながら，〔意志は〕不本意にではなく自発的に（non invite sed voluntarie）奴隷となっている。さらに，このことはアウグスティヌスの『ベラギウス派の二書簡駁論』第 1 巻によっても明らかである。その所で彼は言う，「解き放つ者が自由としていなかったなら，善に向けて自由ではなく，むしろ悪に向けて自由意志をもっており，欺く者〔である悪魔〕は，隠れてであれ，公然とであれ，この自由意志に邪悪への傾向を接ぎ木する

22）罪深い意志が不自由であることからルターは奴隷意志を主張する。この視点は続くアウグスティヌスの引用によって論証される。

23）アウグスティヌス『ベラギウス派の二書簡駁論』4・6・15。

か，もしくはそうする積もりであったかである」[24]と。アウグスティヌスの『ユリアヌス駁論』第2巻には「あなたがたはここ〔の生活〕で人間が完全に到達するように欲する。しかも神の賜物によって，また自由な――というよりもむしろ奴隷的な――自己の意志の決定力によって，そうありたいと願っている」[25]とある。

第二補遺

人間は，自分のうちにあることを行う（facere quod, in se est）[26]限りは，罪を犯す。なぜなら，人間は自分自身から意志することも，思考することもできないからである[27]。

この補遺は「悪い木は悪い実しか結ぶことができず，また作ることができない」（マタイ7・17）から明らかであ

24）　アウグスティヌス，前掲書1・3・6。

25）　アウグスティヌス『ユリアヌス駁論』2・8・23。「また自由な――というよりもむしろ奴隷的な――自己の意志の決定力によって，そうありたい」（non liber, sed potius servo propriae vountatis arbitrio）とあるのがアウグスティヌスの奴隷意志の唯一の出典箇所である。ルターはこの箇所を奴隷意志を主張するに当たって典拠とした『奴隷意志論』（WA. 18, 665）を参照。これよりも多くアウグスティヌスが用いた表現は「拘束された自由意志」（liberum arbitrium captivatum）であるが，内容的には同じである。

26）　このスコラ神学の公理について本書「はじめに」viii頁を参照。『ローマ書講義』にはこの言葉について次のような説明がなされている。「しかし真実に善を行っている人は，人間が自己自身から何もなし得ないのを知っている。したがって〈自己にできる限りをなしている人に，神は誤りなく恩恵を注ぎたもう〉という慣用となった命題は全く馬鹿げており，ペラギウス主義の誤謬を熱心に弁護するものである。その際〈自己にできる限りをなす〉という語句によって何かをなす，またなし得ると理解されている。こうして実際，社会全体は明らかにこの言葉への信頼によっておおかた滅ぼされている」（WA. 56, 502, 29-503, 5）。

27）　したがって自然的な人間は善に対して無能力である。

る。だが聖アウグスティヌスは，その多くの箇所で，人間は恩恵が排除されると悪い木である，と説いている。それゆえ人間は何を行おうとも，どのような方法で理性を用いようとも[28]，諸々の行為を引き出そうとも，行為を命じ行おうとも，愛によって働く信仰がなければ（ガラテヤ5・6），絶えず罪を犯す。同様に使徒はフィリピの信徒への手紙第2章で「あなたがたの内に働いて，意志を起こし行わせるのは神である」（2・3）と言う。彼は他の箇所のコリントの信徒への第2の手紙第3章でも「もちろん自分自身から何かできるなどと思う資格があるというのではなくて，わたしたちの資格は神から来ている」（3・5）と言う。アウグスティヌスは言う，「何かよいことを考えることは，それを欲することより以下である。わたしたちは確かに欲するものをすべて考えるが，考えるものをすべて欲しはしない」[29]と。そこから彼は次のように議論を進める。つまり「より小さいことに対して（すなわち何かよいことを考えることに対して）資格が自分自身からは来ているのではなくて，わたしたちの十分な資格は神から来ているのに，どのようにしてわたしたちは，より豊かなものに対して（すなわち何かよいことを欲することに対して）資格が，神の助けなしに，自由意志から来る〔と言う〕のであろうか」と。箴言第16章には「人は心を準備する」（16・1）とあるが，それは「神の援助なしではない」[30]。使徒は言う，

28）　スコラ神学では一般に「知性は意志に善を行うように命じる。知性は善を意志するように意志から行為を引き出す」（Intellectus imperat voluntati, ut faciat bonum. Intellectus elicit actum e voluntate, ut velit bonum）と説かれていた。前者が「命じられた行為」（actus imperati）であり，後者が「引き出された行為」（actus eliciti）である。前者が行為であり，後者が意志の刺激である。

29）　アウグスティヌス『ペラギウス派の二書簡駁論』2・8・18。

30）　この部分はアウグスティヌスによる付加であって，前掲書，1・16-17にある考えに基づく。

「神の霊によって語る人は，だれも〈イエスは神から見捨てられよ〉とは言わないし，また，聖霊によらなければ，だれも〈イエスは主である〉と言えない」（Ⅰコリント3・3）と。使徒は「言う」という動詞を，霊的にまたは〔非〕本性的に[31]用いた。ところが自分の意志と心とを〔ただ〕音声によって告げる人は，本性的に「主よ」と言うだけである。

第三補遺

信仰者たちの義は神の内に隠されているが，彼らの罪は自己自身のもとで明白であるから，義人たちだけが罰に定められ，罪人らと娼婦らが救われるのは，真実である[32]。

（W. 1. 149）第一の部分に関しては，明らかである。なぜなら信仰者たちの義は，詩編31編で「神が罪を負わさなかった人はさいわいである」（31・2）と言われる言葉によって，ただ神からのみ帰せられるからである。また他の詩編では「わたしの助けは主のもとから」（121・2）とあるし，またホセア書第13章には「イスラエルよ，お前の

31）「霊的にまたは〔非〕本性的に」（spiritualiter vel proprie）はヴァルヒ版により〔非〕（non）を入れて読む（W[2,]（ヴァルヒ版全集第2版）18, 10）。

32） 救いの達成は罪の赦しのかたちでのみ可能である。ここには逆対応の論理が示される。この逆対応は神が人間の考えとは「反対の相のもとに」（sub specie contrarii）働くことから生まれている。それは次のように霊的人間の隠れとして語られている。「神が彼らの下においては全く反対の相の下に（omnio contrariis speciebus）活動したもう，こうした計画とわざとが隠されているがゆえに，愚かな人たちがそれを知らないのは不思議ではない。……見よ，霊的で内的な人々の下では神は栄光・救い・富・美・量りがたく尊い徳をつくり出す。しかし外的にはこれらは一つも現れないで，かえって万事は反対のように現れる。神は彼らを恥辱・弱さ・富の欠乏・軽蔑・不潔，否かえって死にまでも見捨てたもう」（WA. 4, 81, 26ff.）。このような認識は霊性的であって，感性によっても理性によっても把握できない。

破滅が来る。けれども，わたしの許には助けがある」（13・9）とある。第二の部分は他の詩編が「わたしの内につねにある罪」（51・5）と言っていることから明らかである。わたしは自分の前につねに罪人である。また使徒はコロサイの信徒への手紙第3章で，「あなたがたは死んだのであって，あなたがたの命は，キリストとともに神のうちに隠されている。あなたがたの命であるキリストが現れるとき，あなたがたも，キリストとともに栄光に包まれて現れるであろう」（3・4）と言う。したがってすべての聖徒は自覚している罪人であるが，義人であることを知らず，現実には罪人であっても，希望においては義人であり，実際には罪人であるが，あわれみ深い神の転嫁（imputatio）[33]によって義人である。それゆえ義人たち，つまり自己自身に罪を転嫁しない義人たちだけが，その〔傲慢な〕悪のゆえに罪に定められるのに対して，娼婦たち，つまり自分に罪を転嫁する人たち，自分の目には娼婦であり罪人である人たち，だが神に自分の不義を告白し（詩32・5），適切な時に不義が赦されることを祈る人たち，自分自身にではなく神に希望をおく人たちは救われる，ということは真実である。主が祭司たちや律法学者たちに「はっきり言っておく。徴税人や罪人たちの方が，あなたがたより先に神の国に入るであろう」（マタ21・31）と言われたのもこのためである。同様に「わたしが来たのは，正しい人を招くためではなく，罪人を招くためである」（同9・13）。「医者を必要とするのは病人である」（同9・12）。「一人の罪人に対して大きな喜びが天にある」（ルカ15・7）等々と言われる。

33）「転嫁」（imputatio）は「非転嫁」（nonimputatio）と同じく義認思想の重要な契機である。つまりキリストのゆえに罪を信仰者に転嫁しないこと，反対にキリストの義を信仰者に転嫁することによって義認が成立する。この点については本書362-67頁を参照。

第3命題

恩恵や愛が極端な困窮の際にのみ〔人を〕助けるならば[34]，それはきわめて無能であり，むしろ全く愛ではない。極端な困窮が死の危険ではなく，何かあるものに事欠くこと（Ⅰヨハネ3・17）として理解されるなら話は別である。

簡単に言うとこのことは聖アンブロシウスの「聖霊の恩恵は尽力するのにとまどうことを知らない」[35]という言葉によって明らかである。そして愛が死の危険を恐れないことは，「隣人を自分のように愛しなさい」（マタイ22・39）という，隣人愛の教えから明らかである。けれども死の危険に陥る前に自分が助けられることを願わない人はだれもいない。それゆえマタイ福音書第7章にある「人にしてもらいたいと思うことは何でも，あなたがたも人にしなさい」（7・12）という救い主の言葉に従って，他の人が死の危険に陥る前に自分も彼らを助けるべきである。同様に第1のヨハネの手紙第3章には，「世の富をもちながら，兄弟が必要なものに事欠くのを見て心を閉ざす者は，どうして神の愛が彼の内にとどまるであろうか」（3・7）とある。

第1補遺

わたしたちの力であり，わたしたちの義であり，心と腎の吟味者なるキリスト・イエスだけが，わたしたちの功績

34） この「極端な困窮」というのは「死の危険」と関係するとしたら，それは教皇の贖宥状にある「死ぬ時点における十分なる赦し」（plenariare remissio in mortis articulo）を指している。したがってここには教皇の贖宥に対するルターによる隠された攻撃が潜んでいると思われる。

35） アンブロシウス『ルカ福音書講解』2・19。

の保証人であり，判定者である[36]。

この補遺は聖書の多くの箇所，つまり歴代誌上第 28 章（9 節），申命記第 8 章（2 節），詩編 45 編「神はわたしの避け所また力であり，悩みの時の助け主である」〔実際は 46・1〕から明らかである。さらにはコリントの信徒への第 1 の手紙第 1 章「キリストはわたしたちにとって神の知恵となり，義と聖と贖いとになられた」（1・30）や詩編 7 編「心とはらわたを調べる方である正しい神よ」（7・10）などである。（W. 1. 150）残っている箇所はコヘレトの言葉第 9 章「義人，賢人，そして彼らの働きは神の手の中にある。だが，人間は自分が愛に値するのか憎しみに値するのかを知らない」（9・1）。

第 2 補遺

信ずる者にはキリストの権威によってすべてのことが可能であるから，人間の気まぐれによって聖人ごとにその助けを見積もるのは迷信的である[37]。

救い主はマルコ福音書第 9 章で「信じる者には何でもできる」（9・23）と言われた。同様にマタイ福音書第 21 章には「あなたがたが信じてわたしの名によって嘆願するものは，何でも得られる」（21・22）とある。それゆえ信仰者がこのすべてを行うことができ，「神がすべてのものにおいてすべてである」（Ｉコリント 15・28）場合には，遥かに力強く行うことができるなら，わたしたちの気まぐれでもって，この聖人にはこの助けを，他の聖人には他の助けを見積もるのは，明らかに迷信的である。使徒のコリ

36）　ここでは教会の宝としてキリストの功績が称賛されている。同時に彼はわたしたちの功績の認識者であるとされる。この宝は聖人の功績によって増大されたりしないことが含意される。

37）　ここでは聖人崇拝が総じて非難されている。そこには民間信仰として広まっていた救難聖人に対する批判が展開する。

ントの信徒への第 1 の手紙第 3 章の「すべては，あなたがたのものです。生も，死も，過去のものも，未来のものも」（3・21-22）という言葉もこれに当てはまる。また，ローマの信徒への手紙第 8 章の「御子と一緒にすべてのものを賜らないことがあろうか」（8・32）という言葉も当てはまる。

アウグスティヌスの『恩恵と自由意志』の第 3 章には，「けれども，知ろうとしなかった人たちの無知ではなくて，単純に知っていない人たちの無知もまた，永遠の火によって燃えないための口実をだれにも与えない。確かに信じることができたのに，聞かなかったがゆえに，信じなかったならば，多分〔永遠の火で〕燃える度合が緩和されよう」[38]とある。マタイ福音書第 19 章には「弟子たちは〈夫婦の間柄がそんなものなら，妻を迎えない方がましです〉と言った。すると主は言われた。〈だれでもがこの言葉を受けいれることができるのではなく，ただそれを授けられた者だけである〉」（19・10）とある。

知恵の書第 8 章には「神がくださるのでなければ，だれも節制を保つことができない」（8・21）[39]とある。パウロはテモテの信徒への第 2 の手紙第 4 章で「わたしは戦いを立派に戦い抜いた」（4・7）と言ったし，他の箇所で「わたしたちに勝利を賜る神にわたしは感謝する」（Ｉコリント 15・57）と言う。同様に彼は「決められた道を走りとおし，信仰を守り抜いた」（Ⅱテモテ 4・7），別の箇所で「主のあわれみを受けて信実な者とされている」（Ｉコリント 7・25）と言う。エフェソの信徒への手紙第 2 章には「わたしたちは神に造られたものであり，あらゆる善

38） アウグスティヌス『恩恵と自由意志』3・5。

39） この引用はアウグスティヌスに従っている（前掲書，4・8 参照）。

いわざをなすためにキリスト・イエスにおいて造られた」(2・10) とある。アウグスティヌスは言う,「それはわたしたち人間が造られたあの創造ではなく，すでに人間であった者が〈神よ，わたしの内に清い心を創造してください〉(詩51・12) と言ったあの創造なのである」[40]と。アウグスティヌスは言う,「各人が律法の実行者となるために恩恵は助けたもう。この恩恵なしに律法の下に置かれている人は律法の聴聞者にすぎないであろう」と。主はエゼキエル書第11章によって「わたしは彼らから石の心を除き，肉の心を与える」(11・19) と言われるとき,「霊的に生きなければならない者が，肉的に生きてもよい」というのではなく,「石には感情がなくて，硬直した心に比べられる」と理解すべきである。柔和な心は感情のある肉のほか何と比べられるべきであろうか。

第3補遺

すでに論じられたところに従って，この問題には容易に答えられる。

追加された問題[41]

キリストにおいて洗礼を受けた人は皆，洗礼の効果を同等に受けるか否か。

(W. 1. 151) 命　題

洗礼の恩恵は，神とサクラメント (聖礼典) の側からすれば，規則に従ってもまたいつでも同等である。けれども，施行する者およびキリストと受洗者との功績と苦難を考慮する限り，同等でないことがありうる。

---

40) アウグスティヌス『恩恵と自由意志』8・20。

41) この部分はWA. 1, 150-51による。

この命題を導き出すために，わたしは洗礼の効果が二重であることを前提とする。一つは，何らかの障害がなければ，施行者と受洗者との信仰の功績に関わりなく，行われた行為[42)]，たとえば施行されたサクラメントを完全に実現する。もう一つは，事効ではなく，行う行為[43)]，たとえば施行者や受洗者の態勢[44)]や功績に依存する。行われる行為に伴って生じる洗礼の第一の効果は，本来的にサクラメントの効果である。第二の効果について注意すべきことは，洗礼の効果には複数の原因が同時に働いているということである。第一の主動因[45)]は，栄光に輝く神ご自身であり，第二の功績因[46)]はキリストの受難であって，それによってサクラメントは効力をもつ。第三は受洗者の態勢因[47)]であり，第四は施行する聖職者の態勢因である。これらの内のどれに従うかによって，洗礼において授与される恩恵は多様でありうる。

42）「行われた行為」（Opus Operatum）とは「事行」（ex opere operato）を言う。ここから洗礼がそれ自体で聖なるものであると説く客観主義が生じる。

43）「行う行為」（Opus operans）とは「人効」（ex opere operantis）を言う。ここからアウグスティヌス時代のドナテイスト運動のように洗礼の施行者への依存が起こる。

44）「態勢」（dispositio）は「配備・準備」を意味する。

45）「主動因」（causa effctiva pincipalis）

46）「功績因」（causa meritoria）

47）「態勢因」（causa dispositiva）

解説　恩恵と自由意志の問題

ルターは自己の神学的な観点をパウロのローマの信徒への手紙の解釈により確立し，ここからオッカム主義を公式の討論の場においても徹底的に告発し，批判することを開始していった。そこで1516年にはじまる公開の学術討論を検討し，彼が当時の学者に向けて自説を討論のかたちで明確にしていった足跡を考察してみたい。

初めに扱う二つの文書は神学得業士や命題集注解資格を取得するのに必要な試験のために用意された提題集であって，候補者は教授団全員の前でこの提題を弁護しなければならなかった。後の二つの文書はルターの宗教改革をめぐって起こってきた問題について彼が所属するアウグスティヌス派修道会の会合で，またトマス主義者エックによって問いかけられて，それぞれ行われたものである。わたしたちはまずこれらの提題集のなかで中世神学の主要なテーマであった「自由意志と恩恵」の問題がいかに展開していったかを考察し，終りにカトリック教会と決定的な決裂にいたった文書を扱ってみたい。

『恩恵を欠いた人間の能力と意志について論じられた問題』は『ローマ書講義』の終了した1516年9月にルターがその学生バルトロメゥス・ベルンハルディの命題集注解資格試験のために作成した提題である。それは主題として冒頭に掲げられているように「神の像にしたがって創造された人間は，その自然的な能力によって，創造主なる神の戒めを守り，何か善いことを行ったり考えたり，恩恵を受けるに値したり，功績を認めることができるのか」という内容である。この問いは聖書の権威と「恩恵の弁護者」(gratiae defensor) アウグスティヌスの見解とを土台にして否定され，次のように結論された。「神の恩恵がないならば，人間は神の戒めを決して守り得ないし，適宜的にも応報的にも自ら恩恵に対し準備し得ないで，実に必然的に罪の下に止まる」（第 2 命題）と。ここに記録されている結論と討論内容はルターがオッカム主義との対決に到達した彼自身の根本思想であって，彼はそれを「自分の立場」（positio mea）と手紙で述べている（WA. Br. 1, 65, 18）。したがってこれまで彼が忠実に従っていたオッカム主義の命題も拒否された。それは次のことばによって明確に示された。「人間は，自己にできるかぎりをなす（facere qoud in se est）ときでも，罪を犯している。自己自身からは意志することも思惟することもできないからである」。このテキストにある「自己にできるかぎりをなす」人は「恩恵の下にない場合」(exclusa gratia）を言うのであって，ビールのセミ・ペラギウス主義が批判されていることは明らかである。

さらに人間が善い行いをすると神がそれに恵みをもって報いてくれるという考えに対しこの文書は，「神は受けるに値する者にのみ罰を下し，受けるに値しない者にのみあわれみを下す」と説いて，神のあわれみを力説する。こういう恩恵のみの主張の背景となっているものが，『ローマ書講義』で明らかにした奴隷的意志の思想であって，この討論でもアウグスティヌスの学説を引用して次のように論じられた。「恩恵を欠いた人間の自由意志は自由ではなく，不本意ではなく，自発的に奴隷となっている」（第 2 命題，第 1 補遺，本書 11 頁）と。この意志の奴隷化は罪の奴隷となった行為によって生じているもので，「自発的に」生じている。続けてルターが引用しているアウグスティヌスの『ペラギウス派の二書簡駁論』の言葉は，救い主によって自由とされないなら，自由意志は善に向かってではなく，悪に対する愛好に向かって自由であることを述べている。アウグスティヌスは自由意志は自由とされないなら，悪に向けて拘束されていると言い，このような自由意志の拘束状態を『ユリアヌス駁論』で「奴隷的意志」と名づけた。ルターもこの拘束状態が自発的に起こっていて，奴隷状態に向かっている自由意志の存在をここでは認めているといえよう。すなわち奴隷状態にある自由意志を認めている。しかし，やがてルターは自由意志と対立する奴隷意志の存在を強調し，さらに恩恵の下に立つ人間の功績をも否定するようになり，トマスやエラスムスの思想とも明らかに対立する方向をとるようになった。

第 2 文書

スコラ神学を論駁する討論[1] 1517 年

1) もっとも古い版では「恩恵と自然に関する 100 の結論」（Centum conclusiones de gratia et natura）となっていた。ここには「討論」（Disputatio）の名称がない。これは「聖書を弁護するための提題」（Theses pro Biblia）として神学得業士の資格を得るために使われたと思われる。

（W. 1. 224）次に書き記された諸々の命題に対して，ノルトフウゼン出身の修士フランシス・ギュンテルスが聖書学修士の学位を取得するために，尊敬すべき父にしてヴィッテンベルク大学の神学部長アウグスティヌス派のマルティヌス・ルテールス司会の下に所定の日時と場所において[2]答弁するであろう。

共通の言説の駁論[3]

一　アウグスティヌスが異端者を論駁して誇張して[4]語っていると主張することは，アウグスティヌスが一般に嘘つきであると言うに等しい。

二　それはペラギウス派とすべての異端者らに勝ちを得させる機会，それどころか勝利の機会を授けることと同じである。

三　またすべて教会の博士たちの権威が誤りであると説くのと同じである。

四　したがって，悪い木となった人間は（マタイ7・18参照），悪を意志し，かつ，行うことしかできないということは真理である。

2）1517年9月4日を指している。

3）論敵の指摘は一つの提題だけに当てはまるのではなく，続く四つのすべてに妥当する。以下も同じ。

1-4の提題はリミニのグレゴリウスの神学を指している。「この点でアウグスティヌスが誇張して語っている」という表現はLuthers Vorrede zu Augustins Schrift de spiritu et litera（Erlangener Ausgabe, VII, S.489）に出ている。この点に関してMartin Schüler, Prädestination, Sünde und Freiheit bei Gregor von Rimini, 1934, S.1-10を参照。

4）excessiveとは「限度を超えて」という意味であるが，ここでは「誇張して」と訳した。

共通の見解の駁論[5)]

五 「自由な欲求が二つの対立物のどちらも選びうる」ということは偽りであり[6)]，それどころか反対に自由でなく，拘束されている。

スコトゥスとガブリエル〔・ビール〕駁論[7)]

六 「意志は本性上（naturaliter）自らを正しき命令に一致させること（conformare）ができる」ということは偽りである。

七 そうではなく，神の恩恵なしには，必然的に〔理性に合一しないで〕醜く[8)]悪い行為を選ぶ。

八 だからといって，意志は本性上悪である，つまりマニ教徒たちにしたがって悪の本性[9)]があることにはならない。

九 とはいえ，それは，本性上また不可避的に，悪い本性であって悪化した本性である。

5） これは opinio communis のことを言う。ロンバルドウス『命題集』sent. II, dist. 24, c. 5。これはビール『コレクトリウム』III, dist. 24, art. 2, dud. 2. にもある。

6） 選択の自由をルターは否定している。

7） 提題 6，10-14，17-20，26，28 はガブリエル・ビールへの逐語的な反論である。ビール『コレクトリウム』III, dist. 27 qu. un. a.3 dub. 2 およびスコトゥス『命題集注解』III, dis. 27 qu. un. n. 13. 15. 21. cf. ルター WA. 56, 359, 14-17; 274, 10-14 ;WA 2, 395, 4; 401, 25ff. なお，提題 6-12 は主知主義の拒否であり，提題 6-9 は認識と意志の分裂である。

8） difformis というのは第 6 提題の conformare と対立する。だから「一致しない」という意味を含んでいる。第 14 と第 15 提題参照。

9） natura mali「悪い本性」は「悪い実体」の意味である。もしそうなら回心は本性上不可能となる。むしろ意志は「悪化した本性」（mala natura）つまり病んで腐敗した本性である。マニ教は善・悪の絶対的二元論に立つ決定論であって，そこには自由が入る余地がない。

スコトゥスとガブリエル駁論

一〇 「意志は，善い理性にしたがって自らに示されるものは何であれ，それを得ようと努める自由をもたない」ことは認められる。

一一 「〔善の，あるいは悪の理性にしたがって〕提示されているものは何でも，それを意志したり意志しなかったりすることは，意志の権能の内にある」ということはない。

一二 このように言うことは，「〈意志自身のように意志の権能の内にあるものはない〉[10]と語っている聖アウグスティヌスに反対する」というのではない[11]。

スコトゥス及びガブリエル駁論

一三 「人間は誤りを犯しながらも，すべてに優って被造物を愛することができる」，「それゆえ，神をも愛することができる」という推論は最高に馬鹿げている[12]。

一四 「人間が自らを誤った命令に従わせながらも，正しい命令には従わせることができないということは」，「驚くべきこと」ではない[13]。

10） アウグスティヌス『自由意志』I, 12, 26「意志自身に優って一体何がこのように意志の権能の内に置かれているであろうか」。

11） 提題10-12にあることは意志の決断が価値の提示によって直ちに影響されないという主張である。

12） この引用文はガブリエル・ビール III Sent. dist. 27, 8 uni,a. 3, prop.1からのもので，それはスコトゥスから引用されている。提題13-17は神に対する愛は本来的な自己愛である罪ある被造物からは生まれることができず，排除されている点を問題にする。

13） 提題14と15は提題7から来る帰結である。ルターの思考のプロセスは次のようである。自然的な人間はすべてに優って被造物を愛することができる。しかし彼が世にある特定の対象を他のすべてに先行させると，彼は理性の命令に従ってはいても，人間によって採用された価値の段階づけが正しくないと，正しくない誤った命令に一五，むしろ，ただ誤った命令にだけ自らを従わせて，正しい命令には従わせないということは，彼に固有なことである。

一六　先の推論はむしろこうである，人間は誤りを犯しながらも，被造物を愛することができる，それゆえ神を愛することができない。

一七　(W. 1. 225)「人間は，本性上，神が神としてあることを欲する」のではない。むしろ，自分が神であって，神が神でないことを欲する。

ほぼ共通の見解の駁論

一八「自然本性にしたがってすべてに優って神を愛すること」[14)]は，〔ギリシア神話の怪獣〕キマイラのように空想的な術語である[15)]。

一九　自己自身よりも国家を愛する勇敢な政治家からスコトゥスが推論した論拠は効力がない[16)]。

従っている。

14)　この提題に関してオッカムは『自由討論集』第 3 巻で次のように説明している。「……わたしは主張する。必然的に有徳的な行為は既述のように意志の行為である，と。なぜなら，すべてに優ってかつご自身のために神が愛される行為はこの種のものだからである。実際，この行為は悪徳的たり得ないほどに有徳的であり，それが有徳的でないとしたら被造意志によって起こされることはできない。だれでもしかるべき場所と時とに応じてすべてに優って神を愛するように義務づけられており，またそれゆえにこの行為は悪徳たり得ないためである。またこの行為はすべての善行のなかの第一のものだからである。さらに，意志の行為だけが内的に称賛と非難とに値している」(『七巻本自由討論集』III, q. 14,『全集』版 IX,88)。

15)　提題 18-19 は神への愛は自然的価値の最高を目ざす自然的な欲求の行為ではない点が論じられる。

16)「スコトゥスは勇ましい政治家から理由をさらに加えている。彼はこの理由を勇ましい政治家が自己自身よりも国家の方を愛していることから考えている。なぜなら，その人は正しい理性にしたがって国家のために自己を投げ出し，国家が良くなるため自己を無

ガブリエル駁論

二〇　友愛の行為は本性の働きではなく，先行する恩恵の働きである[17]。

二一　本性の内には，神に対する欲性の働きしかない[18]。

二二　神に対する欲望のあらゆる働きは悪であり，霊の姦淫である。

ガブリエル駁論

二三　欲性の働きは希望という徳によって秩序づけられることができるということは真ではない[19]。

にしようとしているからである。つまり彼は恥ずべき仕方で逃亡するよりも，死のうと欲しているからである。国家に損失をかけてまで逃亡する人は恥ずべき仕方で逃走しているのだ。だから，もし自己の将来の報酬――彼はおそらくこれを信じないか，あるいは疑っている――に対する愛からではなく，徳に対する愛から自己よりも最良の支配者を，国家よりも神を愛し得るということが帰結する」（Biel, Collectorium, III, dis.27, q. un. a. 3, prop.1）。

17）「友愛」は「自己愛」よりも優れており，等しいものの間で成立する。それゆえ神と人との関係にこれを適用するときには，「先行する恩恵」（gratia praeveniens）が前提される。ベルナール『神を愛することについて』8,23-10,29『キリスト教神秘主義著作集 2　ベルナール』金子晴勇訳，教文館，2005 年，32-40 頁を参照。

18）「神に対する欲性」（concupiscentia erga deum）と言われる場合には，コンクピスケンチアは「情欲」や「貪欲」の意味ではなく，無記的に「欲性」と訳される。しかしルターではこの概念は愛として新生する以外には「情欲」の意味しかないために，次の提題 22 では「欲望」の意味となる。

19）欲性が愛によって秩序づけられるというのはアウグスティヌスが説いた「愛の秩序」の思想である。ルターはこれを批判する。自己愛・隣人愛・神への愛の三者は順序という意味の秩序を構成しているとアウグティヌス以来説かれてきたが，自己愛から隣人愛への移行は不可能で，そこには自己否定つまり自己嫌悪がなければならないとルターは説いた。この自己否定の行為はキルケゴールによって継承された。提題 96 を参照。詳しくは金子晴勇『愛の思想史』知泉書館，

二四　なぜなら希望は愛と対立しないから。愛はただ神に属するものを求め欲する[20)]。

多くの人たちの風習に反対して

二五　希望は功績を積むことからはではなく，かえって功績を破壊する受苦から来る[21)]。

ガブリエル駁論

二六 「友愛の行為」とは,「自己にできるかぎりを行う最も完全な方法」ではない[22)]。また,「神の恩恵に対する」最も完全な「態勢」[23)]でもないし,「神に向かって回心したり近づいたりする」方法でもない。

二七　むしろその行為はすでに十分成熟した回心から来るものであり，時間的にも本性的にも恩恵の後に続くものである。

二八　次のような典拠「わたしに立ち帰れ，そうすれば，わたしもあなたたちのもとに立ち帰る」(ゼカリヤ 1・3)[24)]，同じく「神に近づきなさい。そうすれば，神はあなたがたに近づいてくださいます」(ヤコブ 4・8)，同じく「探しなさい。そうすれば見つかる」(マタイ 7・7)，また

2003 年，166-86 頁を参照。

20) ここでは人間が神に対してもつ自己中心的な愛は自分の功績に対する報酬を神に対して希望しているかぎり価値がないと主張される。WA.I, 70, 24ff. 84, 22ff. 428f. を参照。

21) 提題 25-30。希望と愛の神学的な根拠は本性に由来するのではなく，もっぱら恩恵に由来する。

22) 「自己にできるかぎりを行う」というオッカム主義の思想については本書 12 頁注 26 を参照。

23) 「態勢」(dispositio) とは「配備・準備」と同じである。本提題 29 参照。

24) WA.I, 116, 34-35 でも同じ聖書の箇所が引用され論じられている。

同じく「あなたがたがわたしを尋ね求めるならば，わたしを見いだす」（エレミヤ29・13，14）およびこれと似た典拠について，「一方は自然本性に属し，他方は恩恵に属す」と言われるなら，「それはペラギウス主義者たちが語ったことにほかならない」と〈聖アウグスティヌスに従って〉主張される[25)]。

二九　神の恩恵に対する最善にして誤り得ない準備にして唯一の備えは，神の永遠の選びと予定である[26)]。

三〇　だが，人間の側からは備えのないこと，それどころか恩恵に対する反抗が恩恵に先だっている[27)]。

スコラ学者たちに対する駁論[28)]

三一　全く無意味なお喋りによって[29)]「予定された者は，分離された意味（in sensu diviso）で断罪されうるが，組み合わされた意味（in sensu composito）では断罪されえない」[30)]と言われる。

25）　アウグスティヌス『恩恵と自由意志』5, 10 参照。

26）　ルターはこの思想をシュタウピッツの『永遠の予定の実現についての小著』から学んだと思われる。

27）　神の恩恵に対する準備は準備のない不準備であるという主張は一般の人々の見解に逆らっているという意味で逆説である。このことは「ハイデルベルク討論」における「逆説的神学」の主張として結実した。本書 48，82-84 頁参照。

28）　提題 31-32 に共通したスコラ学的な意味は予定説が結局は実践的意味をもっていないということである。予定の理念はスコラ神学にとって神概念から来る抽象的な帰結である。しかしこうした帰結は世界の経験的な経過を考慮して止揚される。両方の関連で明らかなことは予定説がスコラ神学の敬虔にとって何の意味ももっていないことである。Seeberg, Lehrbuch der Dogmengeschichte, II, S. 135 参照。

29）　字義的には「きわめて空虚なでっち上げ（捏造）によって」である。

30）「分離された意味」(in sensu diviso),「組み合わされた意味」(in sensu composito)」についてはペトロス・ロンバルドゥス『命題集』I dist. 40, c. 2; Occam, I Sent. d. 41 qu.1; Biel, II Sent. dist. 20,qu.

三二　また「予定は結果の必然性によって必然であるが，結果するものの必然性によって必然ではない」[31)]という発言によっては何も証明されない。

ある人々に対する駁論

三三，自己にできるかぎりを行うということは，恩恵に対する障害を除くことである，ということも誤りである。

三四　要約すると，自然本性は正しい命令と善き意志をもっていない[32)]。

---

un.; WA 9, 59, 15-16 を参照。ここにある「分離された意味」というのは「概念を分離する」ということで，たとえば「予定された者」(praedestinatus) という言葉で「前に」(prae) と「定められた者」(destinatus) に分けられると，呪われ断罪された者となるが，二つが結合されると，「予定された者」となり，断罪を免れるという，言葉の遊びと思われる。

31) ビールは必然性を二つに分け，強制の必然性と不変の必然性との区別をあげ，前者が自由意志と対立しているのに後者は自由意志と両立する理由をボナヴェントゥラにより説いている (Biel, II Sent. dis. 25, qu. uni. a, 1)。スコラ神学では一般に自由意志を排除する必然性と自由意志を含む必然性との区別を，「結果するものの必然性」(necessitas consequentis) と「結果の必然性」(necessitas consequentiae) との区別によって表わしていた。この区別は「無条件的必然性」(necessitas absoluta) と「条件的必然性」(necessitas coditionata) とも言い表わされていた。しかしビールはフランシスコ会の伝統にしたがってボナヴェントウラによる「強制の必然性」と「不変の必然性」の区別をあげて論じている。ルターも同じ伝統に立って，この区別を『奴隷意志論』で採用し，「不変の必然性」を「誤ることなき必然性」(necessitas infallibilis) とも言い換えている (WA. 18, 747, 22-23)。自由と必然とはカントの第三アンティノミーのように対立しているけれども，自由から必然への作用は一般に認められているし，ヘーゲルの歴史哲学のように自由と必然との弁証法的統一を解明することも可能である。

32) 提題 33-34 の主張は，人間は自己の力をもってもっとも真面目に努力しても恩恵への障害を除去することができない。なぜならその存在が知性においても意志においても腐敗しているからである。

すべてのスコラ学者たちに対する駁論

三五　克服しがたい[33]無知が〔罪についての〕完全な口実となることも真理ではない。

三六　なぜなら神・自己・善きわざに対する無知は本性にとって常に（W. 1. 226）克服しがたいからである。

三七　また本性は，表面的なまた外的な善いわざをなしても，内的には必然的に誇ったり高ぶったりするからである。

三八　高慢や悲嘆のない，つまり罪のない道徳的な徳は存在しない[34]。

哲学者たちに対する駁論

三九　「わたしたちは始めから終わりまで自己の行動の主人である」のでなく，奴隷である[35]。

四〇　「わたしたちは義を行うことによって義人となる」のでなく，義人となって義を行うのである[36]。

33）「克服しがたい〔が，そのゆえに罪なくして受けた〕無知」とあるが，ワイマール版全集が注記するように「克服しがたい無知は罪の言い訳となる」というようには読むことができない。一般には「知らなかったから罪にはならない」と言われるが，知ろうとしなかった怠慢も罪として罰せられるという意味であろう。

34）ルターは道徳的な徳をそれ自身として中性的には考えないで，現実の状態において考察する。

35）アリストテレス『ニコマコス倫理学』第2巻第2章，第3巻第7章を参照。「自己の行動の主人」というのは近代的な「自律」を言い表す言葉である。カントによってこの自律は「自己立法者」として理性に求められた。なお「奴隷」については提題5-12を参照。

36）行為ではなく人格が道徳的判断の対象である。ルター『キリスト者の自由』24節参照。ここにあげられた主張はアリストテレスに淵源する。ルターは『ローマ書講義』で言う，「アリストテレスが『ニコマコス倫理学』第3巻で明瞭に規定しているところによれば，義は行為から続いて生じる。しかし，神によると義は行為に先行し，行為は義から生じる」（WA. 56, 172, 9ff）と。彼は行為に先立つ存在である人格を強調した。

スコラ学者たちに対する駁論

四一　アリストテレスの倫理学のほぼ全体は，最悪であって恩恵に対する敵である[37)]。

道徳問題に対する駁論

四二　幸福に関するアリストテレスの見解がカトリックの教えを攻撃しない，というのは誤りである。

共通の言説に対する駁論

四三　「アリストテレスなしには神学者となれない」と主張することは誤りである[38)]。

四四　それどころか，アリストテレスなしになるときだけ，神学者となるのである。

四五　「論理家でない神学者は，恐ろしい異端者である」とは，恐ろしい異端的な発言である[39)]。

最近の論理学者たちに対する駁論

四六　信仰の論理として名辞と範疇のほかに媒介する代示（スポジッティオ）を考案しても無意味である[40)]。

37）　アリストテレスの倫理学は完全に自然的な人間を前提し，欠陥ある人や，病人，さらに奴隷は考慮しない。しかし，そんな抽象的な人間などどこにも存在しない。

38）　ルター『卓上語録』（WA. Tr. 5, 412, 34f, Nr. 5967）を参照。提題 39 から 42 はアリストテレスの弁証論を扱う。

39）　提題 45-49 は神学と弁証論（論理学）との関係を論じる。

40）　命題 46 から 49 までは Biel, I Sent., dis. 12 qu. 1, dub. 3 coroll の議論を批判している。この「代示」（suppositio）はオッカム論理学の重要な概念である。彼は『大論理学』において次のように言う。「外界における事物はすべて個物であって，普遍であるのは人為的に制定された言語，更により本来的には，我々の心の持つ言葉・概念のみである。概念は，外界の多くの事物を表示（significare）し，代示（supponere pro）する記号であり，それゆえ，普遍という性格を持つ」と。彼が一貫して主張するのは，「概念は，我々が話したり書

枢機卿に対する駁論[41)]

四七　三段論法の形式〔推論形式〕は神的な事物の表現には適応しがたい。[42)]。

同様の人たちとキャンブレーの枢機卿に対する駁論

四八　とはいえ，三位一体の条項の真理が三段論法の形式に反することにはならない。

四九　三段論法の形式が神的な事柄においても支持されるならば，三位一体の条項は〔理性によって〕知られても，信じられはしないであろう。

スコラ学者たちに対する駁論[43)]

五〇　要約すると，アリストテレスの全体系は神学にとっては光に対する闇である。

五一　アリストテレスの思想がラテン人たちの教会博士のもとで〔正しく捉えられて〕いたかどうかは，きわめて

いたりする言語と類似した，心の内の言葉（verbum mentale）である。音声語や文字語が外界の事物を表示し，代示するのとちょうど同じ様に，概念は外界の事物を表示し，心の中に懐抱され，形成される命題の主語や述語として，或るものを代示する記号である」ということである。彼は外界の事物の本性とか，形相といった存在論について語らず，外界の事物は，概念という記号によって表示されたもの，代示されたものとしてのみ理解されると説いた（渋谷克美『オッカム哲学の基底』知泉書館，2006年，8-10頁）。

41）「カメラケンススの枢機卿」（Cardinalis Cameracensus）というのはカンブレーの枢機卿ピエール・ド・アイイ（Peter von Ailly, 1350-1421）のことで，彼はフランスの神学者でオッカムの信奉者であった。

42）ルターはカンブレーの枢機卿ピエール・ド・アイイがロンバルドウスの『命題集注解』を書いており，コンスタンツの公会議を開催するように働いたことと関係させて論じている。

43）提題50-53はアリストテレスの学問一般について論じている。

疑わしい[44]。

五二　ポルフュリオス[45]がその普遍論を携えて神学者たちのために生まれてこなかったならば，教会にとってよかったであろう。

五三　とてもよく使われているアリストテレスの諸定義でも，その起源が証明されなければならないことを前提しているように思われる[46]。

ガブリエルに対する駁論

五四　功績となる行為に対しては，恩恵の共存で十分であるか，それとも共存が無意味であるかであろう[47]。

（W. 1. 226）五五　神の恩恵は決して活動しないものと

44）クレメン版の注にしたがって「ラテン人」につづけて「教会博士」（doctores ecclesiae）を加えて訳す。このようなルターの主張はスコラ神学のアリストテレス解釈に対する批判であって，彼は神学による哲学の誤用を糾弾している。ここから驚くべきことに「わたしもまたアリストテレスを読んで，聖トマスやスコトゥスよりも彼をよく理解している」（WA. 6, 458, 19f）という発言も出てくるが，それに対する正しい理解が必要である。

45）ポルフュリオス（Porphyrios,234 頃 -301）はプロティノスの弟子で，師の五段階説から存在の連鎖の頂点に存在・生命・知性活動からなる神的三肢すべてが相互的に関わりながら，内的に統一されているという思想を取り出した。この究極的な存在の運動から律動的な発出が起こっているがゆえに，永遠な魂の運命は魂が由来するところへ向かって帰還することである。魂は生まれながら不滅なのである。彼は晩年にキリスト教信仰と聖書の歴史的信憑性とに関して批判した。

46）意訳してこのように訳したが petere principiam とは「論点先取の誤謬」という論理学の述語である。それは，ある概念が不明確なままで用いられるとき，その概念の妥当性を検討することが要求されることを言う。本書 136-138 頁を参照。なお，普遍論というのは中世哲学の中心問題としての「普遍」（universalia）論争を指している。

47）提題 54-57 は関連する節となっているが，56 は 54 と 55 に対して思想の発展を示す。ここに示される恩恵の共存という考えは功績的行為の前提条件となっている。前者なしには後者はありえない。

して共存するのではない。それは生きた，活動的な，勤勉な霊である。

五六　神の絶対的な権能によって友愛の行為は存在しても，神の恩恵は現存しないというようにはなり得ない[48)]。

オッカムに対する駁論

五七「義とする神の恩恵なしにも，神は〔絶対的な権能によって〕人間を受納できる」ということはない[49)]。

枢機卿およびガブリエルに対する駁論

五八「命じられた行為が神の恩恵において生じると律

48）「神の絶対的権能」(potentia dei absoluta) と「神の秩序的権能」(potentia dei ordinata) の区別を明瞭に説いたのはスコトゥスであり，これがオッカムとビールに受け継がれた。スコトゥスは神学上の救済の問題でも意志の優位，とりわけ神の意志の絶対的自由と愛とを力説する。「神は矛盾を含んでいないすべてのことをなすことができる」という「絶対的権能」から彼はトマスの超自然的習性の学説に疑問をいだき，魂のうちなる偶有的形相に神が拘束され，習性にもとづいて神を愛する人が救われるのかと問い，神はその絶対的権能のゆえに超自然的備えをもっていない人をも救いうると説いた。救いにとって魂の性質よりも神の意志の方がはるかに重要である。人々は内的に救いに値するから救われるのではなく，神がはじめにそのように意志したもうから救われる。ここから彼の神学的公理「被造物はだれも内在的理由によって神から受納されるべきではない」(nihil creatum formaliter est a deo acceplandum) が立てられ，被造者は永遠者を決して動かすことができず，神は絶対的に自由であると説いた。他方，彼は「神の秩序的権能」にもとづいて，教会の制度にしたがい恩恵によって善い行為が功績となることをも認めている。こうして一方では神の意志による罪人の義認を説き，他方では行為の功績をも肯定する。とはいえ功績となる行為は意志からだけで生じることはない。もしそうならペラギウス主義となってしまう。ここでは actus meritorius=actus amicitiae=Deo aceptum esse と説かれている。

49）クレメン版によって〔 〕を補う。受納説に関しては前注を参照。

法は教える」という発言は危険である[50)]。

五九　そのような発言からは，神の恩恵をもつことが，すでに律法を超えた新しい要求であることになる。

六〇　また同じこの発言から，命じられた行為が神の恩恵なしにも生じ得るということになる。

六一　同様に，律法自身が憎まれたよりも神の恩恵がいっそう憎まれるようになる，という結果となる[51)]。

ガブリエルに対する駁論

六二　だが，次のような結論にはならない，すなわち「律法は神の恩恵に基づいて守られ実現されなければならない。

六三　それゆえ，神の恩恵の外にある者は，殺すことがなく，姦淫することがなく，盗むことがなくとも，依然として罪を犯す」[52)]と。

六四　むしろ，霊的に律法を実現していないがゆえに，罪を犯している，との結論になる[53)]。

六五　怒らず，貪らない者は，霊的に（spiritualiter）殺さないし，姦淫しないし，強欲を懐かない[54)]。

六六　神の恩恵の外では，怒らないことや貪らないこと

50）このように言うと恩恵と律法の混同を招いてしまう。ルター『ローマ書講義』4・7 の講解にある「推論」を参照，WA. 56, 279,3-7f. および提題 62 をも参照。

51）提題 58-61 はスコラ学の教説に対する反駁である。その教えとは律法は行為の実体に関しては，つまり人が単に律法の内容に注目するなら，実現されうるが，戒めの意図に関しては律法は実現され得ないということである。

52）提題 62 と 63 は引用文でルターが反駁する内容となっている。それに対し提題 64 はルターの主張を示している。『十戒の解説』（1518）で同じ思想をルターは扱っている。WA. 1, 468, 35ff. 参照。

53）同様な趣旨の発言が WA. 1, 469, 37ff. にある。

54）「霊的に」（spiritualiter）の意味について「初期の説教」WA. I, 105, 6ff. 106, 6-16 を参照。

はとても不可能なことなので，恩恵においても，律法を完成させるに十分なほど怒らないことや貪らないことが起こりえない。

六七　偽善者たちの義とは，実際の行動によって外的に殺さなかったり，姦淫しなかったりすることである。

六八　貪らず，怒らないことも，恩恵に属する。

六九　したがって神の恩恵なしには，いかなる方法においても律法を実現することは不可能である[55)]。

七〇　それどころか，神の恩恵なしには，律法は自然本性によってむしろ破壊されもする。

七一　善い律法も，自然本性の意志にとって必然的に悪となる。

七二　神の恩恵がないなら，律法と意志とは和解しがたい二つの敵対者である。

七三　律法の欲するところを，意志はいつも〔裁きに対する〕恐怖か〔報酬への〕愛かによって欲するように装う以外には，欲することができない。

七四　律法は「わたしたちのために生まれたひとりのみどりご」（イザヤ9・5）によってのみ征服される，意志の御者である[56)]。

七五　律法が意志を刺激し，意志を自己自身から遠ざけるがゆえに，律法は罪を増し加える（ローマ5・20）ようにする[57)]。

55）提題69-76は正しく理解された律法は自然的本性に直接対立するがゆえに，律法の実現は恩恵によってのみ可能であることを論じる。

56）律法が何かを要求する性格は律法に対する自然的な意志の敵対が生じる根拠である。提題75を参照。「御者」（exactor）は「管理人」とも「執行者」とも訳せる。

57）律法は人間に当為を示し，それが実現されない場合，自然的意志に自己自身を放棄するように迫り，まさにこのようにして意志を刺激する。

七六　だが，恩恵が律法を喜ぶようにするがゆえに，神の恩恵はイエス・キリストにより義をあふれさす[58)]。

スコラ学者たちに対する駁論

七七　律法の行為はすべて，神の恩恵がないと，外的には善のように見えるが，内的には罪である[59)]。

七八　神の恩恵がないと，主の律法に対して背反する意志と転向する手とが常にある。

（W. 1. 228）七九　神の恩恵がないと，意志は律法に向かっていても，自分の利益に対する渇望から出ている。

八〇　律法のわざを行うものは，すべて呪われる[60)]。

八一　神の恩恵のわざを行うものは，すべて祝福される。

八二　グラティアヌスの法規の「偽りの」〔ではじまる〕悔い改めの章，定義五は，それが誤って理解されなければ，恩恵の外におけるわざは善でないと断言している[61)]。

58）本書の 9-10 頁にある言葉「聖アウグスティヌスは言っている〈律法の知識は愛がないと，人を誇らせ，愛は徳を建てない〉と。その少し後で彼は〈したがって，律法の知識は傲慢な違反者を造るが，愛の贈り物によって人は律法を実行する者を喜ぶ〉と言う。また多くの箇所で彼は〈律法は恩恵が求められるために授けられた。恩恵は律法が満たされるために与えられた〉と語る」を参照。

59）提題 77-82，自然的人間の側からの律法の実現はいつも偽善である。なぜなら外的に服従していても意志は反抗するか，自分の利益のゆえにのみ実行するから。提題 79 は死んだ行為に対する批判であり，詳しくは『善いわざについて』CL.I, 363,12; 381, 16; 315, 9ff 参照。

60）グラティアヌス『教会法』第 3 部（悔い改めについて）dist. 5, c.6（間違った悔い改め）参照。

61）グラティアヌス法の出典箇所は Decretum Gratiani, pars III（de poenitentia）dis. 5, c.6（Falsas poenitentias dicimus）である。

多くの博士たちに対する駁論

八三　たんに儀式的な諸々の規定は善くない律法であり，それによって人が生かされることがない戒めであるばかりではない[62]。

八四　さらに十戒そのもの，および内的にも外的にも教えられ指示され得るすべても，そうである[63]。

八五　それによって人が生かされる「善い律法」（ローマ7・12）は，「聖霊によってわたしたちの心に注がれている」，「神の愛」（同5・5）である。

八六　どんな人の意志でも，もしできるならば，律法がなく自らが全く自由であることを好む[64]。

八七　どんな人の意志でも，自らに律法が課されることを憎むか，それとも自己愛から律法が課されるのを求める。

八八　律法は善であるがゆえに，律法の敵である意志は善であり得ない。

八九　そこから明らかなのは，自然本性的なすべての意志が不正であり，邪悪であるということである。

九〇　律法を意志と和解させる仲保者としての恩恵が必要である。

ガブリエルに対する駁論[65]

九一　神の恩恵は，神を愛することにおいても誤まらな

62）提題83-85では，律法が何かを要求するかぎり悪について語っており，それは儀式律法ではないとしても，悪に関する道徳的法である。それに対し神の真の意志は愛であることが告げられる。

63）提題83,84に関してはWA. 2, 468, 14: 33ff. アウグスティヌス『霊と文字』14章参照。

64）提題89-90においては自然的意志は総じて律法を認めないがゆえに，恩恵なしには悪であると言う。

65）提題91-93では恩恵が神の愛を人間に可能にし，自然的人間に神の愛を容易に実現させる課題だけをもっているのではない。自

いように，意志を真っ直ぐにするために与えられている。

九二　恩恵が与えられるのは，〔愛の〕行為をいっそう繁く，またいっそう容易に引きだすためではなく，恩恵がないなら愛の行為が引き起こされないからである。

九三　もし人間が生まれながら友愛の行為をなし得るなら，愛は余計なものであるという議論はとても反論できない[66]。

オッカム・枢機卿・ガブリエルに対する駁論

九四　同一の行為が享受でもあり，使用でもあると主張することは，巧妙な仕方での邪悪である[67]。

九五　同様に神への愛が被造物への愛と両立することは，巧妙な邪悪である[68]。

九六　神を愛することは自己自身を憎むことであり，また神のほか何も知らないことである[69]。

然的な人間が神に対する愛を総じて実現しうるならば，恩恵を余計なものとしてしまうと言う。

66）提題 26,56 を参照。

67）「享受と使用」（frui et uti）はアウグスティヌス以来道徳的善悪の規定で双方が対立する概念である。アウグスティヌスは享受と使用とを神と世界という二大対象に適用し，そこから善と悪との倫理的な一般規定を引き出している。たとえば「善人は神を享受するためにこの世を使用するが，悪人はそれとは逆に，この世を享受するために神を使用している」（『神の国』XV, 7, 1）。ここに善と悪との道徳的な一般的規定が確立されている。こうして，この世界自体は神が創造されたもので善であるが，それに主体的に関与する人間の行動は，最高善なる神を享受するために，世界を使用することによってその善性を得ている。つまり神と世界とにかかわる愛が「享受」と「使用」とからなる秩序を保っている場合が善であり，「享受」と「使用」の秩序が転倒するならば悪となる。

68）Biel, in III Sent. dist. 27, qu. un.,a. 3, dub. 2, prop. 4

69）ルターは神の愛と自己嫌悪とを不即不離なものとして捉える。この点に関して金子晴勇『愛の思想史』知泉書館，2003 年，176-177 頁を参照。そこでは次のように説明されている。ルターは生

枢機卿に対する駁論

九七　わたしたちの意志を神の意志に全く一致させるように意志すべきである[70]。

九八　わたしたちはたんに神が欲することを意志するばかりか，神が欲することは何でも意志すべきである。

まれながらの人間は原罪のため自己追求という悪徳に汚染している事実から出発して思考を展開させていく。「人間は自分自身のものしか追求できず，すべてに優って自分自身を愛することしかできない。これがあらゆる悪徳の総計である」（WA.56,237,12f.）。この自己愛のゆえに他者を隣人として愛するためには，自己を憎み，自己を踏み越えて（extra se）行かなければならない。こうして初めて「真の，純粋な自己愛」が成立するとルターは主張する。同様のことはローマの信徒への手紙第9章3節の講解においても述べられている。「愛するということは自己自身を憎み，弾劾し，災いを願うことである。……こういう仕方で自分自身を愛する人は真に自分自身を愛している。なぜなら自分自身においてではなく，神において自分を愛しているからである。つまりすべての罪人に向かって，したがってわたしたちすべてに向かって憎み，弾劾し，災いを願っている神の意志に一致して自分を愛しているからである」（ibid., 392, 20-28.）。自己が自己愛に満ちている以上，この自己を否定しなければ，他者なる隣人を愛することは不可能である。したがって自己否定なしには他者を愛しえないことも事実ではあるにしても，ルターの主張していることは自己否定が他者肯定に転換するということなのではない。「愛するとは自己自身を憎むことである」（Est enim diligere se ipsum odisse.）というのは自己嫌悪という心理学的な現象でも，マゾヒズムを言うのでもなくて，神が自己愛を憎み，弾劾しているがゆえに，その神の意志にどこまでも従うことを意味している。それゆえ，このようなルターの逆説的な主張の背後には自己自身の罪性の徹底した認識が先行しているだけでなく，そこに神自身の意志を認識し，「キリストとともに神の中に隠されている」神の愛の本性を認識し，これに一致しようとする信仰が認められる。こうして否定を通して反対の相の下に働く十字架の愛が捉えられている。

70）「一致させる」（conformare）と言うのは神に同形化する神秘主義の用語である。提題97-98は，人間の意志が神との関係で神の明瞭な戒めに従う仕方ばかりか，神が定められたすべてに，たとえばわたしたちの生活の遂行においても然りと言って肯定しなければならない，と主張する。

わたしたちはこれらのテーゼにおいて，カトリック教会と教会の博士たちに一致していないようなことを語ろうと欲しないし，また何も語らなかったと信じている。1517年。

解　説

『スコラ神学を論駁する討論』（1517年）をルターはその学生フランツ・ギュンターの神学得業士試験のために起草した。この討論はオッカム主義者ビールに対する批判であったので，公開討論にも熱が入ったと思われる。というのはヴィッテンベルク大学にはルターの師であるトゥルートフェターのようなオッカム主義者も多くいたからである。この提題は「95カ条の提題」ほどには有名ではないが，ルターの新しい神学の基本主張をよく示している点で思想的にははるかに重要である。

まずオッカム主義の命題については第33と第34の提題で次のように言われている。「33，自己にできるかぎりを行うということは，恩恵に対する障害を除くことである，ということも誤りである。34，要約すると，自然本性は正しい命令と善き意志をもっていない」（本書33頁）。

この「自己にできるかぎりのことを行う……」という命題の別の表現でもあるオッカムの命題をも彼はあげ，第18提題で次のように批判する。「自然本性にしたがってすべてに優って神を愛することは，キマイラのように空想的な術語である」（本書29頁）と。それゆえ，恩恵にいたる準備はもしあるとすれば，神の予定のほかにはないと主張する。なお，オッカムは「すべてに優って神を愛すること」が人間に本性上可能であることを，倫理的意味でたえず説いており，その限りでは正しかったとしても，これを恩恵のための準備と結びつけたのはビールであるといえよう。これに対しルターは批判を加えて第29提題で次のように言っている。「神の恩恵に対する最善にして誤り得ない準備にして唯一の備えは，神の永遠の選びと予定である」（本書 32 頁）と。

さらに奴隷的意志の主張に関してもいっそう徹底されてくる。第 39 提題では「わたしたちは始めから終わりまで自己の行動の主人ではなく，奴隷である」（本書 34 頁）と主張される。このように語ってから行為義認に立つ哲学者アリストテレスの倫理学を攻撃して，「恩恵の最悪の敵」と呼んでいる。そこには「神の恩恵を欠いたすべての律法のわざは外的に善と見えても，内的には罪である。スコラ学者に反対してこれを主張する」という彼の内面性の主張とならんで，第 4 提題で「悪い木となった人間は（マタイ 7・18 参照），悪を意志しかつ行うことしかできないということは真理である」（本書 26 頁）という実存的に深められた人間存在への洞察がみられる。これこそ人間の本性に対する現実主義的な存在理解の深まりを示すものである。こうして「本性は生まれながら，かつ不可避的に悪である」という認識に立って，自由意志と矛盾的に対立する奴隷意志の主張が生まれてきている。

第 3 文書

ハイデルベルク討論　1518 年

（W. 1. 353）この有名な都市ハイデルベルクのアウグスティヌス会修道士たちの前で，通例の場所で，次のような提題を神学修士，兄弟マルチィン・ルターが提出し，これに対し文学と哲学の修士レオナルド・パイエルが答えるであろう[1)]。

神学的な提題

「あなた自身の知恵に頼ってはならない」（箴言3・5）との御霊の忠告にしたがって，わたしたちは自分に全く信頼を置くことなく，謙虚に，出席したいと欲しているすべての人の判断に対しこれらの神学的逆説を提出する。こうして，特別に選ばれたキリストの器にして道具である聖パウロから，またパウロの最も信頼できる解釈者である聖アウグスティヌスから，正しく引用されているか，それとも誤って引用されているかどうかが，明らかになろう。

一　神の律法は，とても有益な生命の教えであるのに，人間を義へと促進しないで，かえってそれを妨げる。

二　人間のわざは，自然的な戒めに助けられて（よく言われるように）しばしば反復されても，人間を義へと促進することが遙かに少ない。

三　人間のわざは，いつも美しく良いように思われても，それでもそれはおそらく死罪であろう[2)]。

四　神のわざは，常に醜悪にして邪悪に思われても，それでも真に不滅の功績である。

五　人間のわざが死すべき運命であるのは（わたしたち

1）1518年5月6日のことである。

2）提題3-12は「善いわざ」について論じる。「死罪」とはpeccata mortaliaのことで，死刑に値する「大罪」を言う。

は明らかに善いわざについて語っている[3)]，それが犯罪であるのと同じ意味なのではない。

六　神のわざが功績であるというのは（わたしたちは人間を通してなされる〔神の〕わざについて語っている），それが罪でないのと同じ意味ではない。

七　義人たちのわざも，神に対する敬虔な畏怖により義人自身によって死すべきものとして怖れられなければ，死すべきものである[4)]。

八　ましてや人間のわざは，畏怖の念を抱かないで単純にかつ邪悪にも平然としてなされるとき，死すべき運命である。

九　キリストから離れたわざは，死んでいるとしても，死すべきものではないと主張することは，神への畏怖を放棄した[5)]危険なことであると思われる。

一〇　むしろ，わざが死んでいるのに，それが同時に有害な死に至らせる罪ではないというのか。これを理解することは，きわめて困難である。

（W. 1. 354）一一　すべてのわざに際して断罪の判決を恐れないなら，厚かましさを避けることも，真実の希望が生じることもできない。

一二　諸々の罪が死すべきものとして人間によって怖れられるとき，罪は神のもとで真に赦されるものである。

一三　自由意志は，堕罪後には単なる名前だけのものであって，それが自己にできるかぎりをなしていても[6)]，死

3）これは外面的に善であるものについて語ってるという意味である。

4）提題 7 と 8 は WA. I, 37-40 の説教を参照し比較すべきである。

5）「放棄した」というのは「注目しないで軽視している」という意味である。

6）「自己にできるかぎりをなす」（facit quod in se est）というのは後期スコラ神学でよく用いられた用語で，オッカム主義では「自己にできるかぎりをなしている人に対し神は恩恵を拒まない」という命

にいたる罪を犯す[7]。

一四　自由意志は，堕罪後には，受容的な能力として[8]善を実現できるが，活動的な能力としては常に悪を実現できる。

一五　また自由意志は無垢の状態においても，活動的であり続けることができず，受容的な能力にすぎないのであって，ましてや善に向かって前進することはできない。

一六　人間は自己にできるかぎりをなすことによって，恩恵に達しようと思っても，罪に罪を付け加え，二重に罪責あるものとなる。

一七　このように言うのは絶望する原因を与えるためではなく，謙虚となる原因を与えるためであり，キリストの恩恵を探求する熱意を呼び起こすためである。

一八　キリストの恩恵を獲得するのに適合するために，人間が自己について徹底的に絶望しなければならないのは，確かなことである。

一九　神の「目に見えない本質が」「被造物を通して理解されるとみなす」者は[9]，神学者と呼ばれるに値しない

題で頻繁に使われた。それは人間本性の「最善を尽くす」という意味である。詳しくは金子晴勇『近代自由思想の源流』87，119，124，128，161-68頁参照。

7）提題13-18は倫理的な悲観主義を宣言する。その内容は人間がいつも自己自身に対して単に救いを妨げるものに過ぎないということである。

8）「受容的」（subiectiva）は「従属的」「下位に置かれた」と言う意味であるが，「能動的」（activa）と対照的に用いられているので，このように訳した。

9）被造物を通しての神の認識はいわゆる自然神学を指している。これは中世のスコラ神学で最も優れた成果をもたらしたが，宗教と哲学との総合した学問形態を宗教改革はキリスト教の純化の視点から退けたが，それによって自然の理解が視野から消えていく運命を招いてしまった。

(ローマ1・20)[10]。

二〇　だが目に見える神の本質と神が見られる背面[11]が，受難と十字架によって知られると解する者は，神学者と呼ばれるに値する。

二一　栄光の神学者は悪を善と言い，善を悪と言う。十字架の神学者は事態をそれが現にあるとおりに語る。

二二　神の目に見えない本質が諸々のわざによって理解されると考える知恵は，〔人間を〕全く思い上がらせ，全く盲目にし，そして頑くなにする。

二三　また「律法」は神の怒りを「招き」(ローマ4・15)，キリストの内にいないものは何でも殺し，のろい，告訴し，さばき，断罪する。

二四　しかし，そのような知恵も悪いものではないし，律法も避けられてはならない。だが十字架の神学なしには，最善のものが最悪な仕方で誤用される。

二五　多くのわざをなす者が義人ではなくて，わざはなくともキリストを熱烈に信ずる者が義人である[12]。

二六　律法は「これをしなさい」と言うが，それは決して実行されない。恩恵は「これを信じなさい」と言うが，すべてはすでに実行されている。

二七　キリストのわざは活動するもの（operans）であり，わたしたちのわざは実現されたもの（operatum）であ

---

10)　提題19-24は救いの道はわざではなく「受難と十字架」によってが切り開かれることを説く。ここにあらゆる価値の再評価が求められる。それを妨げている人間からの解放が必要である。

11)　「神の背面」(Posteriora Dei）とは人間によって神が明らかに知られる部分を指す。このことばはモーセがシナイ山で神の栄光を拝したとき，神が手でもって彼を覆い，「あなたはわたしの後ろを見るが，わたしの顔は見えない」(出エジプト33・23）と語った記事に基づく。

12)　提題25-28人間は信じることによって救いの道を切り開くことを論じる。

る，と言われるのは正しい[13]。こうして実現されたわざは活動的なわざの恩恵によって神に喜ばれる，と言われるのも正しい。

二八　神の愛はその愛するものを見いだす〔つまり探求する〕のではなく，むしろ創造する。人間の愛はその愛するものによって起こる[14]。

（W 1. 335）

哲学からの提題

二九　アリストテレスを使って危険なく哲学しようとする者は，それに先だってキリストによって徹底的に愚かな者とされなければならない[15]。

三〇　結婚した者でないなら，性欲の悪を善用できないように，愚かな者，つまりキリスト信徒でなければ[16]，だれもよく（bene）哲学することはできない。

三一　人間の魂が死すべきものであると考えられていたので，世界が永遠であると信じるのは，アリストテレスの考えでは容易なことであった。

三二　造られたものがすべて実体的形相（forma

13）「活動するもの」（operans）と「実現されたもの」（operatum）の区別は行為の能動性と受動性を区別している。前者を神に，後者を人間に分けることによって神が能動的に，人が受動的に働くとみなし，神人関係が「授受の関係」に立っていることが鮮明に告げられる。

14）人間の愛は対象によって起こるエロースであり，神の愛は無なる対象に働きかけるアガペーである。『アガペーとエロース』を論じたニーグレンはルターのこのテキストを中心にして研究した。

15）1コリント 3･18，同 8・1，ローマ 8･28，コロサイ 3･3，エフェソ 3・19 などを参照。

16）キリスト信徒はキリストと結婚した者であって，同時に「愚か者」とも呼ばれる（Ⅰコリント 1･20 参照）。

substrancialis）であることが受け入れられた後では，造られたものはすべて質料（materia）であると必然的に受け入れられなければならなかった[17]。

三三　世界にあるものは無から必然的に生じないが，それにもかかわらず自然的に生じるものはすべて質料から生じる[18]。

三四　もしアリストテレスが神の絶対的な権能を知っていたら[19]，質料が〔形相を欠いた〕裸の状態で存続するとは主張できなかったであろう。

三五　アリストテレスによれば，現実態においては，何ものも無限ではないが，可能態と質料においては，造られたものはすべての事物において無限である[20]。

三六　アリストテレスは，彼の哲学よりも良いプラトンのイデア哲学を不当に非難し，嘲笑する。

三七　ピュタゴラスによって〔質料的〕事象の中に数理〔的秩序〕が巧みに模倣されていると主張されているが，プラトンによるイデアの分有〔学説〕のほうがいっそう優

17）「造られたもの」とは被造物であって，そこには「質料」が個体化を起こして個物を造り出している。この個物は「実体的形相」によって特定の形を備えている。この形相の数は個物の数と同じだけ多くあって，個物は具体的には質料からできているがゆえに，形相は質料となる矛盾に陥ってしまう。提題32と33はアイロニカルに考えられている。

18）ギリシア哲学においては「無からは何ものも生じない」と説かれた。というのは形相を欠いた質料，つまり「混沌」が無に等しいものであると考えられていたから。それなのに実際には「自然的に生じるものはすべて質料」をもっているのは明らかに矛盾である。

19）「神の絶対的権能」（potentia Dei absoluta）というのはオッカム主義の術語である。これは神の意志の絶対性を説くために主張された説で，現実の世界は「神の秩序的権能」によって定められたが，神自身の意志はそれによって究められず，それを超えていることを意味する。本書38頁注48を参照。

20）提題35と40はアイロニカルに考えられている。

れている[21]。

三八　パルメニデスのあの「一なるもの」[22]を論駁するアリストテレスの討論は（キリスト者には許されるにしても），「空を撃つような拳闘」（Ⅰコリント9・26）に過ぎない。

三九　アナクサゴラスが，一般に考えられているように，形相に先だって無限なるものを措定していたら，彼はアリストテレスの意に反して，最善の哲学者となったであろう[23]。

四〇　アリストテレスにとって，欠如，質料，形相，動くもの，不動のもの，現実態，可能態などは，同じものであると考えられる。

ハイデルベルクの修道会において，西暦紀元1518年5月に，討論された命題の証明。

第1命題

神の律法は，とても有益な生命の教えであるのに，人間を義へと促進しないで，かえってそれを妨げる。

21）　ピュタゴラスは古代イタリアの哲学者で，「万物は数からできている」という学説を確立した。プラトンも中期にこの学説を受容してイデア論の体系を完成させたが，イデアと世界の関係では「分有」（participatio）を説き，ピュタゴラスの「模倣」説と相違するとここでは論じられている。

22）「一なるもの」（unus）はエレア学派の創始者パルメニデスの一元論を指している。

23）　アナクサゴラス（Anaxagoras 前500-428年頃）は東方イオニア自然学を代表する哲学者で，万物は無限に分割可能な微小な種から成ると説明した。差別と秩序とは理性によって生じる。彼は，デモクリトスの原子とは違い，質的差異をもつ「種子」の混合・分離によって現象を説明した。彼によれば無限なるものは形成する原理と同一であると考えられている。

このことは,「律法とは関係なく神の義が示された」というローマの信徒への手紙 3 章（3 節）の使徒の言葉によって明らかである。このことを，聖アウグスティヌスが『霊と文字』（De spiritu et littera）という書物の中で,「律法とは関係なく，つまりそれに助けられないで」と説明する。また，ローマの信徒への手紙 5 章（20 節）には,「律法が入り込んできたのは，罪が増し加わるためである」とあり，第 7 章（9 節）には,（W. 1. 356）「掟が登場したとき，罪は生き返った」とある。そのゆえに，彼は第 8 章（2 節）では，律法を「死の法則」または「罪の法則」と呼ぶ。さらにコリントの信徒への第 2 の手紙第 3 章（6 節）には,「文字は人を殺す」とある。聖アウグスティヌスは『霊と文字』という書物の全体を通して，それをすべての律法に，神の最も聖なる律法にあてはまると理解する[24)]。

第 2 命題

人間のわざは，自然的な戒めに助けられて（よく言われるように）しばしば反復されても，人間を義へと促進することが遥かに少ない。

聖なる，汚れない，真実の，義なるなどと形容される神の律法が善へと啓発し，促進させる[25)]ために，人間の自然的能力を超える助けが神から人間に与えられているが，しかし反対のことが生じ，そのため人はさらに悪化する。それゆえ，そのように助けられず自分の能力のままでは，どのようにして善に向かって前進できようか。他者の援助によって善を行わない者は，自分自身の能力によってはいっそう僅かに善をなすに過ぎない。したがって使徒はローマ

24）『スコラ神学を論駁する討論』の提題 83 本書 42 頁を参照。

25） moveat とあるゆえ「促進する」と訳したが，moneat「戒める」の誤りと思われる。

の信徒への手紙第3章（10-12節）で，すべての人間が堕落し，役立たない者となり，神を理解せず探し求めないで，皆迷っていると言う。

第3命題

人間のわざは，いつも美しく良いように見えても，それでもそれはおそらく死罪であろう。

キリストがマタイ福音書第23章（27節）でファリサイ派の人について語っているように，人間のわざは美しく見えても，内側は汚れに満ちている。なぜなら自分自身や他人には善良で美しく見えても，神は外観によって裁かず，「心とはらわたを調べる」（詩7・10）から。だが，恩恵と信仰なしには，清い心をもつことは不可能である。使徒言行録第15章（9節）に，「信仰によって彼らの心を清め」とある。

それゆえ，この討論の第7命題にあるように，義人のわざが罪であるならば，未だ義人でない者のわざは遥かにひどい罪である，という命題も是認される。しかし義人は自分自身のわざのために，「主よ，あなたの僕を裁きにかけないでください。命のある者はすべてあなたのみ前に義とされないから」（詩143・2）と言う。同じく使徒もガラテヤの信徒への手紙第3章（10節）で，「律法の行いに頼る者はだれでも呪われている」と言う。しかし人間のわざは律法のわざであり，そして呪いというものは赦されうる罪には加えられない。それゆれ人間のわざは死に至るものである。第三に，ローマの信徒への手紙第2章（22節）には，「あなたは〈盗むな〉と説きながら，盗むのか」とある。そのことを聖アウグスティヌスは説明して，彼らは外面的に他人を盗人であると裁いたり教えていても，罪ある意志においては彼らも盗人であると言っている[26]。

第 4 命題
神のみわざは，常に醜悪で邪悪に見えても，それでも真に不滅の功績である。

神のわざが醜悪であるということは，イザヤ書第 53 章（2 節）に，「彼は見るべき面影はなく，美しさもない」と，また，列王記上第 2 章（サムエル上 2・6）に，「主は命を絶ち，陰府にくだし，また命を与える」とあることから明らかである。このことは，主が律法によってまたわたしたちの罪を直視させることによって，わたしたちを謙虚にさせ，脅かしたもうというように理解される。それはわたしたちが（W. 1. 357）自分の前にも，人々の前にも無なる者，愚かな者，悪い者と思われるためである。否，わたしたちは本当にそういう者なのである。わたしたちがこれを認識し，告白するときには，わたしたちの中には見るべき面影もなく美しさもないが，わたしたちの命は神の中に隠されている（コロサイ三・三）（つまりそれは神の憐れみに対するひたすらな信頼の中にある）[27]。そのとき，わたしたちは，使徒がコリントの信徒への第 2 の手紙第 6 章（9，10 節）に，「悲しんでいるようで，常に喜び，死にかかっているようで，見よ，生きている」と言っているように，自分の中に罪・愚かさ・死・地獄のほか何も応じるものをもたない。そしてこれはイザヤ書第 28 章（21 節）で「神がそのわざをなされるための」神の「異なったわざ」[28]と呼んで

26） 出典箇所不明。

27） 「ひたすらな信頼」（nuda fiducia）とは直訳すれば「裸の信頼」であって，身に何も纏わないで，無一物になって信頼することを言う。『神の恩恵を欠いた人間の力と意志の問題』第 2 命題第 3 補遺本書 14-15 頁を参照。

28） WA. I,112,10ff. 参照。

いるものである。(つまり，神はわたしたちを絶望させることによって謙虚にさせるが，それは神がわたしたちに希望を与えることによってその憐れみによってわたしたちを高揚させるためである)。ハバクク書第3章（2節）に，「怒っても，憐れみを忘れないでください」とある通りである。それゆえ，このような人はそのすべてのわざに気に入らず，美しさも見ないで，ただ自分の醜さを見るだけである。実際，彼は外から見れば，他人には愚かで醜悪と思われることを行っている。

しかし，コリントの信徒への第1の手紙第11章（31節）[29)]に，「もしわたしたちが自分を裁くならば，わたしたちは主に裁かれることはない」という言葉に従えば，その醜悪さは，神によって鞭打たれるか，わたしたち自身によって告発されるときに，わたしたちのうちに生じる。このことは申命記第32章（36節）にも，「主はご自分の民の裁きを行い，その僕らに憐れみを加えられる」と記されている。このようにして神がわたしたちの中に働きたもう醜悪なわざ，つまり謙虚にさせ，神を敬うようにするわざは[30)]，まことに不滅である。なぜなら謙虚と神への畏怖こそ功績となるすべてであるから。

第5命題

人間のわざが死すべき運命であるのは（わたしたちは明らかに善いわざについて語っている)，それが犯罪であるのと同じ意味ではない。

なぜなら犯罪というのは，姦淫，ぬすみ，殺人，中傷などのように，人々の前に告発されうるものだから。しかし

29） 聖書の引用文は第1コリント2章〔15節〕の誤りである。

30）「神を敬うようにするわざ」(timorata）というのは名詞timorのスコラ学的な動詞形である。

死すべきものは，良いように思われても，本質的には悪い根と悪い木とから生じる実である。アウグスティヌス『ユリアヌス駁論』（Contra Julianum）第4巻を参照[31]。

第6命題

神のわざが功績であるというのは（わたしたちは人間を通してなされる〔神の〕わざについて語っている），それが罪でないというのと同じ意味ではない。

コヘレトの言葉第7章（20節）には，「善のみを行って罪を犯さないような正しい人は地上にはいない」とある。このことは他の人たちによって「義人も確かに罪を犯すとしても，それでも善行をしているときはそうではない」と言われる[32]。これに対しては次のように答えられよう。この聖句がそのように主張しようとするなら，どうしてそんなに多くの言葉を費やすのか。あるいは，聖霊は多弁と駄弁を喜びたもうのか，と。確かに，この聖句の意味は「罪を犯さない義人は地上にはいない」と十全に表現されていたのであるから，どうして「善行をいている人は」と付け加えるのか。それでは，まるで悪をなしている他の人が義人であるかのようである。なぜなら義人でなければ善を行わないから。そこで善行の領域の外部で罪について語られる場合，聖書は「正しい者は日に七たび倒れる」（箴言24・16）と言う。ここで聖書は「正しい者は善を行っているときに，日に七たび倒れる」とは言わない。なぜなら聖書が言っているのは比喩であるから。もし人がさび付いたぎざぎざな斧でもって切るとき，たとえその働き手が有能な職人であっても，その斧で切断された面は粗悪で，でこ

31）アウグスティヌス『ユリアヌス駁論』4・3・22。

32）他の人たちとはヒエロニュムスとベーダを指している。WA. 8,78,1ff.;8,75,3 参照

ぼこで，不格好である。これと同じように神はわたしたちを通して働きたもう。

第7命題（W. 1. 358）

義人たちのわざも，神に対する敬虔な畏怖により義人自身によって死すべきものとして怖れなければ，死すべきものである。

このことは第4命題から明らかである。というのは人が怖れなければならないわざに信頼することは，自分自身に栄光を帰し，すべてのわざに関して畏怖すべき神から栄光を取りあげることであるから。ところで，このことは全くの歪曲である。つまり，自分自身を喜び，わざにおいて自分自身を享受し，そして自分を偶像として崇めることである。しかし自信に満ち，神に対する畏怖をもたない人は，こういう仕方で確かに振る舞う。もし彼が畏怖を懐くなら，自信に満ちていないし，自分を喜ばないで，神において自分を喜ぶであろう。

第二に，それは，「あなたの僕を裁きにかけないでください」（詩143・2）という詩編の言葉や，また，「わたしは言った，自分に敵対してわたしの不義を主に告白しよう」という詩編32編（5節）などから，明瞭である。だが，これらの罪は赦される罪ではないことは明らかである。なぜなら赦されうる罪には告白も悔い改めも必要ではないと人々[33]は言っているから。それゆえ，もしこれらが死にいたる罪であり，同じ箇所で聖書が語っているように，「すべての聖徒はそのために祈る」（詩32・6）ならば，そのとき聖徒たちのわざは死にいたる罪である。しかし，聖徒たちのわざは善きわざである。それゆえ，そのわざは謙虚になって告白する恐れによってのみ彼らの功績と

33） 教会の博士たちとスコラ神学者らを指している。

なる。

第三に，それは「わたしたちの負い目を赦してください」（マタイ6・12）という主の祈りから明らかである。これは聖徒たちの祈りである。したがって，彼らがそのために祈っているかの負い目は善きわざである。しかも，それが死にいたる罪であるということは，「もし人の罪を赦るさないならば，あなたがたの天の父も，あなたがたの罪を赦してくださらないであろう」（マタイ6・15）というそれに続く言葉から明瞭である。もしこの祈りを真に祈らず，他の人々を赦さないならば，見よ，これこそ赦されることなく断罪される罪である。

第四に，それはヨハネの黙示録第21章（27節）の「汚れた者は決して天国に入れない」から明瞭である。御国に入ることを妨げているものはすべて死にいたる罪である（そうでないなら，死に至る罪は他の仕方で定義すべきである）。しかし，赦される罪も〔御国に入ることを〕妨げる。なぜなら，それは魂を汚し，天国に場所をもっていないから[34)]。それゆえ，等々。

第8命題

ましてや人間のわざは，畏怖の念を抱かないで単純にかつ邪悪にも平然としてなされるとき，死すべき運命である。

先行する命題からの必然的な帰結がこれを明らかにす

34）死にいたる罪（大罪）と赦される罪（小罪）の相違について述べている。しかし赦される罪でも事実上は死にいたる罪である。なぜなら，それは魂を罪で汚し，天国に入ることを妨げるから。そこにある推論は小前提として「赦される罪も天国に入ることを妨げる」とあり，その理由は，①それが魂を汚すから，②魂を天国に入れないからがあげられる。それゆえ赦される罪も天国に入るのを妨げると説かれた。

る。畏怖のないところには謙虚はなく，謙虚のないところには高慢があり，高慢のあるところには神の怒りと審判がある。つまり，「神は高慢な者に反抗したもう」（1ペトロ5・5）。確かに高慢がなくなれば，どこにも罪はないであろう。

第9命題

キリストから離れたわざは死んでいるとしても，死すべきものではないと主張することは，神に対する畏怖を放棄した危険なことであると思われる。

なぜなら，このように人間が安心しており，したがって高慢になっているから。それは危険である。というのも，このようにして当然神のものである栄光が神から取り去られ，自分に帰しているからである。この栄光をできるかぎり速やかに神に返すために，人間は熱意を尽くして神のもとに急ぐべきである。それゆえ聖書は，「速やかに主のもとに立ち返れ」（ベン・シラ5・8）と勧める。確かに，神から栄光を秘かに奪う者が神を侮辱するとしたら，奪い取ったものを確保し，このことで（W. 1. 359）安心している者は，どれほどひどく神を侮辱していることか。だが，キリストの中にいないか，あるいはキリストから遠ざかる者は，周知のようにキリストから栄光を奪っている。

第10命題

それどころか，いったいどうしてわざが死んでいるのに，それでも有害にして死にいたらせる罪ではないというのか。これを理解することは，きわめて困難である。

わたしは次のように証明する。聖書は「死んだわざ」について，何かある死に至るのでないものが，それでも「死んでいる」という語り方をしていないからである。確かに「死んでいる」ということは「死に至る」というよりも強い，と言う文法もこういう語り方をしない。なぜなら，(彼らは言う[35]) 殺すわざが死にいたるのであるが，死んでいるわざは，それは〔もう〕生きていないから，殺しはしない[36]。箴言第 15 章 (8 節) に，「悪しき者のいけにえは忌まわしい」と書かれているように，生きていないものは神に喜ばれない。

第二に，このような死んでいる行為に関して，意志はともかく何かを行わなければならない。つまりそれを愛するか，それとも憎むかしなければならない。意志が悪い場合には，死んでいる行為を憎むことはできない。それゆえ意志は死んでいる行為を愛しており，したがって死んでいるものを愛している。このように意志は〔死んでいる〕行為そのものにおいて神に反抗する意志の悪い行為を引き起こす。意志はこの神を愛し，すべてのわざにおいて神に栄光を帰すべきであったのに。

第 11 命題

すべてのわざに際して断罪の判決を恐れないなら，厚かましさを避けることも，真実の希望が生じることもできない。

これは先の第 4 命題から明らかである。なぜなら，すべての被造物に絶望し，神のほか何ものも自分に役立ちえないことを知るのでないなら，神に望みをかけることは不可能だから。すでに述べたように，このような純粋な希望をもっている者はひとりもなく，またわたしたちが少なから

35）「彼ら」とはスコラ学者を指す。

36）ここには「死んだもの」(mortuum) と「可死的なもの＝死にいたるもの」(mortale) とのスコラ学的区別があって，後者のほうが前者よりも偉大であると考えられる。つまり可死的なものは生きていたが今や死に転落しているのに，死んだものは生きていないだけでなく，生きていたのでもないと言われる。

ず被造物に信頼しているがゆえに，万事にわたって不潔となっており，神の裁きを怖れなければならないことは明白である。こういうわけで，単に行為によるだけでなく，情意によっても，厚かましさは避けられなければならない。つまり今なお被造物に対する信頼をもち続けることがわたしたちを不快にする[37]。

第12命題

諸々の罪が死すべきものとして人間によって恐れられるとき，罪は神の前に真に赦される。

これはすでに語られたことから十分に明らかである。なぜなら，わたしたちが自己を告発するだけ，それだけ神はわたしたちを弁護するから[38]。このことは「あなたが義しいとされるために，自分の不義を申し立てなさい」（イザヤ43・26）という聖句や，「罪に対する言い訳を弁護するために，わたしたちの心を悪意ある言葉に傾かせないでください」（詩141・4）という聖句にもある通りである。

第13命題

自由意志は，堕罪後には単なる名前だけのものであって，それが自己にできるかぎりをなしていても[39]，死にいたる罪を犯す。

初めの部分は明瞭である。なぜなら自由意志は罪の虜となり，奴隷とされているから。そのわけは，その存在が無であるからではなく，ただ悪に向かうほかは自由でないか

37）「不快にする」という意味は少なくとも心痛をもって受け止めているということである。

38）「義人は原則的に自己告発者である」（WA. 3, 29, 16）。これについて金子晴勇『ルターとドイツ神秘主義』創文社，2000年，142頁参照。

39） 本書49頁の注6を参照。

ら。ヨハネ福音書第 8 章（34，36 節）に，「罪を犯すものは罪の奴隷である」，「もし子があなたがたを自由にすれば，あなたがたは本当に自由になる」とある。それゆえ，聖アウグスティヌスは『霊と文字』（3 章）という書物の中で，「自由意志は恩恵なしには罪を犯す以外には何の力もない」[40]，（W. 1. 360）また，『ユリアヌス駁論』という書物の第 2 巻に，「あなたがたは自由意志と呼んでいるが，実は奴隷意志である」などと言っている[41]。他の箇所も無数にあげることができる。

第二の部分は，上述のことと[42]，ホセア書第 13 章（9 節）の「イスラエルよ，お前の破滅がお前から来る。お前の助けはただわたしから来る」などとあることから明らかである。

第 14 命題

自由意志は，堕罪後には受容的な能力として[43]善を実現できるが，活動的な能力としては常に悪を実現できる[44]。

なぜなら死人が生命に対してそれをただ受容しうるに過ぎないように，だが彼は生きている間には，死に対し自発的に関わることができる[45]。しかし自由意志は死んだもの

40）アウグスティヌス『霊と文字』3・5。

41）アウグスティヌス『ユリアヌス駁論』8・23。

42）第 3，8-11 命題を参照。

43）「受容的」（subiectiva）は「従属的」「下位に置かれた」と言う意味であるが，「能動的」（activa）と対照的に用いられているので，「受動的」と訳すこともできる。

44）「実現できる能力」とは activa=potenntia activa の訳である。

45）人間の概念には生命という特徴が関連している。したがって生命が正に主体の概念的な特徴であるかぎり，死人は生命との関係をもっている。それに対して生ける人の死への関係は別である。なぜなら生ける人は事実上死にも到達することができるから。同様に堕罪後の意志にとって善への力は受容的な能力にすぎない。つまりこの能力は観念的には意志に属していても，堕罪後では現実的な状態ではも

であって，そのことは，〔教会の〕聖なる学者たちが言っているように，主が甦らせた死人たちによって示されている。それに加えて聖アウグスティヌスも同じ命題をペラギウス派を駁論する色々な書物で論証している。

第 15 命題

また自由意志は無垢の状態においても，活動的であり続けることができず，受容的な能力[46]にすぎないのであって，ましてや善に向かって前進することはできない。

『命題集』の教師〔ペトルス・ロンバルドゥス〕は第 2 巻第 24 部門第 1 章の終わりでアウグスティヌスを引用して次のように言う。「これらの証言によって明瞭に示されていることは，人間が創造されたとき正直《せいちょく》[47]と善い意志とを受けとり，またそのように立ちうるようにした助けをも受けとったことである。さもなければ，人間は自分の罪過によって罪に陥ったのではないように思われたであろう」と。彼は活動的な能力について語っているが，それは『譴責と恩恵』（De correptione et gratia）という書物（11・32）におけるアウグスティヌスの意見に明白に反する。そのところでアウグスティヌスは，「彼〔アダム〕は欲しさえす

はや意志に属していない。

46）「受容的な能力」とは subjectiva potentia の訳である。この思想は『奴隷意志論』においてはいっそう消極的となり，スコラ神学者のいう「態勢的性質」（dispositiva qualitas）とか「受容的適合性」（passiva aptitudo）として認められているにすぎない。ルターはエラスムスとの論争によってこの能力を主張するのを後退させている。WA. 18, 637, 16ff. をも参照。なお金子晴勇『近代自由思想の源流』創文社，1987 年，336-371 頁を参照。

47）「正直」（rectitudo）というのはアンセルムスが『クール・デウス・ホモ』の冒頭で用いた楽園におけるアダムが意志において無垢であった状態を示す用語である。無垢の状態では戒めを守ることができた。この状態でも人間の概念は排斥される徴候がないというだけである。

れば，〔実行する〕能力を受けとったであろう。しかし，彼はそれによって実行できる意志をもっていなかった」と言っている。彼は〔実行する〕「能力」[48)]ということによって受容的な能力を意味し，「それによって実行できる意志」によって活動的な能力を意味している。

だが，第二の部分はこの教師の〔命題集の〕同じ部門を参照すれば十分に明らかである。

第 16 命題

人間は自己にできるかぎりをなすことによって，恩恵に達しようと思っても[49)]，罪に罪を付け加え，二重に罪責あるものとなる。

というのは，これまで語られたことによって，人間は自己にできるかぎりをなす間は罪を犯し[50)]，万事において自分の利益を求めること（I コリント 13・5）が明白だから[51)]。しかし，もし罪によって自分は恩恵に値するものになると考えたり，恩恵を受ける資格があると考えるならば，すでに〔罪に〕傲慢な自惚れを加えており，罪を罪とも，悪を悪とも考えない。これこそ極めて大きな罪である。同様にエレミヤ書第 2 章（13 節）には，「わが民は二重の罪を犯した。生ける水の源であるわたしを捨てて，水をためることができない，壊れた水溜を掘った」とある。つまり，罪によってわたしから遠ざかり，しかも自分から善を実行していると推測する。

48）「能力」は posse の訳，続く「受容的な可能性」は potentia subjectiva の訳，「自発的可能性」は potentia activa の訳である。

49）「人間は自己にできるかぎりをなすことによって，恩恵に達しよう」（ad gratiam velle pervenire faciendo quod in se est）というのはルター時代のオッカム主義の行為義認を示す基本命題であった。49 頁注 6 を参照。

50）命題 13 を参照。

51）命題 22 のアダムについて注を参照。

それゆえ，あなたは尋ねる，「それなら，わたしたちは何をすべきか。わたしたちがなすことは罪にすぎないのなら，無為に過ごしたほうがよいのか」。わたしは答えたい。そうではない。そうではない。これらのことを聞いたなら，平伏して恩恵を祈り求め，あなたの希望をキリストにおきなさい。キリストのうちにはわたしたちの救い・生命・復活がある。そのことのゆえに，わたしたちはこのように教えられ，そのことのゆえに，律法が罪をわたしたちに知らせるのであるが，それは罪が認識されることによって恩恵が求められ獲得されるためである。このようにして神は「謙虚な者に恵みをお与えになる」（1ペトロ5・5）。また（W. 1. 361）「へりくだる者は高められる」（マタイ23・12）。律法はへりくだらせ，恩恵は高める。律法は恐れと怒りとをもたらし，恩恵は希望と憐れみをもたらす。「なぜなら，律法によっては罪の自覚が生じる」（ローマ3・20）が，罪の認識によって謙虚が，謙虚によって恩恵が得られる。こうして神の他なるわざは，ついに神の本来のわざを取り入れる[52]。神は〔他なるわざによって〕人を罪人にするのであるが，それは人を義人とするためである〔これが本来のわざである〕。

第17命題

このように言うのは絶望する原因を与えるためではなく，謙虚となる原因を与えるためであり，キリストの恩恵を探求する熱意を呼び起こすためである。

このことはこれまで述べられたことから明らかである。なぜなら福音書によれば（マルコ30・14），天国は幼児た

52）「神の他なるわざ」（opus alienum Dei）と「本来的なわざ」（opus proprium）とは神の左手と右手，つまり神の怒りと恩恵の相違であって，前者から後者に導かれる。両者は弁証法的な展開によって統一される。

ちと謙虚な人々に与えられており，キリストもまた彼らを愛したもうから。（しかし自らが呪われかつ嫌悪すべき罪人であることを知らない者は，謙虚でありえない。だが罪は律法によるのでなければ認識されえない。）わたしたちが罪人であることが予め告げられているときには，絶望ではなくて，むしろ希望が命じられていることは明瞭である。というのも，そのような罪の予告は恩恵への準備であるから。あるいはそれはむしろ罪の認識とそのような説教に対する信仰であるから。なぜなら罪の認識が起こったとき，恩恵に対する熱望が立ち上がるから。病人は自分の病状の悪いことを理解するとき，癒しを求める。したがって病人にその病状の危険を告げるとき，それは絶望の原因または死の原因を与えるためではなく，むしろ医学的な治療を求めるように彼を促すためである。それと同じく，わたしたちが自己にできるかぎりをなすかぎり，わたしたちが無であり，常に罪を犯していると語るのは，（わたしたちが愚かでないなら）わたしたちは人々を絶望させるためではなく，わたしたちの主イエス・キリストの恩恵を切望させるためである。

第 18 命題

キリストの恩恵を達成するのに適合するために，人間が自己について徹底的に絶望しなければならないのは，確かなことである。

なぜなら律法は次のことを欲するからである。すなわち使徒がローマの信徒への手紙第 2 章と第 3 章で「わたしたちは，既に言い立てられたように，皆，罪の下にある」（ローマ 3・9）と語って示しているように，律法が人を「陰府《よみ》に下し」また「貧しくし」（サムエル上 2・6-7），すべてのわざにおいて罪人であることを示すことによって，人間が自己自身に絶望することを欲する。自己にできるかぎりをなし，自己が何かよいことを行っていると信じる者は，自己が全くの無であるとは考えないし，自己自身の力に絶望していないで，むしろ自己自身の力に頼って恩恵を獲得しようと努めるほどに思い上がっている[53]。

第19命題

神の「目に見えない本質が」「被造物を通して理解されるとみなす」者は[54]，神学者と呼ばれるに値しない（ローマ1・20）。

このことは，そのような神学者であったし，また使徒によってローマの信徒への手紙第1章（22節）で「愚かである」と呼ばれている人々によって明らかである。さらに神の見えない本質は力・神性・知恵・義・善などである。これらすべてを承認しても，それらが〔人を〕価値ある者にも知者にもしない[55]。

（W. 1. 363）第20命題

だが，目に見える神の本質と神が見られる背面[56]が，受難と十字架によって知られると解する者は，神学者と呼ばれるに値する。

53）人間は自分の力でもって恩恵に到達すると想像することによって，傲慢と僭越さのゆえに罪に陥ることになる。

54）本書50頁注9を参照。

55）ルターはローマの信徒への手紙のこの箇所を自然神学的にではなくて，中世の聖書解釈法に従って道徳的な意味で捉えている。つまり「造られたもの」とは神に創造された世界のことではなくて，人間の善いわざを指していると解釈する。この自己のわざをとおして人は「力・神性・知恵・義・善」という神の見えない本質に到達することができると考える。それゆえ続く命題はローマの信徒への手紙から引用された概念の否定によって成り立っている。したがって知恵と正義の探求に対して真の神認識の愚かさと卑下が，わざの行為に対して受難が対置される。続く第22命題を参照。

56）本書51頁注11を参照。

神が見られる背面と目に見える神の本質とは，見えない本質の反対である。それはつまり人間性・弱さ・愚かさであって，コリントの信徒への第1の手紙第1章（25節）で「神の愚かさと神の弱さ」と呼ばれている通りである[57]。なぜなら人間がわざを用いて神の認識を誤用するがゆえに，神は逆に受難を用いて認識されるのを欲し，見えない本質についての知恵を，見えるものについての知恵を，排斥するのを望まれた。それは御わざを用いて明示された神を礼拝しない人たちが，コリントの信徒への第1の手紙第1章（21節）に「世は，自分の知恵で神を知らなかった。それは神の知恵にかなっている。そこで神は宣教という愚かな手段によって信じる者を救うことをよしとされた」と言われているように，受難の中に神を礼拝するためである。したがって神を栄光と尊厳において認識しても，十字架の謙虚と恥辱において認識しないならば，誰にとっても十分でないし，また無益であろう。こうしてイザヤが「まことにあなたは隠された神である」（イザ45・15）と言うように，「神は知恵ある者の知恵を滅ぼす等々」（Iコリ1・19）のである。

こうして，ヨハネ福音書第14章（8節）でフィリポが栄光の神学[58]に基づいて「わたしたちに父を示してください」と語ったとき，キリストは直ちに彼を制止し，神を他のところに探そうとする早急な思いをご自身の中に連れ戻し，「フィリポ，わたしを見た者はわたしの父をも見たの

57） 神への道が神性をとおしてではなく，人間性によって導かれなければならないとしても，形而上学は遠ざけられなければならないかのように認識論的な表明がなされるわけではない。神の観点からすべてのものは反対に人間の観点からのように見るように指示することが大切である。しかし，この命題は学問的な学説を含んでいるのではなく，信仰者の成熟した経験が把握できる洞察を表現している。

58） 「栄光の神学」との対比で「十字架の神学」がここには論じられている。

だ」（ヨハ14・9）と語られた。それゆえ十字架につけられたキリストの中に，真の神学と神認識がある。またヨハネ福音書第10章には「わたしを通らなければ，だれも父のもとに行くことができない」（ヨハ14・6），また「わたしは門である」（ヨハ10・9）とある。

第21命題

栄光の神学者は悪を善と言い，善を悪と言う。十字架の神学者は事態をそれが現にある通りに語る。

キリストを知らないかぎり，受難の中に隠れている神を知らないがゆえに，このことは明瞭である。したがって，このような人は受難よりもわざを，十字架よりも栄光を，弱さよりも力を，愚かさよりも知恵を，総じて〔十字架の〕善よりも悪を選ぶ。このように人たちは使徒が「キリストの十字架の敵対する者」（フィリピ3・18）と呼んでいる者どもである。なぜなら，彼らは十字架や受難を憎んでおり，実にわざとわざの栄光とを愛するから。こうして彼らは十字架の善を悪と呼び，わざの悪を善と呼ぶ。しかし神が受難と十字架による以外には決して見いだされえないことは，すでに述べられた。それゆえ十字架の友は，十字架が善であり，わざが悪であると言う。それは十字架によってわざが破壊され，〔古い〕アダムが十字架につけられるからである[59]。このアダムはそれどころか，わざによって形づくられる[60]。というのも，まず受難と悪によって空しくされ破壊されていない人が，自己自身は無なるものであり，自己のわざは自己のものではなく神のものであるということを知るまでは，自己の善きわざによって高慢にな

59）『スコラ神学を論駁する討論』提題25（本書31頁）参照。

60） アダムというのは「古い人」「肉的人間」「自分の利益を求める人」である。ルターによるとアダムは自己にあるかぎりをなしても，自分の利益を追求する存在であり，わざによって立っている。

らないのは不可能であるから。

第22命題

神の目に見えない本質が諸々のわざによって理解されると考える知恵は，〔人間を〕全く思い上がらせ，全く盲目にし，そして頑にする。

これはすでに語られたことである。それは十字架を無視し憎むがゆえに，必然的に反対のものを愛好する，すなわち知恵，栄光，力などを愛好する。したがって，そのような愛によっては人々はいっそう目が見えなくなり，頑固となる。なぜなら（W. 1. 363）欲求というものは，それが欲するものを獲得することによっては，鎮められ得ないからである。金銭愛はお金自身が増えるに応じて，増大するように，魂の水腫は，詩人が，「水を飲めば飲むほどに，ますます水に渇く」と言うごとく，飲むに比例して渇く[61]。同様にコヘレトの言葉第1章（8節）には，「目は見飽きることなく，耳は聞いても満たされない」とある。すべての欲求についても同様である。

知りたいという好奇心も，獲得された知恵によっては鎮められないで，ますます点火される。同じく名誉欲も，獲得された栄誉によっては鎮められないし，支配欲も権力と支配によって鎮められないし，称賛されたい欲求も称賛によって鎮められない，等々。キリストはヨハネ福音書第4章（13節）で「この水を飲む者はまた渇くであろう」と語って，このことを示している。

だが治療法は残っている。それは欲望を満たすことによってではなく，それを絶滅することによって治療する。すなわち知者となりたい人は，前進することによって知恵を求めるのではなく，後退することによって愚かさを求め

61）ここから一般に欲望が悪無限であると言われる。

て，愚か者となるという治療法である。同様に権力者・栄誉ある者・愉快な人・万事に満足した人になろうと欲する人は，権力・栄誉・快楽・万事に満足することを求めるよりは，むしろそれを避けるべきである。これこそこの世にとって愚かであるような知恵である。

(W. 1. 364) 第23命題

また「律法」は神の怒りを「招き」(ローマ4・15)，キリストの内にいないものは何でも殺し，呪い，告訴し，裁き，断罪する。

同様にガラテヤの信徒への手紙第3章(13節)では，「キリストはわたしたちを律法の呪いから贖い出してくださった」とある。そして同じ箇所(ガラテヤ3・10)で，「律法の行いに頼る者はだれでも，呪われている」とある。そしてまたローマの信徒への手紙第4章(15節)に「律法は怒りを招く」とある。さらにローマの信徒への手紙第7章(10節)に「命をもたらすはずの掟が，死に導くものであることが分かった」とある。ローマの信徒への手紙第2章(12節)に「律法のもとにあって罪を犯した者は皆，律法によって裁かれる」とある。それゆえ律法において知者や教師であるかのように誇る者は，ローマの信徒への手紙第2章(23節)で「律法を誇っているあなたがたは」と非難されている人たちのように，自分の狼狽・自分の呪い・神の怒り・死を誇っている。

第24命題

しかし，そのような知恵も悪ではないし，律法も避けられてはならない。だが，十字架の神学なしには，最善のものが最悪な仕方で誤用される。

実際，律法は聖なるものであり(ローマ7・12)，神の贈り物はすべて良いものであって(Iテモテ4・4，ヤコブ1・

17)，創世記第1章（31節）にあるように，被造物はすべて極めて良いものである。しかし先に語ったように，未だ打ち砕かれ，十字架と受難によって無とされていない者は，わざと知恵を自分に帰して神に帰さない。彼はこのように神の贈り物を誤用し，汚す。

だが，受難によって打ち砕かれてた者は，もはやわざをなすのではなく，神が彼の中に働きたまい，すべてのことをなしたもうことを知っている。それゆえ，わざをなすかなさないかは彼にとって同じであり，わざをなしても誇ることはなく，神が彼の中に働きたまわなくとも決して当惑しない。全く無とされるために，十字架によって受苦し，破壊されても，自分にとって十分であることを知っている。しかし，このことは，キリストがヨハネ福音書第3章（7節）で「あなたがたは新たに生まれねばならない」と語っていることである。もし生まれ変わるなら，まず死に，次いで人の子とともに高く上げられる。わたしは言いたい，死ぬことは死を現在のものとして感ずることである，と。

第25命題

多くのわざをなす者が義人ではなくて，わざはなくともキリストを熱烈に信ずる者が義人である。

なぜなら神の義は，アリストテレスが教えたようには[62]，しばしば反復された行為[63]によって獲得されるものではなく，信仰によって注ぎ込まれる。ローマの信徒への手紙第1章（17節）には，「信仰による義人は生きる」とあり，また第10章（10節）には，「人は心に信じて義とされる」とある。したがって「わざはなくとも」という言

62）『スコラ神学を論駁する討論』の提題40，本書34頁を参照。

63）命題2を参照。

葉は，義人が何らのわざをもなさないというのではなく，彼のわざは彼を義とせず，かえって彼の義がわざを創造する，とわたしは解釈したい。なぜなら，わたしたちのわざがなくとも，恩恵と信仰が注ぎ込まれ，それらが注がれると，わざがそれに続くから。こうしてローマの信徒への手紙第 3 章（20 節）では，「律法を実行することによっては，だれ一人神の前に義とされない」と語られ，またローマの信徒への手紙第 3 章（28 節）には，「わたしたちは，人が義とされるのは律法の行いによるのではなく，信仰によると考える」とある。すなわち，わざは義認のためには何の役にも立たない。したがって，このような信仰によるわざは，自分のものではなく，神のものであると知るがゆえに，人は自分のわざによって義とされたり，栄光を授けられることを求めないで，神を求める。キリストに対する信仰によって彼が義と認められるだけで，彼には十分である。すなわち，コリントの信徒への第 1 の手紙第 1 章（30 節）に，キリストが彼の知恵にして義であるなどと語られているように，彼自身がキリストの活動もしく道具である。

第 26 命題

律法は「これをしなさい」と言うが，それは決して実行されない。恩恵は「これを信じなさい」と言うが，すべてはすでに実行されている。

最初の部分は，使徒とその解釈者である聖アウグスティヌスによって多くの箇所で明らかである[64]。「律法」はむしろ「神の怒りを招き」（ローマ 4・15），すべての者を呪いの下に閉じ込めることは，先に十分に述べられた。第二の部分も同じ理由で明瞭である。なぜなら，信仰が義とし，

64） アウグスティヌス『霊と文字』13 章など。

（聖アウグスティヌスが言っているように）「律法は信仰が実現するものを命じる」から。実際，このようにキリストは信仰によってわたしたちのうちにいまし，確かにわたしたちと一つになりたもう。またキリストは義なるお方であり，神のすべての戒めを満たしたもう。それゆえ信仰によって〔キリストが〕わたしたちのものとされるなら，わたしたちもキリストによってすべてのことを実現する。

第27命題

キリストのわざは活動するものであり，わたしたちのわざは実現されたものである，と言われるのは正しい。こうして「実現されたわざは活動的なわざの恩恵によって神に喜ばれる」[65]，と言われるのも正しい。

なぜなら，キリストがわたしたちの中に信仰によって住みたもうかぎり，彼はもうすでに彼の諸々のわざに対する生ける信仰[66]によって，わたしたちをわざへと動かしたもうから。というのも彼が自らなしたもうわざは，信仰によってわたしたちに与えられた神の戒めの実現であるから。わたしたちがキリストのわざを注視すると，それらのわざを模倣するように促される。それゆえ使徒は「あなたがたは神に愛されている子供であるから，神に倣う者となりなさい」（エフェソ5・1）と言う。このように聖グレゴリウスが「キリストのすべての行為はわたしたちに対する

65）注13参照。

66）この信仰が神のわざに対するわたしたちの信仰か，それとも働きたもう神の信仰か不明である。続く信仰概念の使用特質からして人間の側の信仰と言えよう。また続けて神のわざを見ることによって模倣するというなら，わたしたちの信仰ということになる。fides Christi もルターの場合にはほとんど「キリストに対する信仰」を表明している。なぜなら「信じるようにそのようになる」というのが彼の思考の公理であるから。

教えであり, 確かに〔わざへ向ける〕刺激である」[67]と語っているように, 憐れみのわざはわたしたちを〔その憐れみによって〕救ったわざ[68]によって呼び起こされる。キリストの行為がわたしたちの中にあるなら, それは信仰によって生きている。というのは「わたしをお誘いください。わたしたちはあなたの香油のかぐわしさ」, つまりあなたのわざ「を慕って走ります」(雅歌1・3-4)という言葉にしたがって, それは激しくわたしたちを誘うから。

(W. 1. 365) 第28命題

神の愛はその愛するものを探すのではなく, むしろ創造する。人間の愛はその愛するものによって起こる。

第二の部分は明瞭であって, すべての哲学者と神学者の見解である。なぜならアリストテレスによれば, 魂のすべての能力は受動的であり, 質料的であって, 受容することによって働くという点を考慮すると, 対象が愛の原因であるから。こうしてまたアリストテレスの哲学は, すべてのものにおいて自己の利益を求め, 善いものを与えるよりもむしろ受け取るがゆえに, 神学と矛盾していることが証明される[69]。

第一の部分も明瞭である。なぜなら, 人間の中に生きている神の愛は, 罪人たち, 悪人ども, 愚か者ら, 弱い者た

67) グレゴリウス『エゼキエルによる説教集』第2巻, 説教2, 6(ミーニュ編『ラテン教父著作集』第76巻, 952頁)参照。

68) 人間の救いは客観的な神のわざによっている点が強調されている。

69) アリストテレスの心理学においては魂がもっぱら能動的に考えられているため, それは徹底的に自我中心的に立てられている。それゆえに, それはすでに誤りである。そこには倫理の欠陥が示唆されている。しかし, この思想はアリストテレスよりもプラトンのエロス説に妥当する。金子晴勇『愛の思想史』知泉書館, 2003年, 第1章「エロスの諸形態」5-25頁参照。

ちを愛するから。こうして神の愛は彼らを義人たち，善人たち，賢い者たち，強い者らとなし，むしろ溢れ出ていって，善いものを与える。それゆえ罪人たちは愛されているがゆえに美しいのであって，美しいがゆえに愛されるのではない。したがって，人間の愛は罪人らや悪人どもから逃避する。このようにしてキリストは，「わたしが来たのは，正しい人を招くためではなく，罪人を招くためである」（マタ9・13）と語りたもう。

そしてこれこそ十字架から生まれた十字架の愛である。この愛は，享受できる善いものが見いだされず，むしろ悪人や貧者に善いものを授ける場所に自身を差し向ける[70]。「受けるよりは与える方が幸いである」（使20・35）と使徒は言う。それゆえ，詩編41（1節）に「困窮者と貧者を思いやる人は幸いである」とある。ところが知性が本性上その対象とするものは，無なるもの，つまり貧しく困窮する者ではなく，存在するもの，つまり真なるもの・善なるものである。したがって知性は外観に基づいて判断し，人間の外面を受け入れ[71]，そして目に示されるものなどに基づいて判断する。　終わり

70）愛の本質が自己犠牲的な行為の中に求められる。愛は単なる情念や感情ではなく，自己から出て行って他者に積極的にかかわる行為である。そこに「十字架の愛」つまりアガペーとしての神の愛の特質があり，それこそあらゆる種類の愛のわざの核心である。この点に関し金子晴勇，前掲書第3章を参照。

71）「外面」（persona）は多様な意味をもっている。古代では「仮面」を中世では神の「位格」を，近代の初めでは「役割」や「外面」「体裁」を意味した。近現代では「人格」を意味する。ルターでは「外面」とも「人格」とも考えられた。

解　説

『ハイデルベルク討論』(1518年)でルターは自己の新しい神学の概要を明瞭に述べている。ルターの贖宥状に対する批判は全ドイツを動かし,「95カ条の提題」は当時ルターが所属していたアウグスティヌス派の修道会でも問題となり,ローマの本部からドイツ支部の代表者シュタウピッツのところに抗議が寄せられていた。そこでシュタウピッツは三年おきに開催されていたドイツの同派の総会にルターを出席させ,彼に命じて自己の主張の要点を討論のために提題の形で提出させ,その提題について短く講解し,それを人々の討論に委ねさせた。この総会は1518年4月下旬に古都ハイデルベルクで開催され,ルターは総会のために40箇条(神学関係28,哲学関係13)からなる『ハイデルベルクで行われた討論』を作成した。ここでは「贖宥」については論じないで,罪と恩恵の問題が選ばれ,とくに自由意志に関する論題では「十字架の神学」が神学的な表現をもって結実している。それと並んで哲学の面ではアリストテレスの批判がますます鋭く展開している。

ルターはこの討論でオッカム主義の神学から決定的に離れてしまったため,エルフルト時代の旧師や先輩たちがこれをこころよく思わず,なかでも恩師トゥルトウェッターとの決裂は確定的なものとなった。しかし他方では,議長を務めたシュウタウピッツをはじめ多くの参会者たちはルターに対して予想以上に好意的であった。とりわけ彼が討論で与えた若いジェネレーションへの影響は異常なほどに強烈であった。なでもシュトラースブルクの宗教改革者として活躍したマルチィン・ブッツァーはたまたまこの総会を傍聴したうえ,親しくルターと会談する機会をもった。

そのときの印象を，親友への手紙のなかで，次のように書き留めている。

> 彼の明敏さは，使徒パウロの流儀を思いおこさせる。簡潔にして的確な，聖書の宝庫からとりだした応答をもって，彼は全員を魅了してしまう。……彼はエラスムスと完全に一致している。けれどもエラスムスがたんに暗示するにすぎないすべてのことを，彼は自由に公然といってのける，そのかぎりでエラスムスをしのぐ。……彼こそはヴィッテンベルクにおいてスコラ学の権威に終止符をうち，ギリシア語，ヒエロニュムス，アクグスティヌスおよびパウロを堂々と教えることができるようにした，その人だったのだ[72]。

この討論の参会者の中にはブッツァーのほかに宗教改革の運動に共鳴した者が多く出ており，ヴュルテンベルクのヨハン・ブレンツとエルハルト・シュネップまたテオドール・ビリカンがいた。さらにこの討論にはルター神学の鍵となる言葉「十字架の神学」の全体像が完成した形で示されている。しかも「使徒パウロとその講解者アウグスティヌス」を自説の証人にあげて論証し，とくにその著作『霊と文字』からの引用が多いのを見ても，ルターが「神の義」の新しい認識に立って自己の神学思想を確立しようと試みていることが知られる。次に彼の思想を要約してみよう。

逆説的神学

ルターはこの討論で自己の神学思想を「神学的逆説」と

72）　成瀬治『ルター』誠文堂新光社，1961 年，60 頁からの引用。

言い，彼の「十字架の神学」における十字架は逆説として語られているので，その神学思想の特質を「逆説的神学」と言ってもよい。逆説は一般の人々の考えにさからうものであるから，これまでの合理的スコラ神学の体系を転覆させようとする試みであるといえよう。

まず神の律法についての逆説的主張がなされている。彼の基本的主張は，神の掟や戒めである律法は，もっとも有益な教えであり，人間に善い行為を命じるものであっても，それは同時に人間に自己の罪を認識させる。善いはずの律法がわたしたちにとって悪をもたらしている。これではわたしたちに不可解となり，わたしたちを躓かせる。元来善いものが，罪悪の根源となり，神の怒りをわたしたちに啓示している。この律法により怒りを示す神のわざを，ルターは「神の他なるわざ」と呼び，そこでは神が本来もちたもう恵みのわざは隠されているという。

次に人間自身についての逆説が「義人にして同時に罪人」という命題によって語られる。人間の行為は表面的に善の仮面をつけていても，悪しき根から生じているので，法律違反による犯罪は犯さないとしても，罪性からは自由でない，と彼は言う。「悪しき根」というのは人格の根本が腐敗し，不純な動機，もしくは行動の動機を転倒させる「心のねじれ」を言い，カントの「根本悪」と同じ主張がここに説かれた[73]。ルターはこの逆説をラディカルな表現により次のように言う。「神のわざであっても，人間の手によってなされているかぎり，それが同時に罪であることから除外されていない」と。これは「義人にして同時に罪人」という矛盾した人間存在のもっともラディカルな表現である。

73） カント『カント全集，第9巻，宗教論』飯島宗享，宇都宮芳明訳，理想社，1974年，57-59頁を参照。

ここから自由意志は奴隷意志であるとの逆説が直接派生してくる。つまり最善の努力をしていても最悪の事態を自ら招来している点が意志にあてはめて次のように論じられる。

> 自由意志は堕罪後には単なる名前だけのものであって，自己にできるかぎりをなしていても，死にいたる罪を犯す（第13命題，本書66頁）。

自由意志は一般の倫理的意味では戒めや律法を実行しうる能力であると考えられていても，ルターは神との関係ではこれを否認し，これによっては自己の救済にも善いわざにも達することができないので，奴隷的であると主張する。この命題の説明で彼は次のように言う。「初めの部分は明瞭である。なぜなら，自由意志が罪の虜となり，奴隷とされているから。そのわけは，その存在が無であるからではなく，ただ悪に向かうほかは自由でないから」（第13命題，本書62頁）。彼によると自由意志はあっても，悪に向かってのみ意志決定を下しているがゆえに，悪の奴隷となっている。さらにアウクスティヌスを引用し自説を補強しているが，悪へ拘束されていても，自由決定の能力の存在そのものは否定されているわけではない。したがって，彼はこの存在をその内実を欠いた「単なる名前」において認めているにすぎないが，その実在性を承認している。また先述のオッカム主義の命題がこの提題にも表われている。この命題に従って生きる人は，罪に罪を重ねる罪の継続のうちにあると批判される。「自己にできるかぎりをなすことによって，恩恵に達しようと思っても，罪に罪を付け加え，二重に罪責あるものとなる」（第16提題，本書69頁）。ルターはこの提題の説明で，人間が最善を尽くしても罪を犯しており，しかも自己自身のものだけを追求しながら，それによって恩恵にいたりうると考え，自負心と高慢との罪に陥っていると言う。

ルターはこのように人間の罪の深淵性と現実の悪をみつめ，絶望にまで人間を導くのであるが，それは人間が自己の病いを知って，人間を最も深いところで新生させるべく，真の癒し手なるキリストを求めるためである。この「キリストのみ」（solus Christus）が宗教改革の指導原理であって，アウグスティヌス以来主張された「恩恵のみ」は「キリストのみ」として確認される。

隠れたる神の逆説

『ハイデルベルク討論』の終りのところで十字架の神学が隠れたる神の逆説として展開している。ルターによるとキリストにおいて自己を啓示している神，つまり顕われた神はもっとも深く自身を隠している神である。これは逆説である。なぜなら啓示された神が同時に隠れた神であるというのは矛盾した背理であるから。キリストは苦難と十字架という見るかげもない哀れな姿において自己自身をあらわしている。このような悲惨な人間をだれも神として認めることはできない。これはもはや理性によっては捉えられず，「ただ信仰によってのみ」（sola fide）理解される対象である。この「信仰によるのみ」こそ宗教改革の第一原理にほかならない。

それゆえルターは，真の神学者たるものはこの神の啓示に対する信仰にもとづいて神を理解すべきであって，神が創造した世界の認識をとおして神の見えない本質を類推するような理性的思弁家は神学者とはいえない，と主張する。わたしたちの理性によって神を見ることはできない。神がモーセにご自身を示そうとしたとき，神の顔を見たものは死ななければならなかったため，その背を見せたもうたように，神の見える背をとらえるのが神学者の行う真の神認識であり，それは苦難と十字架という隠された出来事における啓示の認識である。「だが，目に見える神の本質と神が見られる背面が，受難と十字架によって知られると解する者は，神学者と呼ばれるに値する」（第20提題，本書72頁）。

ここで「見られる」ものというのは神が啓示した出来事，つまり苦難と十字架であって，人間的には恥辱と卑賤，またローマの極刑を受けた者のうちに，したがって人間イエスという「神の人間性」と弱さのうちに隠されている。これを「理解する」のが信仰なのである。ルターは「神の人間性」という言葉でもってキリストの苦難と十字架をあらわしているが，これはパウロが「神の弱さ」「神の愚かさ」と呼んでいるものであって，啓示において同時に隠されている神の逆説を表明している。この逆説に立って彼の「十字架の神学」が次のように語られている。「神を栄光と尊厳において認識しても，十字架の謙虚と恥辱において神を認識しないならば，誰にとっても十分でないし，また無益である。……それゆえ十字架につけられたキリストの中に，真の神学と神認識がある」（命題20，本書73-74頁）。「そのような知恵も悪ではないし，律法も避けられてはならない。だが，十字架の神学なしには最善のものが最悪の仕方で誤用される」（命題24，本書76頁）。十字架の神学はまずキリストの十字架を指し，次にキリスト者の十字架を指し示している。この二つの引用のうち前者はキリストの十字架を，後者はキリスト者のそれを語っている。

創造的神の愛

こうしてキリスト者といえども，十字架と苦難によって恥辱をうけ無とされていない者は，自己のわざや知恵に頼り，神の賜物をも誤用しけがす。「受難によって打ち砕かれた者はもはやわざをなすのではなく，神が彼のうちに働きたまい，すべてのことをなしたもうことを知っている」(WA 1, 363)。これこそ自己に死してキリストのうちに生きる者の真のわざである。それはアガベーであって，次のように言われる。

> 神の愛はその愛するものを探すのではなく，むしろ創造する。人間の愛はその愛するものによって起こる（第28命題，本書80頁）。

ニーグレンはその名著『アガペーとエロース』のなかで，プラトンの愛とキリスト教の愛とを対比して論じ，このルターの命題をもって両者の基本的区別を明らかにした。神の愛は対象もしくは相手がまったく無であるものに向かい，そこから有を創造する。これは価値創造的な愛である。これに対し人間の愛エロ－スは，対象もしくは相手の価値（善美）によって引き寄せられて生じる愛好である。これは価値追求的な愛である。神の愛はルターによると十字架の愛であって，この命題の説明のところで彼は次のように言う。「この〔十字架の〕愛は，享受できる善いものが見いだされず，むしろ悪人や貧者に善いものを授ける場所に自身を差し向ける」（第28命題，本書81頁）と。これに対し，自然的な理性は外観によって判断するため，貧しい者や欠乏した者，つまり無に等しいものにかかわらないで，ただ存在するもの，真なるもの，善なるものだけにかかわっている。

この『ハイデルベルク討論』においてルターの新しい神学が形成された。それは「十字架の神学」である。その要点をもう一度列挙しておこう。① 律法によって人間は自己の罪を認識する。② 自由意志は罪のため奴隷的になっていて，存在していても救いには役立たない。だからキリスト者は「義人であって同時に罪人」である。③ 神は十字架においてのみ認識される。④ 十字架の愛はアガペーであり，無なるものに働きかけ有を創造する。このような主張のうちに彼の新しい神学が形を整えてきているといえよう。

第 4 文書

ヨハン・エック博士の中傷に反対する
修道士マルティン・ルターの討論と弁明
1519 年

（W2. 158）

修道士マルティン・ルターは
最善の読者に挨拶を送る

わたしの読者よ，わたしの親しいエックは怒ってしまい，ローマ教皇庁にわたしへの怒りと中傷に満ちた，もう一つ別の討論の紙片を提出しました。彼は以前の命題に対し激しい怒りのこもった一つの命題を追加しました。このことは，これからの討論を妨害する懼れがないなら，彼の呪詛に決定的に回答するすばらしい機会をわたしに提供しました。しかし，すべてのことにはそれを実行するにふさわしい時があります（コヘレト3・1)。現在のところ，次に述べることで十分です。

エックは多数の聖なる教会教父の発言を引用することによって，わたしを教会の敵として告発する[1]。読者よ，このことは次のように理解すべきである。エックは「教会」という言葉によって自分の見解と贖宥状のために骨折った偉人たち[2]の見解を表している。彼はローマ教皇庁にすべてを捧げた人であり，彼らの偉人たちの習わしにしたがって語っている。この人たちは聖書や教会教父の言葉をアナクサゴラスのエレメントのように[3]使用する。こうして彼らがそれらの言葉をローマ教皇庁に奉献するや否や，それ

1） エックはキリスト教古代における教会教父の学説に通暁しており，これを使ってまくし立てる種類の論争家であった。基本的にはトマスの学説に立っていてもそこには確固とした神学思想があるわけではなく，あくまでも論争家として目立つことがもくろまれていた。

2） ルターに反対した提題の序文でエックは中世の神学者の何人かを「偉人」と呼んでいた。ルターは彼らの見解を無視した。

3） 本書54頁注23を参照。

らは彼ら自身が勝手に選んだ言葉へと実体が変化し[4)]，（語るに不思議な仕方で）それらは熱にうなされて彼らが夢を見たり，あるいは彼らは女のような妬みから来る無力によってわめき散らすものに変化する。ついに彼らは不幸にも自分が学んだ良いものをも正しくは全く理解していないほどその学識を失ったのである。そして使徒が言うように「彼らは自分が言っていることも主張していることも理解していない」（Ｉテモテ 1・7)。すなわち彼らは範疇論にしたがって述語を主語と，主語を述語と結合できない[5)]。わたしたちは来るべき討論において同じような巧妙さでもって別の証拠が〔エックによって〕わたしたちに持ち出され，子どもたちでさえ嘲笑するようなことを無視しないように希望する。また，わたしたちはエックが（W2, 159）人文学の君主であるエラスムスの書簡とカールシュタットの無敵な『弁明』から自分の頭脳の状態を学習してくるように希望する。だがエックの忍耐強さはすべてに打ち勝っており，少なくとも自分自身とその勇士たちが気に入れば，他のすべてに気に入らなくても彼は満足する。

しかしエックはわたしが古い灰の堆積に再び火を付け等々と言って，わたしは異端者やボヘミアンだとの汚辱を蒙っているが，彼はこのことをその従順と聖職受任者としての公務のために行っている。この務めによって彼がほかならない自分の毒舌という塗油を使って聖別するものは何でも聖化される。

しかし（この種の侮辱する名称がわたしに向けられるのを認めさせないために）わたしの読者よ，ローマ教皇の君

---

4)　聖餐におけるカトリックの「化体説」が「実体の変化」という言葉で暗示されている。

5)　範疇論の「範疇」という語はギリシア語のカテゴリアであって，カテゴリエン（術語する）に由来する。この術語するというのはここにあるように主語と述語とを結合する作用を意味する。

主制についてイタリア，ドイツ，フランス，スペイン，イングランドその他の地方の全信徒の尊敬すべき合意をわたしは無視していないことを，あなたはまず第一に知らなければならない。しかし，わたしは一つのことを主なる神に懇願したい。それはエックが現在気に入っているような主張を決してわたしに言わせたり，考えさせたりしないことである。とはいえ，わたしは自由意志のために神の御子キリストを嘲笑の的となしたり，ローマ教会のためにキリストがインドやオリエントにおいて生きかつ支配していることを否定したりしないように懇願したい。あるいはこの快活な謎の名人に謎をかけるために，わたしがエックと一緒になってコンスタンティノープルの下水溝をもう一度開け，アフリカの昔の殺害者を新しい教会の殉教者として祝うことがないようにお願いしたいものだ。

それは彼の毒入りの罠によって，わたしの読者よ，あなたが傷つけられないためであり，あなたがヨハンネス・フスの条項の中に，多くの主張のあいだにあって，次の一事が，つまりプラティナ[6]がはっきりと書いているように，ローマ教皇の優位は皇帝に由来すると彼が主張したことが認められるのを知っていただくためです。だが，わたしはこの優位が皇帝に由来するのではなく，教皇の法令に由来することが証明されると主張したのである。こうして確かにラテラノ教会[7]は，ローマにあっても，教皇と皇帝の教えにもとづいて自らが母なる教会である等々と，その

6） バルトロメオ・プラティナ（Bartolomeo Platina, 1421-81）は教皇シクストゥス4世に仕えるヒューマニストの司書であった。

7） ラテラノは教皇の宮殿のあったところ。8世紀の終わり頃に広まった「コンスタンティヌスの寄進状」という偽文書にはコンスタンティヌス大帝から西方教会の支配が教皇に寄進されたがゆえに，教皇はラテラノ宮殿に住んで皇帝と並んで西方世界を支配することができると信じられていた。

権威の由来について熱烈に自賛している。それは周知の唱和用の短詩にあるとおりである[8]。それで何だと言うのか。教会もまたエックに対してフス主義者となって，古くなった灰の堆積に点火しなければならないのか。それから教皇の命令と枢機卿らの同意を得て，ローマ全体とすべてのキリスト教界のために，教会がそのように歌っているがゆえに，エックが古い灰がひどく嫌いになり，奉献の職務にしたがってローマ教皇庁に新しい焼いた犠牲を捧げようと，つまり教皇と枢機卿さらにラテラノ教会さえも新しい灰になるまで焼き尽くそうと燃え立っていても，何ら不思議ではない。こうして他の人たちはボヘミアの病原体[9]によって滅んでしまっているのに，カトリック的な知恵をもち，あの無類の事態の無類きわまる擁護者である一人の人物エックが少なくとも残っていることを神に感謝したい。しかし，この種の詭弁家たちが自分らの断定的な提題を理解さえしていないときに，歴史について無知であるのは何とも不思議なことである。実際，わたしは〔これまで〕こういう素材を一度も扱ったことがないし，討論の主題にしようと考えたこともない。ところがエックは極めて重大な憎しみをもってもう長いことわたしを傷つけてきたし，こういう提題が人々に嫌われていることを知っている。〔ところが〕彼は他の点では勝利できそうもないと絶望していたので，少なくともこの点でわたしに怒りを向けようと望んでいた。(W2. 160) 彼はライオンの目の前に（よく言われるように）子犬を連れてきて，真理を探究する討論から憎

8)　ローマ教会の優位を歌った周知の短詩というのは，ワイマル版の注にあるように，次のことが考えられよう。「教皇と皇帝の教えによって一緒に与えられているのは，われこそすべての者の母にして，諸教会の頭であるということである」(WA. 2, 159, n. 2)。

9)　ボヘミアは今日のチェコを言う。「ボヘミアの病原体」とはその地の大学の学長であったフスのことを指している。

悪が生み出す悲劇をつくることに習熟している。

しかしながら彼らは自分が欲するだけ告発することができるし，奴隷的な追従によってローマ教皇庁を聖別することもできる。また玉座も床机《しょうぎ》も聖別できるし，ローマ教皇の賽銭箱（これは贖宥の問題に関係しているし，教皇の優位にも関係する）も聖別できる。彼らはバアルの祭壇のまわりを飛び回り，いつもより大きな声を出してバアルを呼び覚ますために叫ぶこともできる（なぜならバアルは神であり，恐らく語るか，旅に出かけているか，宿屋にいるか，きっと眠っているから[10]）。ローマ教皇庁がキリストに反対しては何も欲しないし，何もできないということだけで，わたしには十分である。わたしはこの問題において教皇も教皇の名前も恐れていないし，ましてやこうした小さな教皇的なやからや小さな人形たちを恐れていない[11]。わたしのキリスト教徒としての名前を蔑むことが，それによってキリストのもっとも純粋な教えの損害とならないように，という一事をわたしは望んでいる。この点でだれかがわたしの忍耐を期待するのをわたしは欲しない。わたしはエックが黒いフードを着けたり，白いフードを着けたりして[12]，控えめな態度を捜し求めることを願わない。

アハブ王がイスラエルの敵ベン・ハダドを解き放ったとき，アハブが行った最悪な恩赦を称賛することは呪われるべきである（列王上 20 章参照）。というのはこの場合わたしは（エックがうろたえるほど）できる限り激しく噛みつ

10） バアルは古代パレスチナの農耕の神で，酒の神であった。列王記上 18・25-29 参照。

11） 「小さな教皇的なやからや小さな人形たち」（pappos et puppas）はラテン語における語呂合わせである。

12） 黒のフード（頭巾）はアウグスティヌス修道会が付けており，白のフードはドミニコ修道会が付けていた。エックは以前，黒いフードを付けて知恵と忍耐を期待していたと述べていた。

こうと欲するだけでなく，（イザヤの言葉を用いるなら）一口で〔大口を開けて〕すべてのシルウェスターもキウェスターも（イザヤ 9・11），カエタヌスもエックもキリストの恩恵の敵である他の兄弟たちをも貪り喰うことができるほどに，わたしが無敵でもあることを示したい。彼らにはその追従と聖別をもって他のだれかを恐れるようにさせよう。マルティン（・ルター）はローマ教皇庁の司祭と祝聖師を軽蔑する。〔エックが持ち出した〕その他の問題をわたしは討論中にか，討論後かに，考察しよう。エックの誤謬にすでに以前から勝利者となっているアンドレアース・カールシュタット博士は逃亡兵士としてではなく現れるであろう。彼によって打ち倒され死んでしまったこのライオンを彼は勇気をもって引き受けるであろう。そのときが来るまでわたしたちは哀れな良心〔の持ち主であるエック〕に，見せかけの勝利の希望と空虚な誇示にすぎない脅しに浸ることを，許しておこう。したがって，わたしは自分の提題に加えて，エックの短気を論駁する 13 の提題をここに追加する。エックがその邪悪な憎しみと拒絶をもってすべてを汚染させたにもかかわらず，この討論から何か善いことを促進させるとしたら，それは神のわざであろう。わたしの読者よ，お元気で。

ライプチヒ大学において新しい誤謬と古い誤謬を反駁してマルティン・ルターは次のような一連の提題を弁護する。

第 1 提題　すべての人は日ごとに罪を犯しているが，天上の農夫も実を結ぶブドウの若枝を日ごとに清めたもうように，新たに義とされ，もはや悔い改めを必要としない人を除いて，「悔い改めよ」（マタイ 4・17）と教えたもうキリストに従って日ごとに悔い改める。

第2提題　善を行っているときでも人間は罪を犯すこと，赦される罪も，その本性によるのでなく，ただ神のあわれみによってのみ赦されうるものであること，また洗礼後に生まれた子供にも罪が残ること，これらのことを否定するのは，パウロとキリストとを同時に踏みつぶすことである。

第3提題　善い行いや悔い改めは，罪に対する嫌悪からはじまり，義に対する愛に先立っていると，また善を行っていれば罪を犯さないと主張する人を，わたしたちはペラギウス的（W2. 161）異端者とみなすが[13)]，彼らが自分らの聖なるアリストテレスに逆らって誤った判断をしていると評価する。

第4提題　神は永遠の罰を一時的な罰に，つまり十字架を担うことに変えられる。たとえ有害な追従者たちから唆されて，教会法や司祭たちがそのようになしうると思っても，彼らは十字架を人に負わせたり，取り除いたりする権能を何らもっていない。

第5提題　司祭はすべて悔悛者を罪と咎から解放すべきである。もしそうしないなら，彼は罪を犯す。同様に高位聖職者も，きわめて明白な理由もなく，秘密事項を——どれほど教会の慣習，つまり追従者たちの慣習がそれに対立していても——保持するなら，罪を犯すのである。

第6提題　おそらく魂は煉獄においてその罪のため償いをするであろう。しかし神が死に赴く人から自発的な死にも優ることを要求したもうということは，全く根拠のない軽率さで主張されている[14)]。なぜならそれは決して証明されえないから。

13）ペラギウスはアウグスティヌスの論敵で原罪を否定し，自由意志を強調した。

14）「自発的な死」とは「進んで死を迎えること」つまり「本人が死を願っていること」を意味する。

第 7 提題　自由意志が，善であれ悪であれ，行動の主人[15)]であると口ごもりながら語ったり，御言葉に対する信仰だけでは義とされないとか，信仰がどんな犯罪によっても取り去られないと妄想する人は，彼が信仰・痛悔・自由意志が何であるかを知っていないことを示している。

第 8 提題　意に反して死に赴く人は愛に欠けており，したがって煉獄の恐怖に苦しまねばならない——ただし真理と理性が偽神学者の意見と同一でありさえすればの話だが——ということは，真理と理性に反している[16)]。

第 9 提題　煉獄の中の魂は自分の救いについては確かであり，恩恵が魂の中ではもはや増加しないと，偽神学者によって主張されているのをわたしたちは知っている。しかしわたしたちは，もっとも学識ある人々が無学な人に自分たちの信仰のために本当らしい理由を与えることができないのを，不思議に思う。

第 10 提題　キリストの功績が教会の宝であり，この宝が聖徒の功績によって高められることは，確かである。しかし，それが贖宥の宝であるということは，嫌悪すべき追従者や真理からそれた者，教会がねつ造した実践や慣習でなければ，だれも申し立てたりしない[17)]。

第 11 提題　贖宥がキリスト者にとって善いものだと言うことは，正気を失っている。なぜなら，それが善いわざに対して害であることは，まことに真実であるから。そし

15）「行動の主人」(actuum dominus) という表現は自由意志の自律性を的確に表現している。『スコラ神学を反駁する討論』第 39 提題「わたしたちは初めから終わりまで自己の行動の主人であるのでなく，奴隷である」，およびその注を参照。

16）『ライプチヒ討論の解説』では次の付加がある。「これは，まだ反駁する者がひとりもいない。そして，これについては解説の中で，わたしは多くを述べた。煩わしさを省くため，反復しない」。

17）「教会の宝」については『贖宥の効力を明らかにする討論』第 56，62 提題参照。

てキリスト者はその誤用のゆえに贖宥を拒否すべきである。なぜなら主は「このわたしは，わたし自身のために，あなたの不義をぬぐう」（イザヤ 43・25）と言われ，「金銭のために」とは言わないから。

第 12 提題　全く学識のない詭弁家や有害な追従者たちは，この世で犯した罪やあの世で犯す罪のため当然受けるべき罰を教皇が赦すことができるとか，贖宥は罪を犯していない人々に役立つと，確かに夢想している。しかし彼らははっきり納得して[18]それを示すことができない。

第 13 提題　ローマ教会が他のすべての教会に優っていることは，四百年のうちに出されたローマ教皇の冷え冷えとした勅書から証明される。これらに反対しているものに千百年にわたる証明ずみの歴史，聖書のテキスト，すべての公会議のうちでもっとも神聖なニカイア公会議の法令がある。

18）nutu は直訳すると「意志表示をもって」となる。ここでは意訳する。

解　説

ライプチヒ討論の意義

1519年の夏にゲオルク髭公の配慮によって6月27日から7月16日まで，プライセンブルク城でインゴルシュタット大学の教授エックとカールシュタットおよびルターとの間に討論が交わされた。討論の終わり近くでエックはルターに迫って公会議も誤りうること，コンスタンツ公会議が異端に定めたフスの教えにも福音的な要素があることをルターに認めさせて，ルターを異端と決めつけ，討論に勝利した。この結果を携えて彼はローマに赴き，ルターに対する破門脅迫状「エクスルゲ・ドミネ」の発行に貢献した。

このヨハン・エック（1486-1543）は本名をマイアーと言い，シュワーベンのエッグに生まれた。最初は革新的人文主義者のグループに属し，友人の仲介でルターと交わりを結んだ。1510年からバイエルンのインゴルシュタット大学で神学教授として活躍した。彼の本領は，博識と記憶力によって討論するスコラ的な弁論にあった。彼は贖宥状に関する討論に好意をもたず，やがてルターに挑戦するようになったが，どの程度までそれが彼の保守的信条に由来しているのか不明である。彼は贖宥に対するルターの批判がカトリック教会の全組織にとって重大な意味をもっていることを洞察し，真の悔い改めと教会のサクラメントとしての悔悛とを区別したことがカトリック教会の権力を脅かすに至ったことを，明敏にも洞察した。そのかぎりで彼がフスを引合いに出したことは，ルターの宗教的立場を，ある面で論理的に問い詰めた結果であったといえよう。けれども，さしあたりこうした比較は，みずから忠実な教会人であると信じていたルターにとって，まったく思いもよらぬ言いがかりであり，心外の極みと言うほかなかった。

そこでエックは「95 カ条の提題」に対する批判を手稿本『オベリスキ』のかたちで発表した。これに対決してルターは 1518 年 5 月 19 日に『アステリスキ』という反論を書き送ったが，二人の関係はまだ友好的なものであった。ところが同じ 5 月のはじめ，カールシュタットはルターの承認を得ないままで，『オベリスキ』を批判する 406 カ条にものぼる大論題を公表し，そのなかでエックを激しく攻撃した。このカールシュタット（Karlstadt, 1480-1541）は本名をアンドレアス・ボーデンシュタイン（Andreas Bodenstein）と言い，すでに 1505 年からヴィッテンベルク大学で教えていた。彼は 1517 年の贖宥問題からはルターを支持するようになった。先のカールシュタットの暴走に困惑したルターは，なんとかしてエックをなだめようと努めたが，論争好きのエックは黙っていなかった。事実，彼はその年の 10 月，アウグスブルクに滞在中のルターを訪ねてきて，彼とカールシュタットとの公開討論会を開くことを決めた。場所はエックに一任され，ライプチヒに決まった。ところが驚くべきことには公表されたエックの論題がカールシュタットに対してではなく，ルターに対する挑戦状となっていた。とくに彼はルターが『贖宥の効力についての討論の解説』のなかで，ローマ教皇は大グレゴリウスの時代にはまだギリシア教会に対する宗主権をもっていなかったと述べた箇所をとりあげ，論点をそこに集中させていた。これはルターを討論に引き出すための巧妙な手段であった。なぜなら，この論点はローマ教皇位の絶対性，つまり教皇首位権の問題に帰着することになり，贖宥問題はまさしく教皇権の問題へと移行し，ルターが異端として破門される道を拓くことになったからである。

第 5 文書

『スコラ神学者ラトムス批判』1521 年

「ルターの書物を焼却したルーヴァン大学の神学者たちのためにラトムスが起草した所見に対するルターの反論」（W. 8. 43）

序　文

イ　エ　ス

ヴィッテンベルクの牧師団の長官にして，主にあってわたしの上司である，高潔な人ユストゥス・ヨナス[1]にマルティン・ルターが挨拶を送ります。

わたしもまた，愛するヨナスよ，あなたがつい先ごろ公職に就任されたことをお祝い申し上げます。わたし自身があなたの許に赴くことができませんので[2]，〔その代わりに〕わたしが書いたこの『スコラ神学者ラトムス批判』をあなたにお送りしようと決めました。わたしは〔三大古典〕言語の知識を蔑視するようなラトムスのことなど考えておりません[3]。なぜならこのペリシテ人のイシュビ・ベノブはアビシャイの力によって倒されたからです（サムエル下 21・16-17 参照）。それはあなたが恐れなど懐かれないためなのです。わたしがお送りする『スコラ神学者ラト

1）ヨナス（1493-1555）は「ライプチヒ討論」（1519）後に福音主義の支持者となり，1521年にヴォルムス帝国議会に同行する。その頃にはヴィッテンペルク大学の教会法の教授となっていた。後にルターの『奴隷意志論』（1524）をドイツ語に訳した。

2）ルターはこのときヴァルトブルク城に幽閉中で，外出が禁止されていた。

3）これはラトムスの初期の論文「三言語についての対話」のことを指している。そこで彼は神学者にはギリシア語とヘブライ語の知識が必要でないと論じている。

ムス批判』は，貧弱な化粧品でもって慎み深さを装い，不吉にも言葉をねじ曲げて〔ルターの書物を焼却した〕ルーヴァンの放火魔の犯行を正しいと見なすような，遅れてやって来たような弁護人ではありません。わたしはあなたがラトムスを自分の名声を教皇猊下とその大勅書に求める人としてご存知だと思います。むしろ，わたしはルターの聖水によって狂信と妖怪から清められたと思われる『スコラ神学者ラトムス批判』をあなたにお送りします。この妖怪によって彼の敬虔な心はこれまで追い回され，いつも駆り立てられていました。

もし彼ら〔ルーヴァンの人たち〕が適切なときにこの専門家としての所見を報告していたならば[4)]，また行動する前に知恵ある人にふさわしく熟慮していたならば，彼らはわたしの著作を断罪したり，焼却したりしなかったでしょうし，愚かな人のようにことが起こった後でやっと正当化を求めるようなことはしなかったでしょう。わたしはただこの正当化だけは行われるように望んでいます。〔ところで〕ラトムスはこの書物で，ルターがいない部屋の片隅に座して「これは異端である，これは誤っている」とおしゃべりすることがどんなに容易であったかを，わたしに確かに教えています。だが公開の場では誰も自分に能力があると信じられないし，思い切って課題に取りかかることもできません。さらに教皇の勅書がラトムスに勇気を与えなかったならば，彼はこの見事な専門家としての所見を決して公表しようとはしなかったであろうと，わたしは確信しています。今やラトムスは自分の行動が勅書によって是認されていることを誇っています。彼はなお勅書が昔の——そうです真に古風な——時代のように，人々を戦懐させる

4）「マルティン・ルターに対するルーヴァン大学神学部の教義学的な断罪」(1519) の出版のことを指している。WA. 6, 175 参照。

ことができると夢想しながら自分の小冊子が世界を驚かすと確信しています。こうして彼は何ら怖れることなく畏怖すべき聖書でもってルターと対決して，大胆にも遊戯を演じようとするのです。だが，そのような行為はそうした教皇勅書によってだけ立証されるのを，わたしは願っています。そのうえ，わたしはそのような勅書によって自分が断罪されることだけを願っております。勅書，訴訟，裁判官，弁護人はみんな見事に一致協力しています。この人たちの結束と害毒から主イエスがわたしとすべての敬虔な魂とを守ってくださいますように，アーメン。

(W. 8. 44) だが，わたしがこの〔流浪の地〕パトモスにおいて〔翻訳すべく〕専念してきた平和なキリストの言葉から，どれほど不本意に引き離されたかを，あなたは簡単には信じられないでしょう。それはこのちくちく刺すとげだらけの詭弁家の馬鹿げた書を読むことに時間を振り向けたために起こったのです。彼〔ラトムス〕は足の裏から頭のてっぺんに至るまでソフィスト的であり，仰々しい教皇勅書でもってふくれ上がり，細心さも識別力も必要がないと考えるほどの確信をもって書いています。彼は自分が読んだり，思いついたものなら何でもべらべらしゃべることで満足しています。そういったものに答えるのはきわめて煩わしいことです。なぜなら，そうすることであなたが才能を開発することも教養を育成することもできないからです。それでもあなたは〔この著作『スコラ神学者ラトムス批判』を読むことで〕貴重な時間を浪費するように強いられます。ところでルターが世間から連れ去られ，永遠に沈黙するように断罪されたと人々が信じているとは，わたしにはとても信じられません。そのようになったのはソフィスト的な暴政でもって彼らが再度自由に一般大衆を支配するためなのです。彼らはその弱体化と滅亡が少なからずわたしの責任であると考えています。願わくは彼らの滅亡が実現されますように。（もしわたしが教皇勅書の言う至聖の司教たちを信じるなら）7 度〔の嘆願をもっていして〕も許し難い罪であるこの罪過を，わたしは喜んで死に至るまで犯すでしょう。

だが，わたしたちが恩恵と善いわざのために勇敢に戦っている間に，ことによると恩恵とわざを失うのではないかと危惧します。そのような恐ろしい怒りの時期についてわたしが思い巡らすと，わたしの頭に涙の泉がわき上がり，他ならない罪と滅亡の王国を生み出している，魂の最近の荒廃を悲しむことができますようにと願っています。それはローマの怪物が教会の真ん中に座り込み（Ⅱテサロニケ 2・4），自らを神として売り込み，司教たちによってへつらわれ，ソフィストたちによって従われて，偽善者たちが彼のためにすべてを行っているからです。その間に「地獄は口を広げ，その口をどこまでも開き」（イザヤ 5・14），またサタンは魂が滅びるのを楽しんでいるのです。それなのに戦慄すべき日にまじめに生き，涙を湛えて立ち，イスラエルのために防壁として対抗する人は，わたしたちの間には一人もいません。このためわたしは冒瀆的なラトムスに対して義憤に満たされます。彼は大切なことをソフィストのように〔軽々に〕扱い，わたしたちがよい仕事をするのを中断させて，愚かなことに法外に携わるように強いています。わたしは厚かましい彼らの額に天罰を下したまえと，詩編作者とともに「わたしの敵がすべて恥じ入り，狼狽するように。彼らは立ち帰って，突然，恥じ入るように」（詩編 6・10）と祈ります。

わたしの手紙があまりにも長くなって，あなたに負担とならないために，ラトムスの序文の主要点について他の〔本論の〕導入部でお答えしましょう。だが，さしあたって，あなたにお願いしたいのは，これをわたしの友情の証として受け入れてくださり，悪人と不信仰な人たちからわたし自身が救われるように（というのも今わたしは使徒と共にお願いしますが）わたしのために主に懇願してくださることです（Ⅱテサロニケ3・2；ローマ15・31）。彼ら〔悪人と不信仰な人たち〕はバビロンに住んでいます。またその御子の福音の栄光ある恵みを讃美するためにわたしに門戸が開かれるようにお祈りください（エフェソ1・6，コロサイ4・3）。だが，わたしとしては主があなたにその御霊を分かち与えてくださるように祈ります。その御霊によって全く汚染された反キリスト――この人たちを教えるようにあなたは召命されています――の教令集と，わたしがあなたに語ったような熱意をもって，関わってください。すなわち，あなたが本当に聖衣を着て，つまり聖書でもって防備された〔モーセの代弁者〕アロンであってください。こうしてあの世界を燃やし尽くすローマの大火災のただ中でこの略奪者を襲撃するために，あなたは祈りの香炉をつかんで前に進み出ることでしょう（黙示8・3）。わたしたちが待望する救い主の来臨によって，天界から他の火災が降ることで，この火災がすぐにも消し去られることになる日は近いです。そういうわけで，わたしの兄弟よ，あなたが教えていることなど忘れられるべきだと，あなたは〔謙遜して〕教えていますが，（W. 8. 45）教皇と教皇主義者たちが支持したり考えていることはすべて何か死をもたらすもの〔毒〕のように逃れるべきであると〔教え子たちが〕知るようにしてください。なぜなら，わたしたちはこの公共的で世界に広く行き渡っている悪を破棄する力をもっていないし，この瀆神的なバビロンの地域を管理するように強いられているので，残っている仕事は，彼らが祖国エルサレムとは全くかけ離れた地帯，そうです略奪者，飽くことのない残酷な敵であることをわたしたちが認識するようになることです。それはわたしたちが，滅び行くもの――彼らには神の栄光ある福音が隠されている（Ⅱコリント 4・3）――と一緒になってわたしたちの捕囚をあざ笑ったり，〔自由であるとして〕抱擁したりしないためなのです。教皇の有害な排泄物と馬鹿げた愚かさのわきに，あなたは救いをもたらし生命を与えるキリストの福音をそれらと対立的に置いていますから，あなたの任務を軽く考えないでください。こうして若い人が自分自身のために悪を拒絶し善を選ぶことを学ぶまで，彼らはその臭気をかいただけで人を殺すこのウイルス〔毒液〕に対する解毒剤をもつようになるでしょう。このような〔神が共にいます〕インマヌエルとなることがあなたに委ねられているのです（イザヤ 7・14）。ですから強く逞しくあってください。ペオルのバアルを怖れてはなりません（民数記 25・3）。なぜならわたしたちが信じるだけで，それはすぐにもバアル・ゼブブ，つまり蝿のようにうるさい男になるでしょうから（列王下 1・2）。というのもわたしたちはイエス・キリストが永遠に祝福された主であることを信じているからです。

アーメン，主はあなたとあなたのところにある主の小さな教会を完成し，強固になさるでしょう。主にあってお元気で。わたしの寄留地にあって，1521 年 6 月 8 日。

第1章
ラトムスの序文に対する回答

1　ルーヴァン大学と反キリストの教皇

まず初めにラトムスは，わたしが自分の諸著作を最初からすぐにはっきり教皇の判断に服従させてしまったことを非難する。このように〔勝手に〕想像するのは，ラトムスのソフィスト的な自信に由来する。だが，わたしとしては教皇にとてもまじめに服従してきたことを残念に思う。というのも，わたしは当時，教皇・公会議・大学について一般的に聞いているものと何ら変わらないと心から感じていたからである。人々の言っている多くはわたしには愚かであると思われるし，キリストからは遥かにかけ離れているが，それでもわたしは「自分の分別には頼るな」（箴言3・5）というソロモンの箴言で自分の考えを十年余も抑制してきた。大学には神学者たちが隠れて生きており，〔わたしの〕この教えが不敬虔であるなら，彼らがきっと黙ってはいない，とわたしはいつも考えてきた。そのときまでは，他のどんなところにもこんなにも愚鈍なでくの棒とのろまな人たちは，まずはいないだろう，とわたしは信じていた。だが，今では，〔ベルギーの〕ルーヴァンにいるよりもひどい悪人どもがいると言わねばならない。しかしながら彼らと交渉を続けている間にわたしには状況に対する洞察，およびそれと同様に，それに対処する勇気とが増し加わってきた。というのも彼らの無知と不品行が，反対を受ける徴として（ルカ2・34）著しく暴露されてきたからである。もし彼らがこんなにも完璧に弱点が暴かれなかったなら，さらに体裁を繕うこともできたなら，確かに彼らはわたしの愚かさのゆえに最後までわたしを欺いたことであろう。（W. 8. 46）しかし，わたしは主イエス・キリストに感謝する。主はこの試練をすでにこの地上でその百倍も報いてくださり（マタイ19・29），今や次のように確信している。すなわち教皇は終わりの時に現れるあの怪物であって，聖書のすべてによって予告された反キリストであり，諸々の大学はサタンのシナゴーグ〔ユダヤ教の会堂〕中のシナゴーグであって，そこではあのエピクロス派の豚[1]であるソフィストの神学者たちがその国を支配している，と。

2　福音の教義と「慎み深さ」の関係

さらにラトムスは，わたしが福音的な慎み深さ（modestia=抑制）から遠くかけ離れている，と主張する。わたしはそのこと〔自分に慎み深さが欠けていること〕を，とりわけルーヴァンのソフィスト〔詭弁家〕たちがわたしの問題を教義学的に断罪した後に，まさに彼ら自身に回答した書[2]のなかで告げている。ところで，だれかがわ

1）ホラティウス『書簡』1・4・16

2）この論争のきっかけは「ハイデルベルク討論」（1517年）でルター神学が明瞭に提示した教義であって，1519年にはルーヴァン大学の神学者たちは早くもに「マルティン・ルターの教義に対するルーヴァン神学部の弾劾」を発表した。その翌年にはルターはこれを

たしを慎み深い者や聖なる者であると考えるようにわたしは一度も求めたことがなく，万人が福音を認めるようになることを要求してきた。そのさい，わたしは誰にでも好きなようにわたしの生命に襲いかかる自由を与えてもよい。だが，わたしの良心は，わたしがどんな人の生命や名誉も傷つけていないことを，誇りとしている。そうではなく，わたしが激烈に非難してきたのは，ただ神の言葉に敵対する不敬虔で冒瀆的な教義・研究・天性だけである。この点で先例がなくはないので，わたしは自分の過失の赦しを求めない。洗礼者ヨハネとその後のキリストはファリサイ派の人たちを「蝮の子ら」と呼んでいる（マタイ 23・33）。こんなにもひどく節度を欠いた粗暴な呪いでもって教養のある，聖なる，力のある，名誉ある人たちを呼んだので，彼らはキリストが「悪霊に取り憑かれている」（ヨハネ 7・20）と言った。ここでもしもラトムスが裁判官であったなら，わたしはあなたに尋ねてみたい，彼ら〔ファリサイ派の人たち〕はどんな判決を待ち受けたのであろうか，と。他の箇所でキリストは彼らを「ものの見えない案内人」（マタイ 23・16）「偽り者，頑迷な人たち，悪魔の子ら」（ヨハネ 8・44，55）と呼んでいる。驚いたことにパウロでさえも，わたしが思うに，立派な人たちであるガラテヤの教師たちを呪ったとき，福音的な慎みから遠ざかっていた（ガラテヤ 1・8）。他の人たちを彼は「犬ども，無益な話をする者，欺く者」（フィリピ 3・2；ティトス 1・10；コロサイ 2・4，8）と呼ぶ。彼は魔法使いのエリマを「あらゆる偽りと欺きに満ちた者，悪魔の子」（使徒 13・9）と面と向かって告発する。またわたしの仕事が使徒たち，

反駁した論文を書いた。この論文のことを「回答した書」は指している。ところが 1521 年にラトムスが『ルーヴァン大学の神学者たちによる兄弟マルティン・ルターの教義条項に対する弾劾についての所見』（1521）を出版し，これに反論したのが本文書である。

キリスト，また預言者たちと矛盾していないので，〔ルーヴァン大学の〕ソフィストたちがわたしを裁くことは正しくない，とわたしには思われる。だが，わたしたちの時代の指導者ラトムスによると，わたしたちが不敬虔で冒瀆的な司教たちやソフィストたちの前に跪いて「恵み深い主よ，あなたの恩恵に感謝します。わたしたちのすばらしい教師よ，あなたの卓越性が〔わたしを〕ほめてくださる」と言うとき，「福音的な慎み」を示すのである。だが，もしあなたが，彼ら〔ルーヴァン大学のソフィストたち〕がどんな者であるかを，つまり彼らが無教養で，愚かであり，神の言葉に対して不敬虔な冒瀆をなす者であり，神の礼拝と魂に計り知れない損害を与えていることを告げるなら，そのときあなたは福音の全体に違反する者と呼ばれるであろう。

他方，もしあなたがこの人たち〔教皇主義者たち〕にへつらうならば，すべての人を殺し，世界を転覆させたとしても，あなたは慎みのない人ではないであろう。一体いつラトムスは，こんなにも多くの戦争と悪しき策略で荒れ狂っている教皇を「慎みがない」と告訴したことがあったか。それどころか福音的な節度や無節度という問題は，明らかに専ら司教たち――この偶像とソフィストたち――を敬うかどうかにかかっている。そして終わりに，ラトムスはこの血に飢えた教皇勅書――その残忍さは，たとえわたしを正しく断罪に処したとしても，すべて敬虔な人たちによって忌み嫌われている――とその残酷さを攻撃しないのみならず，かえってそれを称賛し，自慢し，信頼し，誇っているとは〔何たることか〕。このような人たちは言葉と表情で慎み深さを詐っている，血に汚れた狡猾な人々であって，同時に彼らは，たとえ人が認めなくとも，脅迫と血とを吐き出している。(W. 8. 47) この〔教皇の〕勅令を喜ぶことができる人は完全にして慎み深いなどと，だれもわたしに説得できないであろう。わたしはむしろ率直であることを選び，誰をも甘言によって欺かない。わたしの外皮〔外見〕はどちらかというと粗野であるとしても，内心は柔らかく甘美である，とわたしは証言することができる[3)]。つまりわたしは誰をも害したくないし，わたしはすべての人がわたしと一緒にこれらのことを最善の仕方で忠告されるようにと願っている。その他の点ではわたしの粗野な態度は，誰をも害しないし，誰をも誤らせたりしない。わたしを避ける人はわたしから何ら害を受けはしない。わたしと一緒に我慢する人は，利益を増すであろう。ソロモンは箴言28・23で言う，「人を懲らしめる者は，その後には舌のなめらかな者より喜ばれる」（箴言28・23）と。

3　教皇勅書の扱い方と高位聖職者の弊害

次にわたしの犯罪行為を増大するためにラトムスはある往古の人を紹介する。この人はローマの司教〔教皇〕を非難する仕方について論じており，またラトムスはこの人を賢人であると考える。というのも，この人の本来の見解は，人は全く沈黙すべきでも，ことごとく語るべきでもないが，自分の理解力を超えても〔高い程度に〕正しく抑制する，ということであるから。この見解は何ら驚くに値しない。なぜなら，このようにもったいぶった高貴な教皇勅書に関して，人はよくよく考慮してみなければならなかったからである。また教書のためには人は子どもでも知っていることにも無知でなければならないし，他方では天使で

3）ルターはよくクルミの比喩を使って，自己の特質を外皮は硬くても，内心は柔らかいと言う。

さえも知らないことを知っておかなければならないからである。確かに神学教師であるラトムスは，この肩書きでもって神的なことを知っていると自称し，神的なことをこの書物でもっとも熟知していると自分を弁護する。だが，この哀れな人は，今なお日々の人間生活の慣行については無知であって，危険な状態にある魂にどのように助言すべきかを知ってない。だが同時に彼は，あるときはわたしたちの感覚から遠くはなれ，あるときはその状態について聖書が何も語っていない煉獄において，何が〔魂によって〕なされなければならないかを知っている〔と主張する〕。そのときでも彼ら〔ソフィストたち〕は教皇と彼らの主張のすべてが聖書の中に豊かに述べられているのを知ろうと欲するのだ。だが願わくはソフィストたちが自分の方策を実現するようになってほしいものだ。なぜなら偽善・へつらい・虚言以外には正当に彼らにふさわしいものは何もないのだから。ラトムスにとって賢いと思われる往古の賢人のことを考察してみよう。彼は三つの規律を指示する。(1) 第一に，領主と地方共同体は不正なものを要求することをやめるべきである。また，さらにそれ〔不正なもの〕が提供されたときでも，彼らはそれを拒否すべきである。そのさい〔こういう方法によって〕わたしたちが教皇に対して非難しているものを先ずもって自らも遠ざけるように着手すべきである。なぜなら上長の悪徳を甘受しないのは，あなた自身もその悪徳で苦しんでいるからで，それは正しくないから。(2) 第二のものは，祈りであり，(3) 第三は寛容である。あの賢人について語るのはここまでにしておこう。

したがって第一の規律は願わしいものである。それは例えば明らかに次のようなものである。すなわち「もしロバが飛べるとしたなら，そのときロバは翼をもっていたであろう」というような考えである。同様に「もし誰も何か品位を落とすようなことを要請しなければ，教皇はよりよいお方であったでしょう」と言える。だが，どうしてわたしたちは「もしも教皇が誤りを正すなら，誰もあえて何か品位を落とすようなことを求めたりしないだろう」と考えないであろうか。だが教皇が，よく行われることだが，〔人が教皇から〕何も求めないで，自分の激情によって正気を失っているとき，何が起こるであろうか。とりわけ，すべてのことのうちもっとも重要な福音のことを何ら配慮しないで，テモテへの第一の手紙3・2以下に記されている教皇のつとめを何もしないとき，何が起こるであろうか。その場合，「もし誰も何か品位を落とすようなことを求めなければ」と考えるだけで十分であろうか。あの賢人が口述することだけでなく，またわたしが付け加えたことをも，全世界のすべての人がすでに考えていないであろうか。誰がこのことを願わないであろうか。もっと多くのことを人は行えないであろうか。本当に神の（W. 8. 48）力（それを彼は祈りによって求めるように第二の規律で教えている）のほかに誰がいったい皇帝たちや地方共同体を支配できるであろうか。また彼〔あの賢人〕は，誰かがきっと試みているように，「教皇が悪いのは皇帝と民の過失である」とも忠告していない。それどころか，わたしたちは「悪魔が教皇に乗り移って疾駆するのをやめれば，教皇はよくなる」と考えてみたい。こうしてわたしたちは，教皇が悪いのは悪魔の所為だと責めさいなむことになる。あなたはこの忠告を自分のために〔個人的に〕使って，「それでも，わたしはここで，かつ，将来にわたって幸福になりたい」と考えることができる。確かにこれが天国に到達する最善の方法であろう。したがって世界はみんなすでにこの賢人の第一の忠告を認めてしまう。現在のところ教皇のために優って誰のために，世界中で祈りが捧げられていようか。同様に教皇の暴政に優って誰の暴政が，いっそう冷静に甘受されていようか。それゆえ，こんなにも知恵ある人の忠告がどこにあろうか。このように知恵ある人は，何と美しい偶像を教皇から描き出していることか。そこでは，まず〔導かれるはずの〕羊たちが自分を養いはじめ，民らが自分自身を道に沿って導き，羊飼いのために牧草地を用意し，案内人に進路を準備するとは。だが，見たまえ，この賢人が実のところその称賛者であるラトムスと何とよく一致しているかを。人は全面的に沈黙を守るべきではない，とラトムスには思われても，この〔彼が描いた〕賢人は全面的に沈黙を守るべきだと考える。称賛している者と称賛されている者のどちらが嘘をついているかを，わたしは知りたい。というのもラトムスは，あの人を賢人と考える点で嘘をついているのか，それとも人は完全に沈黙すべきではないと考える点で嘘をついているからである。しかし賢人自身も自分自身に忠実ではない。なぜなら賢人は沈黙すべきであると忠告しながら，それでも教皇自身を娼婦となしているから。そのさい彼は言う，教皇は進んで提供されても拒否すべき不正な収益を自分は気前よく授ける，と。

ヒラリウスは何と賢明にも次のように語ったことか。不敬虔な者らの怜悧さが，その罪深さと同じく，どれほどふくれ上がるかを考慮しておかないと，不敬虔な者らに逆らって真理の道理を守ることは困難となろう，と[4)]。だが，わたしはこの聖なるおべっか術の秘密をさらに考察することを続けたい。彼〔賢人〕は言う，あなたが苦しんでいる君主の悪徳を堪えるべきである，と。そんなわけで，すべての人は沈黙を守っている（なぜならこのラトムス的な賢人の沈黙の戒めは一般的であるから）。こうしてすべての人はこの同じ悪徳によってその意に反して苦しめられて

4)　ヒラリウス『三位一体』VI, 15. ミーニュ編『ラテン教父著作集』第10巻，577頁。

いる。あるいは同じ悪徳に苦しめられていない人たちには〔教皇に対する〕非難が許されていないのか。どうして彼〔賢人〕は人々に沈黙するように命じるのか。わたしとしては〔黙っていないで〕，このように〔わたしの異端問題に関して〕確証された教皇勅書に対して適切にして事情に通じた感謝を表明することを，心から願っている。だが確かに，このような才気煥発なお芝居は元来はルターに対して向けられているがゆえに，ルターのものとされている悪徳は教皇様と共通のものであることを，わたしに教えてもらいたい。ローマ人たちの犯罪の水蛇レルナ[5)]の全体はわたしを告発しようとするのか。だが，わたしはお尋ねしたい。召命を受けた人が福音をすべての人に説教しなければならないとき，教皇も召命を受けた一人の人ではないのか，と。では，どうしてわたしは教皇に公然と，かつ，自由に語ることが許されないのか。だが，この点はもうよいとしよう。このようなおべっか術は，とても馬鹿げた愚かさと同じような報いを受けるに値する。それゆえ，わたしたちはこのように7倍も愚かで，かつ，瀆神的な賢人たちから離れて，自由な福音を自由に告白する者にふさわしく自らを教育するようにしたい。また，わたしたちはこのように理解し，かつ，行動することにしよう。

上に立つ指導者が，とりわけ聖職者が偉大であればあるほど，その悪徳を大目に見るべきではなく，もっとも厳しく告発すべきである。というのも神の言葉は，人間のゆえに拘束されてはならないし，人を偏り見てもならないからである。詩編119・46には次のように語られている。「わたしは王の前であなたについて証言し，自分を恥じることはなかった」と。また詩編2・10に「また今王たちは理

5）レルナ（Lerna）はアルゴス付近の沼沢地で，ここに生息した水蛇ヒドラはヘラクレスによって退治された。

解せよ，地を裁く者たちは自分を教育せよ」とあるのは，誰をとがめているのか。たとえばすべての預言者たちもそうであって，民衆の中から（W. 8. 49）現れてきて，王たち，祭司たち，〔偽の〕預言者たちを非難したのであった。福音書のキリストは誰に呼びかけているのか。民衆ではないだろうか。主だった人たちだけではないはずだ。ラトムスのおべっか術は何と有害なものであることか。彼はこのような実例をわたしたちに隠そうとしており，子供でも知っていることを自分は知らないと嘘をついているのか。「しかしキリストは神であった」（と，あなたは反論する）。真にそうである。だが，キリストはへりくだって僕の形をとり，神として人間をとがめることなく，すべての説教者たちの模範となられた。それは説教者たちが民衆をいたわっても，君主らには容赦しないためであった。というのも民衆が蒙る災難には君主たちの責任があるからである。それともラトムスがへつらっているように，神の怒りは悪い君主に臨んでいるので，わたしたちは沈黙すべきであろうか。彼〔ラトムス〕はキリストに反対して，君主をいたわり，民衆を大切に扱うのをやめるべきであると考える。もちろん彼は卓越した審査官であって，悪徳を功績にしたがってではなく，社会的な地位にしたがって測り，君主の悪徳を民衆の責任となしている。というのも彼は悪徳をそれ自体としてではなく，それが社会的地位の高い人たちに見いだされるか，それとも低い人たちに見いだされるかに応じて，告発すべきか，それとも沈黙すべきかを教えているからだ。この十字架の敵どもは十字架の躓きを取り除くことのほかに何を欲しているのか。彼らは民衆を危険を伴わずに告発できるが，君主たちのもとでは悪いことがすぐにも跳ね返ってこないでは済まないことを知っている。しかし彼らは雇われ人に過ぎず，吠えることができない無口の犬であって，狼がやってくると逃げ出すか，それともむしろ狼とぐるになって事をなすのだ。キリストはそのように振る舞われない。その豊穣の角は聴衆とともに留まっており，彼がへりくだってこちら〔この世界〕に来られると，彼は山に触れ，煙らせる。彼は筌《うけ》〔魚を捕る筒状の道具〕でカバの頭を捕らえ，恐ろしげに立ち並んだ歯でそれに噛みつき，鉄の輪でもってあごを突き通し，またサムソン〔イスラエルの勇士〕を使ってライオンどもを殺す。要約すれば，主の声がヒマラヤスギを，イスラエルの山々，バシャンのオーク，高い塔，まただ高いだけのすべてを攻撃し荒廃させることを，聖書の全体は証言している。このことはイスラエルの巨匠たちの理解を超えていても子供には明らかであろう。

わたしは高い地位〔にある人物〕に敬意を表すべきであることを認めるが，それも神の言葉――神ご自身がそこにいます――が侮辱されないかぎり，わたしたちはそうするのであって，人間の言葉よりも神の言葉に服従すべきである。そこでもしわたしが誰かある公職の悪徳を耐えねばならないとしたら，教職者の悪徳よりも世俗〔社会〕人のそれを耐えるべきであろう。というのも教会人は世俗〔社会〕人と同じようにその公職をもっていないからである。なぜなら神は，今日，〔世界を〕統治している教皇の権威を認めていないからである。神は福音伝道者と御言葉の奉仕者たちだけを教会において任命しておられる。そうはいってもこれらの人〔教職者〕たちは，人間によって任命されているのではなく，むしろ〔ノアの洪水の前の〕巨人のように，自らを神と人との意に反して高めている〔にすぎない〕。だが，またそれゆえに，わたしたちは彼ら〔の悪徳〕を耐えることができない。世俗的な統治の悪徳は，魂に対する危険なしになされ得ても，神の言葉を蔑ろにする司教は，たとえ聖なる人であっても，狼にしてサタンの使徒である。このような人は狼と同じであって，群れを守るために狼を警戒していない。だが，わたしたちは悪魔が眠っていないことを知っているのに，眠りこけている司教たち〔の労苦〕を労《ねぎら》っているし，反対に彼らが悪魔の協働者となっているとき，彼らを防護している。また，わたしたちは彼らを目覚ましその義務を実行するように警告する人たちを，その反対に，殺したり断罪したりするのである。何かこれよりもっとひどい狂乱があろうかとわたしはお尋ねしたい。それゆえ，ここで主なる神のわざを欺瞞的に実行し，地獄的な狼と結託し，不正に目をつぶり，〔人々を〕おだてる教皇は，三倍も呪われるべきである。教皇は悲惨にも破滅していながらもキリストの血によって贖われた多くの兄弟たちの魂を全く憐れんだりしない。ラトムスがこのようなことしか書いていなかったとしたら，こうした地獄的な意図によって彼がサタンの霊に満たされていることが明らかである。この種のソフィストたちが敬虔な熱意をもって（W. 8. 50）聖書を読み，理解し，教える希望などいったいどこにあるのか。どのようにして彼らはキリスト教の教義を宣教すべきなのか。さらに，サタン自身の言葉からのみ成り立っている忠告を賢明だと思うような人たちから，〔読者よ〕あなたはどんな救いを期待できようか。教会の問題・牧者の過失・魂の救いを，あたかも身体と財産を滅ぼす何か世俗的な暴政の過失であるかのように軽率に考える〔忠告が，果たして何か賢明なものなのか〕。このようにすっかり悲しんでいるわたしは，教皇と司祭長たちまた悪魔の仲間に対して余りにも思いやりがあって控えめではないかと，また全世界のこの最後の悪疫である反キリストが，その聖職者たちやソフィストたちとぐるになって，絶え間なく滅ぼしている何千もの魂のことを，わたし自身が十分慎重に判断したかどうかと，とても恐れている。

4　神の言葉は暴動を引き起こさない

ラトムスは言う，「しかし人は暴動を恐れなければならない」と。これはまた何とユダヤ的な発言であることか。ユダヤ人たちはキリストが暴動を起こすかもしれないと恐れていた。またユダヤ人は一筋の毛ほども〔少しも〕善くならないで，むしろいつも悪化していた。したがってキリストは黙していなければならなかった。また誰かがあなたに彼らはそれでも善くならないであろうと言ったのか。「彼らは聞き入れないであろう。それゆえ，あなたは黙っていなければならない」というのは一体神学的な議論であろうか。身体的なものを荒廃させる暴動は人を恐れさせるが，精神を荒廃させる暴動のほうは弁護されている。このようにこの賢い男〔ラトムス〕は恐れるべきでないところで恐れており，身体的な平和を魂の永遠な救済に優先させている。すべての人に媚びへつらい，もっとも毒性のある提言でもって破産した，この卑屈な心の下僕を，誰が適切に嫌悪できようか。こういうのが教皇が正当にも是認する人々であり，その判断で〔わたしたちの〕書物を断罪したり焼却したりする人々なのである。わたしたちは神の言葉が教えられている間は暴動が起こることを少しも恐れてはならない。なぜなら，その期間には平和の神である神が現臨したもうからである。だが偶像に仕える司教たちが〔神の言葉を〕聞き入れることを無視するなら[6]，彼らが禁止・断罪・焼却を増大することによってその暴政をさらに続けるなら，動乱や災害が彼らを覆うならば，わたしたちは彼ら〔偶像に仕える司教たち〕を箴言1・26〔「あなたたち

---

6)　ヴァルティ版では「欲しないなら」と訳されている。

が災いに遭うとき，わたしは笑い，恐怖に襲われるとき，嘲笑うであろう」〕の知恵でもって嘲笑し，あざけるべきである。そのさい罪責は，そこに語られているように，宣教された神の言葉にはなく，知恵の非難と叱責を聞き入れない不敬虔さにある。だがラトムスは自分が福音〔神の言葉〕についてではなく，〔人は沈黙すべきであるとの〕叱責について語っているなどと屁理屈をこねるべきではない。叱責することなしにはキリストが福音を教えることはできなかったことを，わたしたちは知っている。また知恵は言う，「彼らはわたしの教えを憎んでいた」（箴言1・30）と。この言葉は地の塩であって，清めるために罰を与え，癒すために非難し，生かすために殺す。これと異なる仕方で教える者は，福音〔神の言葉〕ではなくて，自分のおべっか術をぺらぺらと喋っている。

5　教皇の言葉と聖書の真理に関する討論

わたしたちはもう一つの要点に達している。ルーヴァン〔大学〕の人たちの愚かさを尊重しようとする人〔ラトムス〕は，ローマの司教〔教皇〕レオの言葉――ラトムスはそれを多く引き出している[7]――をしばしば引用して，預言者的にして福音的である書物によってすでに明瞭である事柄について討論すべきではないとの口実を使って，わたしが異端者の嫌疑から解放されることを欲してい

7）「だが討論すると言われていることは，なんら役立たない。なぜなら聖なるレオの証人によると，すでに決定された信仰のことに関しては，確実で決定されていることを疑うように召喚される討論は，追加されるべきではないから」。ラトムスは教皇レオの『書簡集』42, 43, 47, 78から引用する（ミーニュ編『ラテン教父著作集』第54巻，816-818; 821-826; 839-840; 907-909頁）。

ない。さらにラトムスはわたしの討論の種類がスコラ〔神学〕的ではなくて，異端的であると言う。その理由はわたしが（W. 8. 51）真理を探究するためではなくて，〔カトリック教会を〕攻撃するために〔討論を〕企てていたからである。ここでおわかりのように，ラトムスは自分の考えをでっち上げている。もう一度，わたしは言いたい，わたしたちの神学者たちが無学であり，豚であると認識するに至るまでは[8)]，わたしは当初から真剣に討論してきた，と。その後になって（彼らが自ら認めているように）わたしは〔彼らと〕討論したとはもう主張しなくなって，〔認識された真理のために〕あえて自己を〔真理のために〕火にさらすようにした。わたしは確固とした主張をしようと決意した場合，うわべだけ装って討論しようと欲したなどと説明したことは一度もない。こういうわけで，この紳士は嘘をついているのだ。しかし，わたしが意地の悪い心を懐いて，権威がわたしに許可しなかったような討論はしたくないと，思われたかったのかと想像してみよ。このレオ〔教皇〕に〔わたしはそう思われたかったというの〕か。誰がレオにそれを妨げる権威を与えたのか。それともラトムスの信義とソフィストたちのあくびに〔そう思われたかった〕のか。そうだ，キリストは悪意を懐いてキリストを試みたユダヤ人には決してお答えにならなかった。キリストの模範よりも，レオの言葉のほうが値打ちがあるのか。人間の言葉を見せびらかして神の言葉を隠すというのが，ソフィストたちのいつも変わらない手に負えない愚行なのだ。だが，レオがただその敵には討論させないで，ソフィストらが答えるの認めるほうが，もっと素敵なことなのであろう。ラトムスは論敵に答える必要はないと言うほうに

8）「なんと愚かな豚のような神学者ども」という表現が『ローマ書講義』（WA 56, 276, 14）にある。

導いていくが，またこのことは，ルターに敵対して進軍する，ルーヴァン学派のきわめて賢明な計画でもある。トルコ人がわたしたちに戦争をしかけて襲いかかるとき――その計画はトルコ人には確かに許されていない――，またそれを抑止しようとしないなら，わたしたちはルーヴァンの神学者たちをトルコ人に使者として派遣し，次のように言わせたい，「あなたには戦うことが許されていない。もし戦うなら，わたしたちはあなたを断罪するであろう」と。それからわたしたちはトルコ人を激怒させておいて，自分が勝利者であるかのように自慢するのだ。それゆえ司教たちは，次のようなパウロの忠告と戒めはもう必要でなくなる。つまり「言い逆らう者らを反駁し，彼らの口をふさぐことができるように，救いに役立つ敬虔の教えを理解しなければならない」(テトス1・9参照)。こうして司教たちは，〔それは〕討論すべきではないと〔言って〕満足し，無学者たちや偶像のように無頓着なものとなってしまう。いや，それどころか，わたしたちは，祈りをやめ，御霊の武器をすべて放棄し，悪魔に逆らうことをやめてしまって，悪魔に「教会を害することはあなたに許されていない」と通告するのだ。このようにわたしたちは現に行っている。これがラトムス的な信仰であって，それに基づいて教父たちの言説を処理している。

だが，自分の預言者的にして福音的な見解をこんなにも恥知らずに高く評価するほどに，「慎み深い」男〔ラトムス〕がもっている厚かましさと尊大さは何であろうか[9)]。たとえば教皇レオの言葉は預言者的にして福音的に聞こえるとでも言うのか。そうするとルーヴァン大学の人たちは，預言者にして福音書記者であったのか。それをルターは確かに知らなかったし，ラトムスの他にはだれも知って

9)　注7にある教皇レオの言葉を参照。

いなかった，とわたしは思う。わたしの討論は真理に逆らっていると彼が主張するのも，同じ尊大さなのである。この決して誤ることがない審査員にして福音書記者である男は，ルーヴァンの人たちの見解が真理に基づいていると理解している。ところがルターは愚かにも真理であるか否かを決めるのは裁判官に属しており，党派には属していない，と考えていた。だが，わたしの諸々の誤りに目を閉ざすべきではないと決めているのは，ソフィストたちのうぬぼれと放火魔の思い上がりなのである。つまり誰も未だわたしの誤りを裏付けておらず，今日まで裏付けることができない。だが，ルーヴァンの福音書記者たちと預言者たちの見解が真理であって，またそれがあの〔わたしの命題〕と相反していたということで満足しておこう。ラトムスがこの序文で述べている教会会議の要点は，明らかに「わたしたちは自分自身の教師にして（W. 8. 52）自分自身の裁判官であって誤ることはあり得ない。世界はわたしたちに服し，わたしたちが主張することはすべて信仰箇条であり，福音的にして預言者的である」ということである。わたしは自分の小冊子[10)]の中でラトムスがここで提示していることを彼らと対決して明らかに告げておかなかった〔とでも言う〕のか。もしわたしがこの神学部の敵であったとしたら，ラトムスがこの素敵な序文の中で行っているよりももっと激しく，この〔神学者たちの〕会議の尊大・うぬぼれ・無分別・無知・悪意を非難することができたであろう。それどころかすべての文字がモアブ的な傲慢とソフィスト的な横柄さよりもひどいものを発散させている（民数22・1以下参照）。というのもこの〔わたしたちの〕論争点についてそれとは別の仕方でもって論じておらず，ラトム

10）『ルーヴァン大学とケルン大学の教師たちによって断罪された教義に対するルターの反駁』（WA 6, 181-195）

スはこの問題がいつもすべての論争を超えているかのように扱っていたからである。こうしてラトムスはとても素敵な〔もの言わぬ〕ロバをわたしたちにとってほとんど神々となしている。つまり彼は一つの教皇勅書をふくらませて一つの水疱〔水ぶくれ〕とすることができたが，それは単なる風〔のような空しいもの〕に過ぎない。

6　異端的な著作の焼却問題

わたしは誤謬だらけの書籍が焼き払われるべきであるということに同意するし，それを承認する。だが，このことは，最近の預言者たち〔の独断〕が狂っているように，いまだ誤っていると立証されない文書に対して〔の同意や承認〕ではない。というのも，わたし自身も教皇の書物を焼き払ったからである[11]。わたしたち〔ルーヴァン大学〕の教師たちも理解しているように，一片の紙を焼くためには技術も才能も必要でない。そんなことはわたしたちの料理人も献酌侍従でもできる。火は討論を無効としない（と人々は言う）。使徒言行録17章〔19・19〕に報告されている人々は，真理を認識して，新奇なものだと知る前には書物を焼却しなかった。わたしたち〔ルーヴァン大学〕の教師どもは〔その仕事を分けて〕容易なことを追究し，手間のかかる任務であったものを信者の心労に残した。なぜなら「ルーヴァンの人たちは誤らない」という命題が確立しているからである。要するにわたしには気に入らないことだが，その当時ユダヤ人たちの書物がソフィストたちを悩ませていたが，〔ヨーハン・〕マクシミアヌスI世〔ドイ

11）　ルターは1520年にヴィッテンベルクの門前で公に教皇の破門脅迫大教書を焼いた。

ツ皇帝，1508-19〕はユダヤ人の首謀者に対する彼らの計画を変えさせず，すべてのソフィスト的な毛虫・バッタ・イナゴ・蛙・シラミを取り除いて，ただ純粋な聖書だけへと駆り立てようとした[12)]。このことは確かにとても有益な決定であったし，ユダヤ人たちの書物について悩まされ，こんなにも狂乱し，こんなにも馬鹿げた信仰条項が原因となって〔体力を〕消耗するよりも遥かに有益な決定であった。それなのにわたしたちの預言者たちと長老たちがこんなにも無価値なことでわたしたちのもとでとても痛ましいできごとをキリスト教の名の下に引き起こしたことを，わたしは心から恥ずかしく感じた。しかし，わたしたちは近い内にわたしたちに与えられるのを今望んでいるよりも大きな恩恵を受けるのに足りなかった。さしあたってわたしは教皇が五つの大学[13)]の判断を承認したことを喜んでいる。キリストの最悪の敵である，あの有名で輝かしい教皇聖座は，このことよりも何か自分にいっそうふさわしいことをなしえたであろうか。

7　ラトムスの叙述方法と教父たちの権威

ラトムスは言う，彼ら〔教皇聖座〕によって断罪された命題「聖徒たちは罪なしには生きなかった」において自分は命題自身を否定したのではなく，わたしたちがそこから

12）ここでは受洗したユダヤ人（ヨーハン・ペッファーコルン）や人文主義者ロイヒリンを含めてユダヤ人の書籍を消滅することに関する論争が示唆されている。マクシミアヌス皇帝はユダヤ人の書籍の没収を命じたが，この命令はケルン，マインツ，エルフルト，ルーヴァン，パリの諸大学の神学部の意見を聞くために棚上げにされた。ルーヴァン大学の神学部はペッファーコルン側についた。

13）ここで五大学というのはケルン，ルーヴァン，パリ，エルフルト，ハイデルベルクを指す。

引き出している間違った帰結を否定した，と。そして彼はわたしたちがこの断罪のゆえに彼ら〔教皇聖座〕を攻撃するとき，この世の判断を恐れないことを不思議に思っている。わたしにはこの点が全く理解できない。ことによるとラトムスはこの世が彼らの隠された論理を〔直観的に〕予測するように求めているかもしれない。また彼はさらにこの論理を使って，わたしたちがこれから見ていくように，恐らくその文書でそのことを説明するであろう。そのさい彼はわたしに反対している教父たちの言葉を稀にではなく，しばしば，(W. 8. 53) 偶々ではなく，まじめに引用したことを自慢して，とても喜び，かつ，小躍りして，彼が「教父たちは矛盾したことを語っていたのだと主張しようとするなら話は別だ」と言ったが，わたしはこのことを無視する。わたしたちがそのように主張しようとしたとはラトムスは推測していない。彼はわたしたちが預言者ではないことを確信している。そこで彼は勝利の歌をうたって，「万歳，万歳，敗者に災いあれ」と言う。しかしながら，彼らが以前には軽蔑していた教父たちの言葉について述べている間に，わたしたちは黙っていないで，彼らが誤りを犯し，矛盾したことを主張し，〔それに気づかないで〕居眠りしていることをしばしば発見した。こういうわけでこのラトムスの勝利は砂地に建てられており，わたしが彼の本を攻撃しはじめるやいなや，それは倒壊するであろう。

8　ルターの第1命題：
「神は不可能なことを命じる」の批判

最後にこのもっとも洗練されたご主人〔ラトムス〕はその〔ルターを批判した〕小冊子を前もって吟味するように勧める。彼はわたしの命題のいくつかが信仰の原理と対立していると言う。わたしたちそれを受け入れよう。そしてこの上品な前味を吟味した後で，ルーヴァンでは何を「信仰の原理」と呼んでいるかを考察することにしよう。

a) ヒエロニュムスの命題：「神は不可能なことを命じると主張する者は呪われよ」による批判

〔彼が攻撃したわたしの命題の〕第一は，「神は不可能なことを命じる」ということである[14]。このような立派で正直な人がこの命題を論じる仕方は，わたしに息もつかせないほどである。ラトムスがわたしの小冊子のなかで〔言及されていることを〕否定できない「わたしたちに」と「神の恩恵なしには」という言葉を付加しても，彼に決定的な違いを生じさせない。だが，恩恵なしには，わたしたちによって，つまりわたしたちの力では，神の戒めは〔実現〕不可能であるという，この厳格で過酷な信仰の主要条項とは一体何であろうか，とわたしたちは尋ねたい。この主要条項を立てたのはパウロか，それともイエスか，またはモーセなのか。そうではない。このような〔主要条項から成る〕教令はヒエロニュムスによって採用された何か人間的な決定であって，その内容は「神が不可能なことを命じたと主張する者は，破門される」[15]である。この曖昧で不明瞭な人の言葉は，ソフィストたちによってあらゆる〔重大な〕意味が締め出され，「破門，破門，破門」と絶叫されるような仕方で誇示される。こうしてあなたはこの言葉

---

14) 『スコラ神学を論駁する討論』(1517)，提題第69「したがって神の恩恵なしには，いかなる方法においても律法を実現することは不可能である」がラトムスによって考えられている。本書37頁を参照。

15) これに近い文章はヒエロニュムスの『ペラギウス主義者と対決する対話』にある。ミーニュ編『ラテン教父著作集』，第23巻537頁。

を聞くと，この人たちが狂っていると判断する。どんなに多くの聖書の言葉がとても明白に，きわめて明瞭に，またもっとも豊かに申し立てられても，この人たちはこのような人間的な言葉に屈し，沈黙を守らざるを得ないであろう。だが，こんなにも優美な教令は，〔わたしたちが〕解明する注釈の一点一画たりとも取り入れることを許さないで，それが響くままにもっとも厳しく万人の耳に押し込み，心に刻まれなければならない〔とされる〕。また信仰と神の恩恵の認識にとって最大の危険となっても，それがすべて人間の定めた法であるために，また，わたしたちの教師たちも誤ることのない規則としてそれにしたがってつねに判断を下すという理由のためにも，このことは実行されなければならない〔とされる〕。というのも自由意志はこの教書から多くの力を受け取っているからである。

b)　ルターの反論：「恩恵なしに神の戒めを実現できると主張する者は呪われよ」

この信仰の主要条項（principium fidei）は傲慢であり，野心的であって，ロムルスと同じである[16]。彼は，弟であり仲間でもあるレムスに対して一緒に王国を統治させなかった。というのも，この恥ずべき教令と並んで，別の教令もあるから。それは真に信心深く「わたしたちは神の恩恵なしにも，神の戒めを実現できる，と述べる人は，だれでも破門される」と主張している[17]。だが，だれもこのあわれな教令を追求し，強調したり，教え込んだり，押しつけたりしないで，むしろ，わたしが前に述べたように，それは王国をその兄弟に譲り渡すように強いていたからであ

16)　ロムルスはローマの創建者とみなされる伝説的人物で，双子の兄弟レムスと一緒に狼に育てられたといわれる。

17)　これは，ローマ教皇ボニフェイスII世によって真実と認められたおオランジュの宗教会議（529年）の法令に関係している。

る。これは信仰の主要条項ではないし，わたしたちの教師たちもそれにしたがって何も裁いたり，断罪したりしない。それはどうしてか。なぜなら，それがあまりにも神的であり，信心深いからである。ほとんどすべての教師たちの著書はそれに反対する（W. 8. 54）。

c) スコラ神学的な区分：「実質的な行為に基づく戒めの実現」と「命令する者の意図に基づく戒めの実現」の駁論

それに加えて，わたしたちの〔ルーヴァン大学の〕教師たちの優れた冷静さに注目しなさい。教師たちはこのあわれな教令を隠すだけでは満足しないで，次のように語って，拙劣な注釈を加えることによってそれを損ない，骨抜きにする。すなわち「神の命令は，二重の方法で実現される。一つは行為の実質に基づいて，他は命じる人の意図に基づいてである」[18]と。彼らは，このように獲得した逃走手段でもって何とまあ手際よく真理を欺いたことか。というのも，ここから彼らは，神の命令を実現するためには恩恵が必要ではないが，それでもただもろもろの戒めを超えて要求される神の意図を実現するためには恩恵が必要であると推論したからである。確かに不当に取り立てる神は命令が実現されることに満足しないで，命令が恩恵によって実現されることを要求する。そうすると恩恵は恩恵でなく，いわば強要となるであろう。そのとき自由意志は，そんなわけで，神の律法を実現しようとするが，神はこれに満足なさらない。このような見解は全く不敬虔にしてもっとも冒瀆的である。わたしが前に述べたように，わたした

18） ガブリエル・ビールの『命題集註解』l, II, dis. 23K 参照。ルターが批判しているのは後期スコラ神学者たち，つまりオッカムやビールと言ったノミナリストたちの行為義認論である。

ちはこのような仕方でもってこのあわれな教令と折衝することになる。

だが，もしあなたが敬虔な熱意をいだいて，あの前にあげた命題〔神は不可能なことを命じなかった〕を，「不可能なこと」も「恩恵の力で」あるいは「恩恵の外に」という二重の意味で理解されるように，修正しようとするならば，彼ら〔ルーヴァンの教師たち〕はその手に火と剣をもってあなたに抵抗し，誰にもこの命題に触れさせないようにする。こうして教令が述べている通りにあなたが告白しないなら，彼らは「彼〔あなた〕は教父たちの法令を否定し，聖なる教会を信じないで，信仰の主要条項を守らないがゆえに，異端者だ，異端者だ，異端者だ」と叫ぶのである。

ここでわたしはあなたに尋ねたい，このマムシの子らが消えることのない火に自ら備えさせる以外の何を，あなたは〔この子らに〕することができるのか，と。それともあなたは，詭弁の鯨〔怪物〕というのは実際にはサタンの集会所であることを，なお疑うことができるのか。このように舞い上がったラトムスは何と大胆にもそのような教令をわたしに反対して立て，また何と教師らしくまた狭量に，他のことに関しては沈黙を守っているかを観察しなさい。確かに彼は，ただルーヴァンの人たちが不敬虔に振舞っていたことが知られないように，全世界の耳をだまそうとしていた。

d)　スコラ神学の根本命題：「自己にできるかぎりをなす……」の批判

だが，さらに，この不敬虔で冒瀆的な注釈にどれほど多くの重要さが帰せられているかをよく洞察しなさい。彼ら〔ルーヴァンの教師たち〕は，自然本性のすべての力を尽くしてなされるなら，神は必然的にかつ誤ることなく恩恵を与えたもうほど，わざによって，実際に為された〔行為の〕実質にしたがって，多くの効果が創造されうると教えている。これが「自己にできるかぎりを行うこと」[19]の意味である。パウロと彼の後にはアウグスティヌスとが，人間は恩恵がないなら，律法によって悪化するだけである，と雷鳴のような音響で叫んだ。「なぜなら律法は怒をもたらし」（ローマ4・15），そして「罪を増すために入って来る」（同5・20）からである。こうしてこの冒瀆的な見解は新しい契約の全体を無効にし，わたしたちに不幸をもたらす名目だけのキリスト者とし，キリストがただわたしたちを〔道徳的に〕教えたもうたことの他には総じて全く不必要なものとさせたのである。一体，彼らが未形成の，獲得された，一般的な，また特別な信仰について，同様に彼らの信仰の主要条項について，ここであれこれと雑談していることを報告する必要があろうか。たとえ恩恵がないと命令する人の意図に関して神の命令を実現することが不可能であるとしても，それでも行為の実質にしたがって準備されたわざによって恩恵を獲得することは，あなたの手中にあるし，全く容易である。こうして自由意志は単に〔行為の〕実質のわざによって支配するだけでなく，命令する人の意図においてでさえ支配する。つまり，それは明らかに神の恩恵そのものをも支配する。確かに恩恵が来るか，来ないかは自由意志の手中にある。ここから彼ら〔ルーヴァンの教師たち〕は道徳的な価値，〔道徳的には〕中立的な価値，また——わたしは何と言うべきか——教父の発

19）これはスコラ神学の根本命題を意味しており，その全文は「自己にできるかぎりをなしている人に，神は恩恵を拒まない」である。この命題と「スコラ神学の公理」については『ルター神学討論集』金子晴勇訳，教文館，308-313頁を参照されたい。なお，ルターによるこの命題のもっとも詳しい説明は『ハイデルベルク討論』の「補遺」の「第二補遺」で行われている（前掲訳書，142-151頁参照）。

言，公会議の教令，教皇の条令，そして「わたしたちの教師たち」の意見と同じくらい多くの信仰の主要条項を導きだしている。こうしてあなたは，世界がそのような信仰の主要条項の洪水によって，破滅に瀕しているのを見る。(W. 8. 55) そして何がこれらの条項から引き出される結果と結論であると，あなたはお考えですか。またこれとともにだれも否定できないように七倍もひどく冒瀆的な新しい傾向の神学[20]であるけれども，あの不潔で恥知らずなルーヴァンの減らず口は，今なお大きな嘴を開いて，次のような子守歌をうたっている。すなわち古代の神学はこの最近の神学と同じことを教えており，その場合いつも双方の命題と意見を一致させ，キリストとベリアル〔悪魔〕とを結びつけ，光と暗闇とを一つに混ぜ合せる，と。

e) ルターの命題：「人間は恩恵なしに自己の力で律法を実現できない」の聖書的な証明

しかし，わたしたちは何と多くの聖書の教えがこの恥ずべき教義に屈服するように強いられている，演劇の全体を知るべきである。パウロはローマ信徒への手紙第8章(3-4節) で「律法が肉によって弱くされ，なすことができなかったので，神はその御子を罪深い肉の似姿で〔この世に〕送り，律法の義がわたしたちに実現されるために，罪〔深い肉〕によって罪を断罪されました」と言う。ここであなたは，律法の義がわたしたちに実現されるのは，律法にとっては不可能であった，とパウロが明らかに証言しているのを知るであろう。またここでも，あなたが「律法の義」を「命令する人の意図」であると強要するなら話は別である。だが，それ〔律法の義〕が助けとして与えられた律法によって〔実現することが〕不可能であるならば，ま

20) 注11と同じノミナリズムのスコラ神学を指している。

してや律法の助けがないなら不可能であったし，それどころか律法の助けが〔役立つよりも〕害になっていたなら，それは〔全く〕不可能であったのである。確かにパウロは，律法がそれら不可能なことによって弱くなった，つまり罪の肉のために実現されなかったからなのだ，と言う。それともここでも彼ら〔ルーヴァンの教師たち〕は，それが命令する者の意図によっては実現されなかった，と主張しようとするのか。だがそうすると，それによっては律法が実現されないとパウロが言う，肉の責任ではなく，〔そのように〕意図する神の責任となる。この神は律法が実現されることで満足しないで，恩恵を要求し，こうして肉を通して律法がとても強化されるが，命令する者の意図を通しては弱くされることになる。

これは何と冒瀆的で気が狂った発言であることか。しかし，わたしが述べたように，パウロのこの神的な声は，あの信仰の主要条項（principium fidei）という〔教皇の〕教令が支配するために，腐食され，沈黙させられているに相違ない。同様にパウロは，使徒言行録第 15 章で「この人を通して罪の赦しは告げ知らされ，あなたがたがモーセの律法によって義とされえなかったのに，信じる者たちはすべて彼によって義とされる」（13・38-39）と言う。使徒は「あなたがたには義とされるのが困難であった」と言い得るほどにはギリシア語の知識に通じておらず，その代わりに「あなたがたには〔義とされることが〕できなかった」と言うように強いられたのか。同様にペトロも使徒言行録 15 章（10 節）で，これは「わたしたちもわたしたちの父祖たちも担うことのできなかった重荷である」と言う。ペトロよ，あなたは何を言っているのか。彼らは律法の重荷を担うことができなかったのか。彼らは行為の実質に基づいて律法を担っていなかったのか。彼らは割礼を受け，犠牲をささげ，あのすべてを遵守していなかったのか。わたしが思うに，あなた〔ペトロ〕は信仰の主要条項（principium fidei）を知らないし，多くの仕方でルーヴァンの人たちの神学とは逆さまである。だがラトムスはここで「ペトロは，その章の初めに明示されているように，割礼についてだけを語っている」と言うであろう。しかし当時，彼らは割礼を施すことができなかったのではないのか。それどころかペトロはモーセの律法について語っており，それより少し前のところでは，「ファリサイ派の異端に属していた人が数名立って言った。〈彼らにも割礼を受けさせて，とりわけモーセの律法を守るように命じるべきだ〉」（使徒 15・5）と。これがペトロが担うことができないと言う重荷なのである。ところで彼は終りにどのように結論を下しているのか。ペトロは「しかし，わたしたちの主イエス・キリストの恵みによって救われるとわたしたちは信じ，同様に彼らも救われるであろう」（使徒 15・11）と言う。それゆえ，ペトロよ，あなたは，重荷を担い，恩恵が来るように強いる「行為の実質」については何も知らないのだ。

このことの不可能性について使徒がヘブライ人への手紙で一箇所よりも多くの箇所で語っている〔が，それに言及する〕ことをわたしは省略する。キリストもまたマタイ福音書 19 章（24 節）において（W. 8. 56）「金持ちが神の国に入ることよりも，ラクダが針の穴を通るほうが簡単である」と言った。すると弟子たちは金持ちが救われることができないことにびっくり仰天して，「それではだれが救われることができるのですか」（同 19・25）」と尋ねたとき，キリストはこの信仰の主要条項（principium fidei）のことを何も知らなかった。彼はそれを否定したのでなく，それどころかむしろ肯定した。彼はその救いの不可能なのを困難であると変えたのでもなく，次のように語った。「人間には不可能であるが，神にはすべてのことが可能である」

（同19・26）と。キリストはこのことをただ金持ちについて語ったのでなく，「それでは，だれが救われるのですか」という問いに答えて語ったのである。それゆえ新約聖書では，使徒が言うように，本来的には御霊の職権つまり恩恵の説教が支配しなければならないので，この言葉〔神が不可能なことを命じる〕をヒエロニュムスが決して口にしなかった〔ようにする〕か，それとも少なくとも暗闇に葬ったままにすべきであった。というのもキリスト教徒には，キリストがここで語っているように，神に栄光を説教するか，それともわたしたちの無力と神の能力を告白することだけがふさわしいからである。そしてたとえばこの教令が真っ先に行っているように，自由意志が引き起こしたり，ふくらませたりする，あらゆる躓きは退けられねばならない。このようにして，わたしたちは神の純粋な恩恵とわたしたちの悲惨さとの認識を維持すべきである。

f）ラトムスの「論点先取の誤謬」（petitio principii）

しかし，わたしが神の命令のすべてはこの世においては，恩恵を受けていても，完全には実現されないと語ったことに，この人〔ラトムス〕は恐らく動揺しているであろう。これはわたしの意見でなく，アウグスティヌスの『再考録』第1巻19章にある考えであって[21]，これについてわたしたちは後に考察するであろう。だが，わたしが「それは生じない」（non fieri）と言ったとき，わたしは生じる可能性を否定しなかった。このもったいぶったソフィスト〔ラトムス〕は「生じない」と「生じることができない」（non posse fieri）の間に区別があるのを知りうるほど

21） それはアウグスティヌスの言葉「わたしたちが神の命令を完全に実現することによってではなく，神が豊かに赦したもうことによって神の命令は実現される」（Retractationes, 1, 19, 3）である。

には，その論理学から学んでいなかった。このわたしは「生じない」(non fit) と言ったのに，彼は「それゆえ，それは生じることができない (non potest fieri)，とあなたは言った」と推論する。誰が疑うのか。わたしたちが聖処女マリアについて感じているように，神は完全に実現できるほど豊かに恩恵をだれかに与えることができることを疑う者があろうか。そのとき神はそれをすべての人になしたまわないことは認められねばならない。もしこの教皇の教書に人が異議を唱えるなら，その人はひどい拷問に引き渡され，破門されるであろう。だがこの人はそれとは異なる本来的な悪徳によって，ソフィストたちがいつも苦しんでいるように，病んでいる。それは論点先取の誤謬 (petitio principii)[22]であって，もっとも悪質な討論の種類である。こういう仕方でラトムスの著作のすべては詭弁的になっている。ソフィストたちのいつも変わらない錯乱〔誤謬〕は次のようである。何よりもまず吟味され証明されるべきものに素早く飛びつき，それが恰も誤りえない信仰の主要条項 (principium fidei) のように先取する。それはここではこうなる。「神の命令を完全に実現すること」は「何ら赦しを必要としないほどに，神の命令はすべての点で充分に実現されること」を意味する。だが，このことはとりわけラトムスが論証すべきことであった。なぜならアウグスティヌスとわたし，そして聖書もこれを否定するからである。だが，それに対してラトムスは何ら躊躇しないで，恰も信仰の主要条項が論証を必要としないと考えるかのように安心して，それに飛びつく。また同時に彼は御霊の剣でもって何もかも破壊すると信じ込み，個人的な見解の〔中

22) 「論点先取の誤謬」というのは，論理学にある誤謬推理の一つであって，まず初めに証明されなければならないことを，すでに証明されたものと前提する推論を言う。

が空っぽの〕茎や藁でもって馬鹿げたことをわたしたちの前で演じている。というのも彼が支持する教令でさえこうした見解をもっていないからである。それでもわたしたちは，神の命令はわたしたちがそれを完全に実現することによってではなくて，神の恩恵が豊かに赦したもうがゆえに実現されると主張する。〔だが〕ここでは何も不可能ではなく，そればかりかすべては全く完全であって，〔神の命令の実現に関する命題が意味することを〕赦したもう神の憐れみがなくとも行いだけですべてを実現できる，とわたしたちが主張するよりも，もっと良くわたしたちは語っている〔とみなされる〕。わたしが前に述べたように，ラトムスは彼自身が考えていることが彼には「不可能なこと」を意味する点を論証すべきであった。だが彼ら自身も実際，この世においては恩恵が完全にではなく，いつも増大するように授けられていることを認めている。それでも恩恵は神の命令を実現するためでないなら授けられていないし，ここから恩恵が完全に与えられないだけ，(W. 8. 57) それだけ〔神の命令が〕実現されていないという結論が導きだされる。とはいえ，われらの教師たちがこのように言っても断罪されないのに，ルターが言うならそれは謬論であろうとされるのだ。

9　第 2 命題：「洗礼の後にも罪は残る」

第 2 の命題の内容は，罪は洗礼の後に残るということである。この条項をラトムスはグレゴリウス[23)]の権威でもって断罪する。ところが，わたしはそれ〔が真実なの〕をパ

---

23)　グレゴリウス『書簡集』9・45. ミーニュ『ラテン教父著作集』第 31 巻, 317 頁。

ウロのローマの信徒への手紙第7章の権威によって立証しておいた[24)]。ラトムスは悪質な論点先取〔の誤謬〕でもって罪を罪でなく，弱さであると説明する。それは恰も人が然るべく説明すべきものをすでに完全に説得したかのようである。あるいはパウロがどういう言葉で語らねばならなかったかを知っていなかったか，その言葉を使うのがわたしには赦されていなかったかのようである。グレゴリウスの証明方法を考察してみよう。彼は言う，「キリストは言う，すでに〔体を〕水に浸された〔洗った〕者は，全身清い。それゆえ，その全体が清められたと救済者自身が認めている罪の汚染は，何も残っていない」（ヨハネ13・10）と。わたしは〔聖書の〕証言を吟味すると約束しても，それを行わなかったラトムスの怠惰を無視する。つまり彼はソフィスト的な口実を述べながら，吟味しないで，列挙しようとする。

そういうわけて，わたしはグレゴリウスと対決する。「グレゴリウスよ，あなたが言っていることをキリストはどこで言っているか」。あなたはキリストの言葉をそのテキストから提示すべきではなかったか。あなたは言う，「水に浸された〔洗った〕者は，全身清い」と。だがキリストはこう言っている，「水に浸された〔洗った〕者は，全身清いのだから，足だけ洗えばよい」（同上）と。水で洗われた後の足の汚れはどこから来たのか。彼は，なお足を洗う必要があったとしても，全身が清いと主張していないのか。このことは罪の全体は，洗礼によって赦されていても，それでもパウロがローマの信徒への手紙7・18で言っているように，残っていること以外の何であろうか。

24）　ルター「ライプチヒ討論」（1519）の第2提題「善を行っているときでも人間は罪を犯すこと，赦される罪も，その本性によるのではなく，ただ神のあわれみによってのみ赦されうる……」本書96頁。

全身が清い者でも「あなた方も互いに足を洗わねばならない」(同13・14) とキリストが言うように，全生涯にわたって足は洗われるのである。この箇所はわたしたちに賛成し，ラトムスに反対してはいないのか。罪はすべて洗われていても，それでも洗われるべきものが残っている。その見解は明確である。恩恵によって赦され，免除されているのでないなら，どのようにしてすべて〔の罪〕が取り除かれているのか。罪が現にその本性の中になお残っていないなら，どうしてなお洗われなければならないのか。それについては後に述べる。なぜなら，ここでは，教父たちも決してそのように主張する人たちではなかったし，わたしが論点先取の誤謬と呼んだのと同じもっとも間違った〔ラトムスの〕議論の仕方を認めるように，ラトムスからその信頼が除去されなければならないからである。ラトムスはまず「洗礼の後に罪は残っていない」ことを意味する「全身が清い」ことを立証しなければならなかった。グレゴリウスの言葉もこのように解釈するように強制してはいない。また，それがもしそのように強制するなら，拒否すべきである。だが，この〔ルーヴァンの〕人たちは教父たちの言葉に自らの見解を押し込み，ライオンの皮を被ったロバのように，悠然と歩み出て，教父たちの意見からでなく，彼らが教父たちの言葉に加えた自分らの意見から信仰の主要条項をわたしたちに作成しようとしたのである。

10 第3命題:「すべて死に値する罪は祭司たちに告白すべきである」

〔ラトムスがわたしを非難した〕第3命題の内容は「すべての死に値する罪は司祭たちに告白すべきである」である。ラトムスはこの命題が普遍的な公会議によって断罪された，それゆえそれは断罪されると言う。この推論はラトムスから〔彼が寄り頼む〕賢人たちに至るまで十分な根拠をもっている。だが公会議はそれに対してどのような聖書的な根拠をもっているのか。公会議が聖書なしに通用するなら，またそこに司教帽やトンスラ〔剃髪した聖職者の頭飾り〕を付けた人たちが集まってくるだけで事足りるのであれば，どうしてわたしたちは諸教会から木造や石造の像を集めようとしないのか。彼らはミトラ〔司教の冠〕やインフラ〔司祭の冠〕を付けて美しく装えば，そこに普遍的な公会議があると言うのか。（W. 8. 58）神の言葉なしに行動したり決定したりする公会議は，もっとも邪悪なものではないのか。だが，わたしは今やもっと多くを主張したり，告解するように厳しく求めることを総じてやめておこう。この点についてわたしはドイツ語の著作で書いておいたが，時間があれば，なおラテン語でも書くことにしよう[25)]。なぜなら人間の伝統は教会から廃止されるべきであるから。またラトムスもそれが人々によって廃止されうることを彼の『対話』の中で保証する。だがこの告解は教皇の専制的な強要に他ならず，聖書に基づいておらず，支持されてもいない。

11　最終命題：「すべて善なるわざは聖なる旅人においては罪である」

最後の命題の内容は「すべての善いわざは，聖なる旅人においては〔聖徒が流浪しているかぎり〕，罪である」と

25）『告解とそれを命じる教皇の権力について』（1521）を指す。この書は『スコラ神学者ラトムス批判』が世に出る前には実際には出版されなかったが，ラテン語版は出なかった。

いうものである[26)]。これは何と馬鹿げた仕方で彼〔ラトムス〕はこの命題を理解しており，まさに偉大な人〔アタナシオス〕に刃向かってあのアタナシオス信条の真理：「善を行った人々は永遠の生命に入るであろう」に違反しているように思われることか。だが彼はここで自分の勝利をまじめに確信し，この種の問題について彼ら〔ルーヴァンの教師たち〕から釈明を求めることは恥ずべきであると誇示する。最後にはあの粗野な男は，また，誰もわたしと提携しないように脅迫する。同じようにユダヤ人たちもピラトの前で話して言う，「この人が悪人でなかったら，わたしたちはあなたに彼を引き渡しはしなかったであろう」（ヨハネ18・30）と。真にこの人たちは恥知らずで愚かな人間どもであって，わたしたちのルーヴァンの教師たちに単にうなずいても信じなかったし，彼らは他の人たちのように，何か悪しきことを欲したり，誤ったりすることができる人たちであり，とりわけ教皇教書を書く司教（Bullarum Episcopus）が彼らのわざを承認するので，つまり〔泡のような〕教皇勅書によって水ぶくれになっている（Bulla bulla)。だが（わたしが善いわざによって語っている）罪は彼らが断罪すべきものと呼んでるものと同じものであることをどうしても理解できない，人間の下劣さを見よ。というのも，このことは〔信条の言う〕「善を行った人々は永遠の生命に入るであろう」と矛盾するだけだからである。なぜなら彼らは，善いわざ――そこでは赦されうる罪が存在する――があの信条（symbolum）と矛盾しないことを自ら認めているからである。また彼らはすでにジェルソン

26）『ハイデルベルク討論』提題6「神のわざが功績であるのは（わたしたちは人間を通してなされるわざについて語っている），それが罪でない〔という意味〕からなのではない」。提題7「義人たちのわざも，神に対する敬虔な畏怖によって彼ら自身がそれを死にいたるものとして怖れないならば，死にいたるものである」（本書49頁）。

が「どんな赦されうる罪も本性上赦されうるものなのではない。神の恩恵は〔賜物を〕与えるよりも〔罪過を〕取り除くものである。ただ神の憐れみによってのみ罪は赦される」[27]と語っていることを主張する。また，あなたは，ラトムスがすべての善いわざのもとで，例えば怠慢のように，赦されうる罪がありうることを最初は否定しなかったことに驚くであろう。それでも罪がこのように善いわざと結びついていることは彼らには馬鹿げたことではないし，それは信条に反していない。なぜなら，わたしがそのように言わなかったからではなく，彼らがそのように語っていたからである。しかし，わたしはこれに加えて後ほど彼らに，総じて人間のわざはとても善く見えようとも罪なしであることは不確実である，ということを認めるように強いるであろう。というのも彼らはこのことが自分の善いわざについても妥当するように，どんな人をも強いないであろうからである。

そして見よ，不確実なものが，それでもあり得るし，そして恐らく彼らもそう考えている。だが彼ら〔以外の〕他の人が言うと，それは馬鹿げており，信条に反している。こうして彼らはさらに馬鹿げたことは何も言われていないと願う。というのもこの不確実さが彼らにそれと反対なことを主張しないように強いるからである。また，それゆえに，わたしたちの命題を否定したり，断罪したりしないのである。なぜなら彼が引用する教父の発言を論点先取の誤謬という方法でもってそれが関係していることが立証されないすべてに及ぼすからである。いずれにせよ，教父たちがどんなに強くそれが善であると主張しても，断罪に導かない。したがって〔善い〕わざの中には罪がないと言うこ

27）　ジョン・ジェルソン『完全な働き』（ドウピン編Ⅲ，10. 1429年）

とを彼は証明することができない。それについてわたしも，実際，否定しない。しかし，親愛なる読者よ，このラトムスの序文を詭弁の典型（imago）として考えてみたまえ。というのもここには詭弁家の姿が見事に描かれているのをあなたは見るからである。つまり顔つきと言葉でもって控えめな態度を装いながら，〔この男は〕何者も超えることができないほどの尊大さ，高慢，傲慢，悪意，不品行，無分別，厳めしさ，無知，怠惰でもって得意になっている。

(W. 8, 59)

第2章A
ラトムスが攻撃する第1条項：「すべて善いわざは罪である」

イザヤ書64・4以下の解釈学的考察

まず初めにラトムスは〔その判断でわたしの〕矛盾点を述べる。第二に彼は〔それに対する自分の〕反論を立てる。第三に彼はわたしの根拠としているものを解体する。このように彼は〔討論の〕区分を作成する。わたしは〔アッシリア王〕センナケリブをその地に帰らせて（列王下19・20参照），最後の点からはじめ，真っ先にわたしの命題を弁護することにしたい。

1 ラトムスの聖書解釈の問題点，バビロン捕囚の歴史的な意味

「わたしたちは皆，汚れた者となり，わたしたちの正しいわざもすべて汚れた着物のようになった」と語られる，もっとも重要な箇所イザヤ書64・5をラトムスはわたしから手に入れて，彼にもわたしにも役立つことができないように解釈する。なぜなら彼はこの箇所が誰について理解されなければならないかを不確実になし，ある者は〔この箇所を〕ユダヤ人のアッシリア捕囚と，ある者はバビロン捕囚と，またある者はローマ捕囚と解釈する，さまざまな

解釈者たちを引用する。だが彼自身はヒエロニュムスとリラ[1)]と一緒になって最後の見解に従う。終わりに第四としてその箇所は信仰者たちにも当てはまりうると説明されると，彼は〔一部で全体をあらわす〕代喩法（synecdoche）に救いを求め，「すべての正しさ」と「一人の正しさ」を同一視しようとする。このように聖書は転義的に述べている。このように彼は何ら確実なことをもたらさず，そこではヒエロニュムスの権威も，ヒエロニュムス自身がアウグスティヌスに書いているように，未解決の見解が未決定のままに放置される仕方で，ただ他の人の見解をその注釈書に引用することを常としているがゆえに，十分ではない[2)]。そして，このことこそ第一に彼がその見解にもとづいて立て，貢献し，確立するすべてのことに対する〔わたしの〕回答となろう。なぜなら人は確実〔な根拠〕にもとづいて戦わねばならないからである。したがってラトムスはこの不確実で役に立たない権威にもとづいてわたしと戦わねばならない。そうすると，わたしはまさしく彼に対して確かで有力な権威を提示するように努めねばならない。また，まず初めに彼に賛成して，ユダヤ人の捕囚について述べている箇所を扱い，捕囚者の名前で語られていることに同意し，吟味するが，それはアッシリアの捕囚についてではない。なぜなら，この箇所で預言者がどんなに嘆いていても，この〔アッシリアという〕民族によって都市エルサレムが荒廃されたのではなく，ユダヤ民族が囚われたのでもないからである。わたしたちがこの箇所をローマ的な捕囚として理解すべきではないことを，わたしが明らかに

1）リラのニコラウス（1340 年没）はフランスの聖書釈義家であり，聖書の比喩的解釈に反対して字義的な解釈を強調した。若いルターは最初の聖書講義においては彼をしばしば引用している。

2）ヒエロニュムス『書簡集』「アウグスティヌスへの手紙」ミーニュ編『ラテン教父著作集』第 22 巻，919 頁参照。

することができるなら，わたしは必然的にそれをバビロン捕囚として説き伏せることになる。まず初めに，わたしたちはその箇所そのものを考察することにしよう。

(4節) 喜んで善を行い，あなたの道にしたがってあなたを心に留める人をあなたは迎えてくださる。見よ，あなたは憤られました。わたしたちが罪を犯し，いつも罪に留まっていたからです。だが，わたしたちは救われるでしょう。(5節) わたしたちは皆汚れた者となり，正しいわざもことごとく不潔な着物のようになった。わたしたちは葉のように枯れており，わたしたちの悪は風のようにわたしたちを運び去った。(6節) あなたの御名を呼ぶ者はなくなり，奮起してあなたを抱きしめる者はいない。あなたはわたしたちから御顔を隠し，わたしたちの罪のゆえにわたしたちをやつれ果てさせた。(7節) しかし主よ，あなたはわたしたちの父，わたしたちは粘土，あなたはわたしたちの陶工，わたしたちは皆あなたの御手のわざです。(8節) 主よ，どうかあなたが激しく怒られることなく，わたしたちの罪をいつまでも心に留めないようにしてください。わたしたちが皆あなたの民であることを思い起こしてください。(9節) あなたの聖なる都は荒れ野となった。シオンは荒れ野となり，エルサレムは荒廃した。(10節) わたしたちの聖所とわたしたちの輝きは，そこでは先祖があなたを讃美していたが，火で焼かれてしまい，わたしたちの慕っていたものは廃墟となった。(11節) (W. 8. 60) それでも主よ，あなたはご自分を抑え，沈黙して，わたしたちを激しく苦しめるのですか (イザヤ64・4-11)。

2　イエス・キリストの教会の霊的な意味

確かにこの堅忍不抜の踊り手であるラトムスは，自分の見解を阻止する城壁を「そしてわたしたちは救われるであろう」という言葉でもって勢いよく飛び越えている。このことが非難すべきユダヤ人に起ころうとはとうてい理解できないが，疑う余地なく選ばれた人たちや信仰深い人たちの名において起こることは理解できる。次に彼は「喜んで……あなたは迎えてくださる」（4 節）という箇所に触れ，「善を行い，喜んで主が迎えてくださる人とはだれか」と語ったところで，もしこの言葉がマルティヌス〔・ルター〕が欲するように，どんな信仰者についても，またどんなときでも，理解されるとしたら，彼〔ラトムス〕はすぐに，小石に噛みついたかのように，黙ってしまい，彼が何を本来問題にしているのかが，〔読者よ〕あなたに分からなくなる。おそらく彼は不毛〔不運〕な解釈者となるのを恐れているのであろう。

ラトムスはこのことをその仲間と一緒にエルサレムに向かって神殿をめざしている人たちを代表して語っている。この人たちはその先祖たちと同様に神に犠牲を捧げ，讃美する神殿の再興を願っている。わたしがこのことに全く賛成するのは，わたしが信じていない彼らがそう言ったからではなく，彼らが〔そう言うように〕強制されており，わたしも強制されたテキスト〔聖書本文〕のゆえなのである。もしそうでなければ，どうして彼〔イザヤ〕はそんなにも多くの言葉でもって嘆きを増し加え，都の荒廃をそんなにも入念に神の前に語ることができたであろうか。神が憐れみをもって都を再建することを彼が嘆願するのでないなら，話は別である。彼〔イザヤ〕が傷を医者に見せるのは癒されることを嘆願するからである。終わりに「わたしたちの願望していたところはすべては荒廃に帰した」と語られたことに加えて，「主よ，どうしてあなたはご自身を抑制されないのですか」と言う。「あなたはご自身を抑制されない」というのは「あなたは何もしないでそのままに放置したりしない」のでないなら何を意味するのか。というのは，もし主が回復させなかったなら，かつて荒廃させたものに対して本当に頑なに〔何もしないで〕とどまったことになるからである。したがってこれらの言葉はエルサレムと神殿を再建するために祈られ嘆願されたものであることは確かできわめて明瞭ではないのか。もしそうでないなら，どうして彼〔イザヤ〕がこのように主張し，押しつけ，重大視し，誇張するのか，わたしには分からない。このように頑迷なソフィストたちとわたしたちはそれ自体で明瞭なことさえ，〔彼らにも〕確実になるまで，疑わなければならない。

ここから帰結することは，このような呻きと言葉でもって，再建されうるような場所が嘆願されているということである。なぜなら聖霊は明らかに不可能なことを嘆願するように促すほど愚かではないからである。しかしそれに対し，キリストがヨハネ福音書 4 章（4・24）で，キリストの出現以後，〔ゲリジム〕山でも，エルサレムでもなく，霊と真をもって神を礼拝すべきであることはもう明らかであった。そしてこの将来の秘儀を御霊は，ダビデの後には他の誰もそれほど明瞭に認識していなかったし，預言もしていなかったほど明瞭にイザヤに告知した。またハガイ書の第 2 章（9 節）ではこの「新しい神殿」が予告されていた。またダニエルもキリスト後の終わりの日に定められた荒廃が訪れると予見していた（ダニエル 9・27；12・11）。したがってユダヤ人が期待していたように神殿が修復されることは不可能である。それゆえこの悲嘆と嘆願とはキリスト以後の時代に適合しないで，ただバビロン捕囚に当てはまることになる。ここでは都が修復される希望と祈りが霊の役割であると正しく割り当てられる。

ここでわたしたちはかつて聖霊が，恰も不敬虔で誹謗する者の名のもとで語っていたかのように，聖霊を冒瀆しないように警戒すべきである。詩編 108 編ではユダヤ人らの祈りがローマ捕囚でなされるとしたら罪となり，忌まわしくなると定められている（詩 109・7)。次にキリストは詩編 15 編で「彼らの名前を思い起こして唇にのぼらせない」と言う（詩 16・4)。そうすると，（W. 8. 61）どのようにイザヤの霊は，あれほど謙虚になって，あのように敬虔な告白でもって，とても純粋な心と熱意をもって，冒瀆する者の名前によって彼らの冒瀆を神の前に説明することができたのか。その場合，彼の祈りも罪であり冒瀆であらねばならない。霊が不敬虔な者たちに関して，また，不敬虔な者たちのために，聖者を通して祈ることは，聖書によく見いだされるが，彼ら〔不敬虔な者たち〕の名前においては決して祈られることはない。それはキリストの体に宿る霊であって，聖者を通して彼ら〔不敬虔の者たち〕の弱さを助け，呻いて〔執り成し〕，彼らを弁護される（ローマ 8・26)。イザヤの祈りがこの種のものであることを手探りでもってしても知らない人があろうか。このようにキリストは，エルサレムを嘆き悲しまれたが，エルサレムの名前においてではなかった。パウロも同様にユダヤ人のために祈っているが，ユダヤ人の名前においてではない。しかしここでイザヤは彼らとともに，また彼らのために祈る人たちと自分自身を同一視する。したがって聖書の中で何ら事例がないことを主張するのは危険であるから，聖書に書かれているものだけを主張しなければならなくなり，そのためわたしたちは，キリストの体に宿る霊が決して他の，つまりサタンの体に宿る霊の名においてではなく，ご自身の体の名においていつも語り，働き，生き，とどまると告白しよう。神を称賛する人は，神を冒瀆する人の名を使うことができない。なぜなら名前を使う人と，その名前を彼が使っている人とは，力や活動において一致できなくとも，とにかく言葉・考え・誓約において一致していなければならないからである。だがこれらのユダヤ人と神の霊との間には和解しがたい矛盾がある。それでも彼〔神〕はイザヤを通して彼らの名によって語られたならば，彼は今日まで同じ仕方でまたそれ以上に語っている。なぜなら彼の言葉はなお〔今日までも確固として〕存続しており，現今の苦境がもっとも激しくその必要を求めており，わたしたちは，それが，聖なるカノン〔正典〕に入っているので，聖霊の言葉であることを否定できないからである。だが，もしそれが霊の言葉であるならば，神聖にして確固たるものにして聖なるものであって，（あなたが分かっているように）ユダヤ人たちの名前に全くふさわしくない。もし彼〔神〕が不敬虔な者たちの言葉だけを引用するなら，彼らの〔つまりラトムスらの〕見解は我慢できるが，彼らの名前において祈ったり行動することは我慢できない。彼〔ラトムス〕はイザヤからただバビロンとアッシリアおよびセンナケリブの傲慢不遜な言葉を引用し（イザヤ 14・13；10・8-9；36・4-5 参照），エゼキエルからはナイル川の巨大な鰐の言葉（エゼキエル 29・3）とその他多くの言葉を引用するが，敬虔にして神に所属する者たちの名前でないなら彼は決して示したりしない。

それに対してイザヤは「よく考えてみよ。わたしたちは皆あなたの民である」（イザヤ 64・8）とテキストで語っている。あるいは，わたしたちは神の民であることが何を意味するのかを知らないのか。ホセア書が「わたしの民をロ・アンミ（わが民でない者）と名付けよ。あなたたちはわたしの民ではなく，わたしはあなたたちの神ではないからだ」(1・9) と言っているように，このユダヤ人たちはもう民ではない。そして再び，「しかし主よ，あなたはわたしたちの父，わたしたちは粘土，あなたはわたしたちの陶工，わたしたちは皆あなたの御手のわざです」(64・7) とある。ユダヤ人たちはすでに子どもたちであり，もはや敵ではない，ということにならないのか。彼らは陶工を知らないがゆえに，形作られることを欲しないような陶工の手にある粘土ではないのか。彼らは自分の手で作られた作品であって，それよりもむしろサタンの作品ではないのか。ここでは彼らが神をただ一般的な名でもって父・陶工・造り主と呼んでみても，その言い逃れは役立たない。預言者は霊において (in spiritu) 語り，言葉は霊の情熱から (ex affectu spiritus) 生じる。この霊において神は信仰深い子どもたちだけの神である。それはわたしたちが主の祈りで父を霊においてあがめるのと同じである。それゆえ，もし霊が吹き込まれないならば，彼〔ラトムス〕は父の名を，とりわけ新約聖書において聴かないであろう。しかしながらこれらのことがユダヤ人の名において言われたならば，このことはとりわけ予測されるべきである。なぜならわたしが先に言ったように，苦境が差し迫っており，言葉がまだ生き残っているからである。

(W. 8. 62) こうして，このことは不信仰な民の名では語られることができなかった点が十分に明らかにされた，とわたしは考える。わたしたちがこの言葉の意味を考察するとき，そのことはいっそう明らかになるであろう。

3　聖書の言葉の解釈法，比喩や代喩法の知識

ラトムスは次のように反論する。聖書で一般に使われているこの種の話し方 (locutio) はたいていの場合特別な

意味をもっている。たとえば「人は皆，自分のことを追い求める」（フィリピ2・21）〔という話し方〕がそうであるが，そうはいっても〔信仰深い〕ティトス〔テモテ〕とその他の多くの人たちにはこのことは当てはまらない。またここで「すべての義は汚れている」と言われているとき，彼はある人たちのある義〔の実行〕が理解されるように願っている。ここでは悪意や嫉妬がラトムスを盲目にしているのか，それとも彼が際立って愚かであるのか，そのいずれかである。その理由は彼が全く不適切な事例でもってわたしたちを欺いているからではなく，この語りかた（figura）〔つまり比喩，その中でも代喩法〕をでたらめにここで誤用しているからである。こうして単なる気まぐれによって，何らの根拠もないのに，語りかたをもてあそぶことが許されると，一つの新しい意味ですべてを覆ってしまうようなことを何が阻止するであろうか。そこで，このわたしは詩編第1編（3節）「その人のすることはすべてで繁栄するであろう」を次のように，つまり〔「すべてで」とあるが本当は〕「あることで繁栄するであろう」と解釈すべきであると言いたい。そして詩編第2編（11節）「主に信頼する人は皆，幸いである」は〔「皆」とあるが本当は〕主に信頼するある人たちである。詩編第5編（6節）「あなたは嘘をつく人を皆，滅ぼされる」は「嘘をつくある人たち」を言っている。わたしはあなたに尋ねたい，どんなに〔ひどい〕嘲笑が聖書を使ってここから引き出されるのか，と。このように偉大な神学者ラトムスの義務は，何がそのように語られ得るかではなく，何がそのように語られねばならないか〔つまり自説〕を主張することであった。ここで問われているのは，遊戯的な恣意〔自己流の考え〕で人が何をなし得るかではなく，解釈者の敬虔な畏怖によって何を明らかに示すべきであるかということである。とりわけ，このような大言壮語する人が有罪宣告をするときには，それが問われている。この男は聖書の証言を列挙するのではなく，その意味を吟味して，ルターがそれを間違って引用していると〔いう方向に〕導き変えようとする。こういうのが〔この男にとって〕証言の重さを吟味することであり，こういうのがルターが間違って引用していると有罪の宣告をすることなのか。そのさいこの男はただ「わたしはそのように，また，そのようにも理解することができる」と言うだけなのだ。これらのソフィストたちを犯罪者となした欠陥は，彼らがすべてをそのように，また，そのようにも理解できるということではなくて，当然あるべきように決して理解しようと欲しなかったことにあると，わたしはこれまで述べてこなかったであろうか。ソフィストたちは敵対者を論駁するのではなく，神聖な書物を混乱させているのだ。

次にラトムスがこの箇所でこの種の語り方（比喩）をとても生き生きと思い起こしている。それなのにあなたはどうしてそんなにも安心していびきをかいているのか。というのも「あなたの御名を呼ぶものはなくなり，奮起してあなたを抱きしめる者はいない」（イザヤ64・6）と語られているのに続く箇所で，どうしてラトムスは，ここでもただ一部分を意味すること，つまり〔全部ではなく〕ある人たちと多くの人たちがあなたの御名を呼ばないと〔代喩法によって〕理解することができなかったのか。このようにして彼は，全世代を通して主の御名を呼ぶ者たちに欠けることがなかったことを証明するために，全くおもしろくなく，かつ，きわめて愚かでもある脱線をするように強いられることに，どうして警戒できなかったのであろうか。この語り方〔比喩と代喩法〕は否定的な箇所では起こらないであろうか。イザヤ書第57章（1節）に「義人は失われたが，だれひとり心にかけなかった。敬虔な人々が取り去られても，だれも理解しなかった」とあるのを彼らは見ないのか。このように語っていたイザヤ自身は理解していなかったのか。それともラトムスだけには彼が欲するならどこででもこの〔比喩的な〕語り方が許され，彼が気に入らないなら，許されないのか。この賢明な人〔ラトムス〕は「すべての義は汚れている」と語られていたことは〔代喩的な〕語り方として受け取られないなら事柄に反して結論されることを確かに感じていた。それゆえに彼はそれを避けなければならなかった。さらに「〔あなたの御名を〕呼ぶものはなくなり」（イザヤ 64・6）が〔代喩的な〕語り方で理解されていたなら，ルターと対立して彼は論じることはなかった。（W. 8. 63）それゆえ人はこの言葉をゆがめてはならなかった。それなのに偉大な人物は，このような気まぐれと無分別でもって，その敵対者にいかに豊かな可能性を提供したかを考えてもみなかった。というのも同じ権威によって二つの比喩で語られた事態が，あるときは同時に〔二つとも〕，あるときは二つのうちに一つを，〔代喩法によって〕修辞的に表現されたのか，それともそのように表現されたのではないと，わたしも置き換えるであろう。だが，これが聖書を解釈する方法なのであろうか。

さらにこの傑出した神学者は，比喩的な語り方で信仰者に向けて語られていた「わたしたちのすべての義は汚れている」という箇所を，ついに比喩的な語りでなく〔したがって字義的に〕ユダヤ人の最終的な滅亡に向けている。この人たち〔つまり，わたしたちに反対する人たち〕は，この箇所を比喩的な語り方でなく，人々の義がすべて汚れていると主張できるように〔字義的に〕解釈する。こうしてラトムスは，真剣な事態が問題となり，信仰のために最悪の異端と戦うときでも，聖書〔の解釈〕において好き勝手に行動する自由を思い上がって行使する。もしわたしが〔仮に〕一人の異端者であるとしたら（キリストはそれを防止するでろう），そしてそのような悪霊どもがわたしに差し向けられるのに気づくと，わたしは自分の見解を強固にし，彼らの移り気と悪ふざけのゆえに，彼らの根拠のすべてに嫌疑を向けるであろう。というのも，わたしには彼ら〔悪霊ども〕が何かまじめなことや何か真なることを支持しているとは考えられないから。だからわたしは今ますます彼らを断罪し，嫌悪する。

それなら，さあ，このようにルーヴァンで行使されているような新しい神学的な方法と決別しよう。そして一語でもってラトムスの〔思想構造の〕全体を突如として転覆させ，直ちに征服するであろう。なぜなら彼は何としばしば諸々の権威を引用し，善いわざは罪ではないと詭弁を弄するので，わたしは代喩法というこの逃げ道を求め，善いわざは部分的には善いと理解できるし，同様に罪も部分的には罪であると理解できると主張したのである。ところが彼自身はその代喩法を使って，ある人たちのある義は正しく行われなかったとしている。わたしが敵から採用してきた武器でもって敵と戦うことほど，わたしにとって気楽なことがあろうか。見たまえ，これが聖書の意味を言葉の文脈・帰結・関連から引き離す，ルーヴァン学派的にして，かつ，ラトムス的な方法なのである。それでも彼らをでくのぼうや馬鹿と呼ぶことは〔キリストの教えに背く〕反逆にあたると考えられる（マタイ5・22参照）。

4 アウグスティヌスの規則「比喩は役立たない」の評価

それゆえ，このルーヴァン的手法[3]と真の空しさを語る

3) 「ルーヴァン的手法」と訳されたラテンはLovanitasであって，それは言葉の中にはvanitas（空しさ）が含意されている，言葉の

のはここまでにしておこう。わたしたちはアウグスティヌスの見解——それは真理自身に属しており，万人の共通感覚である——をその代わりに立ててみたい。それは「比喩は何も証明しない」[4]という見解である。彼がこのことを聖書における比喩（figura）と事柄（res）の関係について語ろうとしたとき，彼はそれを同様に文法における比喩的な表現にもよく適切に応用させている。というのもどんな書籍においても，少なくとも聖書では全く気ままに比喩を追求すべきではなく，むしろそれを避けるべきであり，もし文脈〔意味連関〕自体や明白な不合理さが比喩を認めるように強いるまでは，言葉の単純，かつ，純粋な分かり易い意味を獲ようと努めねばならないからである。そうでなければ世の中にバビロンに起こった言語と言葉の乱れのほかに何が起こるであろうか。そのときには語るよりも黙っているほうがいっそう優っている。その際立った事例をいくつか示してみよう。なぜなら，われらのルーヴァン大学の教師たちはあまりに際立っているから。詩人が

「皇帝はトロイの立派な血統から生まれるであろう」[5]

と語るとき，（W. 8. 64）もしあなたがここで気まぐれな思いつきから比喩的に解釈して，「皇帝たち」の代わりに「皇帝」が語られていると解釈するなら，あなたは文法家を説得できるであろうか。さらにあの一節，

遊びである。

4）　これはアウグスティヌスの文章の引用ではない。だがそのような考えはアウグスティヌスのヴィンケンティウス宛の書簡 93 第 8 章に表現されている。アウグスティヌス著作集，別巻 1『書簡集 1』金子晴勇訳，教文館，208 頁参照。なおアウグスティヌスは比喩的な表現については本書 364-365 頁を参照。

5）　ウェリギリウス『アエネーイス』 I，286.

「ローマ人よ，あなたは諸国民を権力で統治することを忘れるな」[6]

をあなたは比喩的に語らないで〔字義的に〕一人のローマ市民に関係づけることができようか。だが文法家たちは何と言うであろうか。同様に詩編15（16・11）「あなたは命の道を教えてくださいました」を，あなたの理解力でもって地上的な道――その道をわたしたちは身体の足でもって踏みつけても，返って同時に〔真の〕道から逸れて誤謬に転落する――が理解されうると主張できようか。また，これより多くのどんな事例が必要であろうか。わたしたちは，すべてが比喩で満ちているが，人は健全な判断でもってそれを考察しなければならないということ，またそのために確実で適切な規則は公式化されていないことをも認める。とはいえ，わたしはこれまで，ここでラトムスが設定しているような一般的なしるしのもとで，この種の比喩的表現の実例を見いだしたことはない。わたしたちはわたしたちを導くべき二つの規則をもっている。〔比喩的表現が承認されるのは，さもなければ〕事柄の無意味さ〔が出てくる場合〕と言葉の文脈〔意味連関が比喩を求めているときである〕。たとえば詩編44（45・3）の「腰に差した剣」とルカ福音書20章（22・38）の「弟子たちの二振りの剣」が〔字義的な〕鉄の剣を意味しないことは，言葉の文脈が〔比喩でない場合の〕無意味さ――この無意味さもまた妥当するにもかかわらず――よりも強力に立証する。さらに「その妻を捨てたものは生きている間に百倍もの報いを受ける」（マタイ19・29）と言われるとき，このことが身体的に捨てたり，報酬を受けることを表していないと理解するように強いるのは〔字義的意味の〕無意味さなのであ

6） ウェリギリウス，前掲書，VI，851.

る。

このように現在の論争においては，親愛なるラトムスよ，「これを比喩的に理解して，すべてをあるものとして（omnes pro aliquibus）解釈することができる」と説明するだけでは不十分である。わたしは比喩的な表現を，それが不合理さを示すか，文脈の必然性〔比喩がないと不合理になる〕を告げないかぎり，黙認しない。むしろわたしはその箇所を単純にして本来的な，また原初的な意味でもって〔字義的に〕理解すべきであると攻め立てるであろう。つまり「わたしたちのすべての義は汚れている」と理解すべきであると反論するであろう。「すべきである」とわたしは言う。なぜなら聖書には何の無意味さも不合理にするものも見いだせないからである。またこのようにその〔聖書の言葉の〕権威はこれまで無敵であって，ラトムスの試みと軽率な自慢を嘲笑しており，すべての義が汚れており，すべての善いわざが罪であることを立証する。それでもわたしはここで彼が他ではいつも使っている言い逃れを忘れているのを不思議に思う。というのも彼は「欠陥」（vitium）と「罪」（peccatum）という言葉で行っているように，「汚れている」（immunditia）とは「不完全である」（imperfectio）に他ならないと主張することができたからである。それは彼ら〔彼とその弟子たち〕がつねにもの〔事柄〕に対して実体を，単語〔言葉〕に対して意味を，思い付くままに創作する決定権にもとづいている。だが広大な心をもつ英雄が，それまでの言い逃れだけが彼を有名となしたことが明らかな勝利などを，おそらく一度でも望んだりしたであろうか。

5 聖書解釈法，とくに代喩法の考察

これに対してどうしてこの比喩的解釈がこの箇所では当てはまらないかということの別の理由が付け加えられる。聖書で規則となっているのは，単純にかつ完全に，普遍的に妥当する，全く疑いの余地のない代喩法や（わたしに言わせれば）特殊なるものによって設定されているところでは，聖書は疑問の余地なく〔単なる部分に対して〕普遍的で肯定的な表現を与えており，それに普遍的な表現と否定的な表現とを付け加えている。たとえばローマの信徒への手紙第3章（3・11-12）では詩編13（14・3）「彼らは皆背き去った。彼らはことごとく役立たなくなった。神を理解し，求めるものはいない。善を行う人はいない」が引用される。この箇所でパウロは，この規則を使って，〔自説を〕確証する。そしてすべてのユダヤ人とギリシア人が，つまり人の子のすべてが罪の下にあるとの結論をくだす。というのも，もしここで〔一部で全体を，また全体で一部を表す〕代喩法が排除されるなら，使徒の議論はその場所ですべて瓦解してしまい，彼が意図している恩恵の必然性は結論できなくなるからである。詩編31（32・1-2）「その罪が赦された人たちは幸いである。（W. 8. 65）その罪を覆ってもらった人たちは。主がその罪を彼に転嫁しなかった人たちは幸いである。その心に欺きのない人」も同じである。見たまえ，十分で完全な赦しをもたらすためには，罪が赦され覆われていると肯定的に語っただけでは十分ではなく，彼らは〔罪人として〕数えられて〔おらず〕，その心に欺きのないことをパウロは付け加えている。同様にエレミヤの哀歌第2章（2・2）「主はヤコブの豪華さのすべてを滅ぼし，容赦しなかった」でもって彼は美しいものが

何も残らなかったことを示す。詩編27（28・5）「主は彼らを滅ぼし，再び興さない」でもって彼らが滅ぼされるのは部分的でないことをあなたは理解する。確かに代喩法はもっとも好ましく，かつ，必要な〔聖書の叙述〕様式であって，神の愛と慈しみの〔二つのものを比較する〕比喩（symbolum象徴）である。その場合ともかく神は打ち殺す，あるいは全滅すると言われるが，人はそれを全面的に破壊するとか全面的に粉砕するかのように理解すべきではない。と言うのも代喩法は全体に関わるが，そのとき〔全体の〕部分にも関わっているからである。

そういうわけでイザヤのこの箇所では多くの肯定的表現と否定的表現をまさにこの規則にもとづいて起草する。彼は言う，「わたしたちは皆汚れた者となり，正しいわざもことごとく不潔な着物のようになった。わたしたちはことごとく葉のように枯れており，わたしたちの悪は風のようにわたしたちを運び去った」。これに否定的な言葉が続く「あなたの御名を呼ぶ者はなくなり，奮起してあなたを抱きしめる者はいない」（イザヤ64・5-6）と。すなわち，すべての義は汚れたものとなり，だれもあなた〔神〕の下で何かを全く行うことができなくなる。こうしてあなたはあなたの怒りのうちにとどまるであろう。そのためラトムスのくだらない虚構はここに完全に破壊される。

だがわたしは代喩法という比喩〔形態〕がラトムスが指摘した箇所にあることを彼に対し認めたのではなく，この比喩が聖書のなかでしばしば使われていることを認める，と言いたい。またソフィストは〔その場合〕何ともろい麦わらを振りかざして巨大な岸壁に立ち向かっているように，自分の哀悼歌を簡単に切り抜ける〔反駁する〕ことができる，それも一つだけの仕方でなくできる，と考えていることであろう。というのもわたしは，聖書のどんな箇所でも，普遍的な表現において〔個別を表す〕代喩〔が使われているのに〕出会ったのを覚えていないからである。ところがラトムスが引用している聖書の箇所に，それが代喩について語っていないのに彼は代喩を強制的に入れてくる。要するに彼は自分自身を論駁することになるのだ。この種の言葉はその実質〔対象〕に制限されなければならないと彼が言うとき，たとえば「全地を滅ぼし尽くすために」（イザヤ13・5）というイザヤの言葉は地球の全地ではなく，バビロンの地であると彼は考える。同様にルカ福音書2・1の「全領土」は全地ではなくて，ローマ帝国の地域であると考える。「そして全地は暗くなり」（マタイ27・45）はただユダヤの地が言われていると考える。なぜならヘリオポリスのディオニシウス[7]の作り話の他には，ローマの文筆家は誰もこの暗闇を記憶していなかったからである。その手紙はあるにはあるが，わたしの判断では確かに偽作である。その上で，ラトムスは「すべての義は汚れている」をローマ捕囚における〔ユダヤの〕民と代喩法なしに結びつける。このようにこの箇所「頭はすべて病んでいる」（イザヤ1・5）は二重の理由で代喩ではない。第一に，それは普遍に関係するから。第二に，「健康なところがない」（同1・6）と否定が加えられているから。そしてパウロがローマの信徒への手紙9・29で解釈しているように，（W. 8. 66）それはキリストの出現後に神によって見捨てられたユダヤ人に関係している。この人たちにあっては本当に頭がすべて病んでいて健康なところはないから。だが彼らはキリストの出現時点でもそのようであった。というのも彼〔預言者〕が語っているように，彼らはその当時キリ

7）　ディオニシオス・アレオパギテースもしくは偽ディオニシウスは使徒パウロの弟子として有名であったが，実際は5世紀に活躍した神秘主義者であった。この「暗闇」についてはWA. 3, 124, 29-35に言及されている。詳しくは金子晴勇『ルターとドイツ神秘主義』創文社，40-41頁参照。

ストと無縁であったし，いつまでもそうした状態にあったからである。同様にあのエレミヤの言葉「身分の低い者から高い者に至るまで皆，利をむさぼり」（エレミヤ6・13）は確かに敬虔な人たちを除いた貪欲な人たちの集団と関係する。同様にあのパウロの言葉「人は皆，自分のことを追い求めている」（フィリピ2・21）は人の特別な関心と対象とに関係する。さらにパウロがローマの信徒への手紙3章「すべての人は罪の下にある」（3・9）また「すべての人は神の栄光を空しくしている」（同3・23）と言うとき，彼は〔この箇所で〕自分自身，アブラハム，すべて敬虔な人たちを含めていたが，彼は真の信仰なしに行動していた人たちに反対して語っていた。それゆえ，わたしが言ったように，ラトムスは不適切な事例でもって欺き，間違ったやましい良心に苦しめられ，そこから逃れようとしたができないでいる。彼が打ち勝ちがたい真理によって論駁されることは明らかに論証されている。この人は全く悲惨に，かつ，とても不安に駆られて〔間違った〕横道を探求する。真理を確信する良心はそのように慌てふためかないし，あちこちに変動しない。哀れなソフィストがこの〔窮地からの〕救済を求めても，それは余りにも遅かった。

代喩法の形態は福音書の中では次のようである。「人の子も三日三晩大地の中にいることになる」（マタイ12・40）また同様に「一緒に十字架につけられた強盗たちも彼をののしった」（同27・44）。さらにもっとも明瞭には詩編78編の「彼らは食べ物を獲ようとして心の中で神を試みた」（78・18）である。これは恰もイスラエルの民全体に対するかのように非難として語られている。それに対し詩編104編には「彼らが求めると，主はうずらをもたらした」（105・40）とあり，これは主を称賛するために語られる。しかし両者とも代喩法によって部分の代わりに全体が表現されている。だが，この表現形態は預言者たちにおいては何よりも広範囲に支配的である。それに対し，わたしたちの箇所ではイザヤの言葉は他のものと関係づけられていない。なぜなら，それは自分自身を包み込んでおり，前の箇所で起こっているように，他のものに向かって語られていないからである。そうではなく「わたしたちは皆」「わたしたちの義はすべて」と語るとき，彼は〔修辞学の〕擬人法を使っている，つまり自分自身について語っている人に扮して語っているからである。彼は「彼ら」とか「あなたがた」等々とは言わない。

だが，なお，どうしてこれらのことが信仰者について語られることができるのかという疑問が残る。また，わたしは，彼ら〔ユダヤ人たち〕が信仰的であり，敬虔であったことを証明する必要はないと信じる。なぜなら彼らは，エレミヤの言葉によると，ある人たちは自発的に，他の人たちは結局は強制的に，神に服従し，捕囚に自分自身を引き渡しているから。というのはキリストと使徒たちのからだが，彼ら〔の肉から生まれるよう〕に依然としてあったからである。この理由でのみわたしたちは彼ら〔ユダヤ人たち〕が信仰的であり，敬虔であったと言うことができる。なぜならキリストの肉の血統が，母マリアにまで至る全人類を通して，聖なる選ばれた種子であることが当然信じられるからである。それゆえ，わたしはまず〔この点を〕要約して語り，その後に聖書本文を解釈したい。

6 「神の恩恵なしには信仰者は神の前に立つことができない」「義人にして同時に罪人」

わたしたちの善い行いが神の裁きにほとんど耐えることができないようなものであると，わたしとしてはこれまであの詩編101編の言葉「あなたの僕を裁きにかけないでください。御前に正しいと認められる者は命あるものの中にはいません」（詩 143・2）に従って教えてきた[8]。だが彼の裁きは真実で正しいので，全く非難するところのない行いを裁きたまはない。彼は誰にも不正をなさず，「神はおのおのの行いによって報いたもう」（ローマ2・6）と記されているように，赦しを与える神の憐れみがわたしたちを支配しないならば，わたしたちの善い行為は善いものではなくなることが帰結する。しかし各人に〔その行為に従って〕報いたもう神の裁きがわたしたちの上に向けられると，それは悪いものとなる。これが神に対する畏怖と希望を教える道である。わたしの讒訴者たちはこの敬虔な知恵を断罪し，自分らの行為を得意になって言いふらす。（W. 8. 67）こうして人々〔讒訴者たち〕は神に対する畏怖と希望をはぎ取り，その有害な教えでもって思い上がった者となり，ここでラトムスもわめいているように，称賛と報酬と栄誉に値する善い行為をねつ造する。

このような見解をわたしはこのイザヤの箇所から確かなものとなし，これまでわたしが理解したかぎりで正しく，それどころか今では，この見解がラトムスの嘲笑より先にわたしに味方していっそう確実となっている。なぜならイザヤは次のように言わんとするからである。神が怒りを発して人々を捕囚と荒野に追放したとき，神はもはや憐れみからではなく裁きにしたがって，それどころか怒りにしたがって彼らを扱われた，と。そのような裁きにおいては――彼らが敬虔であり正しい人であっても，その義は，裁きが支配する範囲の外にあって，憐れみが支配するところでは清くあり得たが――それが今や彼らに全く役立たないので，彼らはむしろ最終的にはとても不潔な罪人に似てい

8）　ライプチヒ討論第2提題「善を行っているときでも人間は罪を犯す」。本書 98 頁参照。

る。というのも主はこのように激怒しているときには，彼らを〔憐れみをもって〕思い出すことなく，敬虔な人々を不敬虔な人たちと一緒に見捨てるからである。主はまた正しい人たちを恰も正しい人たちでないかのように見なし，かつ，そう思わすことのほか何もなさらないということを，自らやめようとなさらない。しかしながら主はその裁きにおいては，正しくかつ真実に裁きたもうがゆえに，彼らは必然的に義人にして同時に不潔な者〔罪人〕であることになる。またこのようにして主は，誰も自分の義によってではなく，ただ神の憐れみによって支えられねばならないことを示したもう。この意味でヨブ記9章（22節）も言う，「わたしは一つのことを語る，神は自ら罪のない者と不敬虔な者とを〔同時に〕滅ぼし尽くす，と」。なぜなら神はうわべだけ罪のない人について語ってはいないが，それでも神はその人を不義なる者として滅ぼされない。このようにイザヤもまたここで本当に人が義しく，かつ，清いと理解する。なぜなら御霊は敬虔な人たちの霊におけるうわべだけの義，あるいはうわべだけの義人たちの姿について語っていないからである。この義は全く真実であるが，それでも不潔のようである。なぜなら彼らは不潔な者が受けるもののすべてを受けるからである。おそらく人々の前とわたしたちの良心においては罪がなくとも，正しい神の下では罪がないのではないからである。

7　聖書によるルターの主張の証明

この意味で詩編43編でも次のように言われている。そこでは過度の悪を最後まで耐え抜いた人たちは言う，「これらのことがすべて降りかかっても，あなたとの契約をむなしいものとせず，わたしたちの心はあなたを裏切らず，あなたの道をそれて歩もうとはしませんでした」(詩44・18-19）と。それはエレミヤ記48章で次のように言われていることである。「見なさい，〔神の怒りの〕杯を飲むようにとの判決が下っていなかった者たちでさえ飲まされているのに，お前が罰を受けずに済むというのか。お前は罪なしにとどまるべきでなく，また〔神の怒りの杯を〕飲まなければならない」(エレミヤ49・12)。どうして彼らに〔怒りの〕判決が下っていなかったのに，彼らはそれでもそれを飲んでいたのか。確かに彼らはその良心と神の前では〔罪を犯していなかった〕。それは主ご自身が彼には罪がないと証言されたヨブのようであった。それでも彼〔ヨブ〕は9章で全く別のことを言っている。もしそうでなければ正しい神は彼を破滅させはしなかったであろう。再びエレミヤ記31章で「わたしはお前を裁きにかけて懲らしめる。罰せずにおくことはない」(30・11）と神は言う。したがってわたしたちは皆，神が裁くときには，神の前に罪を犯している。〔確かに〕彼が怒るなら，わたしたちは滅びる。しかし神の憐れみがわたしたちを覆うと，わたしたちは，すべての被造物の前と同じく，神の前でも，罪がなく敬虔となる。これこそイザヤがここで言っていることである。

8　道徳的な義人と義を創造する人の違い

そこから知られうることは，「義を造り出す人」(イザヤ64・5）というのが，詩編14編に「義を生じさせる人」(詩15・2）とあるように，正しく行為する人を意味しない。そのような〔行為的な〕義をイザヤはここですべて不潔であると呼んでいる。そうではなくイザヤが「義を造り出す人」というのは，義を造り出す者（factor）つまり創始する者（auctor）を意味する。それは自分が生きている間に義が〔懐妊して〕誕生するためである。それはエレミヤが23章で「王が治め，賢明に振る舞われると，裁判と義を地に造り出すであろう」（23・5）と言っている通りである。また詩編118編に「わたしは正しい裁きを行う」（119・121）とある。なぜなら，そのような義を造り出す人たちがいるときは，繁栄した喜ばしい時代であるから。そうはいっても，この人たちは同時に義の実行者でなければならない。（W. 8. 68）またこの箇所の全体はこのことを嘆き，彼らが善い人たちで正しい人たちであれば，こうした怒りの日には神の怒りが静まり，抑えられるような義を打ち立てることができない。そうではなく彼らは不敬虔な人たちと一緒に滅ぼされ，彼らの義は何ら顧みられない。なぜなら神の怒りは彼らが何かを実現するのを許さないからである。

9 「怒り」の時代と「恩恵」の時代
——罪人に注がれる神の恩恵

「あなたは喜んでいる人たちを迎えてくださる。……」（イザヤ64・5）〔という言葉が今や正しく理解できるようになる〕。時代が喜ばしく，義が栄えているときには——そのとき確かにあなたの恩恵が支配している——あなたは慈悲深く，彼ら〔喜んでいる人たち〕を迎えてくださり，手を開いて彼らを受け入れてくださる。彼らがあなたの御名を呼び求めると，あなたは聞き届けてくださる。彼らはあなたを見上げて，あなたを見いだし，砂漠におけるモーセのようにあなたに寄りすがると，あなたはすべての者を思いやってくださる。それから，あなたの道に踏み入ると言われ，さらにあなたから注がれた恩恵のことを想起し，讃美し，感謝すると言われる。それに反し，今や，あなたの怒りが荒れ狂うようになり，悲しみの満ちた時代となると，わたしたちが罪人にほかならなくなると，あなたはわたしたちを迎えてくださらないし，あなたは見いだされなくなり，寄り縋われもしなくなる。また，たとえ善人たちと義人たちがいても，あなたを見上げ，あなたに寄りすがり，わたしたちのためにあなたの御名を呼び求める人は彼らのうちに一人もいない。その人は大胆にそうしようとしないから。ここではあなたの恩恵に対する讃美はなく，ただわたしたちの不幸を嘆くことしかない。また正義が繁栄していたときのように，他の人たちの諸々の罪も雪のように白くされる。そしてあなたは彼らの罪を罰しない，いやむしろ罪のない者として認定したもう。このようにあなたは正義が崩壊している怒りのときに，わたしたちのすべての義を汚れたものとみなし，それを他の人々の罪と一緒に罰し，悪とともに壊滅させ，わたしたちを自らの不義の手中に投げ捨て，恰もわたしたちがすべて不潔であるかのように，罪に値する者となるように導くのである。

　このように神の憐れみが取り去られると，わたしたちの不義が風のようにわたしたちを連れ去っていく。それに対してわたしたちの義のすべては何もなすことができない。激怒した君主について民衆の口は言う，「この問題について彼にだれも思い切って何も言わないし，そのために介入したりしない。決して息子たちも，妻も，友人らもしない……」と。こうしてすべての敬虔な人たちの義がことごとく恰も罪にして不潔であるかのように扱われるほど，神の怒りが大きいことが嘆かれる。こうしてだれもあえて神を呼び求めたり，神の心を和らげたりしないし，そうできなくなるであろう。だが，燃えるようなきわめて熱烈な祈りと比較すると，この不敬虔な人たちの冒瀆的な義についての見解はとても冷酷なものである。そうした祈りはかつて適切に祈ることができたなら，今日でも祈ることができる。そこには敬虔の人たちが多くいるが，反キリストの教皇が優勢であるため，彼は選ばれた人たちを〔悔い改めが課す〕償いの金の支払へと導くばかりか，過誤へも導く。またここには立ち上がって，信念を曲げず，惨めなわたしたちのために神の名を呼び求める者はいない。

このような解釈は明らかにそれに続く言葉とうまく適合しているようにわたしには思われる。だがラトムスのような人たちは，聖霊を信じて真剣に語っておらず，何かねつ造された義を申し立てると信じている点でまさしく間違っているように，わたしには思われる。だがラトムスは彼ら〔捕囚のユダヤ人たち〕がすでに不潔であったならば，彼らが不潔になることを嘆かなかったであろう。ここで彼は真正な義が問われていることを認める。問題点は義が汚れており，不潔となっていることである。なぜなら，そこに起こっていることは，真正な義にいつも起こっていることと違っているからである。そうではなく，その反対のことが起こっている。なぜなら彼らは，恵みのときにできないことが何もなかったのに，立ち上がって，憤怒の日に怒っている神を阻止できなかったからである。それゆえ〔神の〕憤怒と裁きの厳しさは，義しい人と一緒に義しくない人の生命をも滅ぼし，ただ〔神の〕憐れみのみが（W. 8. 69）救われる人を皆救うことになる。愛する読者よ，どうしてこの箇所が，その全体との関連において，言葉の本来的な意味において，意味の単純さと統一において，またルーヴァンのソフィストたちの厄介な不定見を用いないで，わたしに好意をもち，ゆるがずに立ち，わたしがこのようなスキッラ[9]の怒号をあざけっているか理解してくだ

9）　航海の難所での格言で「カリュビディスを避けて，わたしはスキッラに転落した」といわれる。エラスムス『格言選集』金子晴勇

さい。わたしは次のように主張する，〔覆っていた〕恩恵の雲が取り除かれると，善いわざはその本性において汚れており，赦しを与える憐れみによってのみ清いものとなり，称賛と名誉に値するようになる，と。

それゆえこの〔聖書の〕箇所は，わたしの見解を支持するばかりか，同時にこの教えの範例をも提示する。というのも赦しを与える恩恵を無視すると，わたしたちはイザヤが嘆いているのをここで聞くように，神は善いわざをこのように扱うからである。それでも彼らが本当に不純で悪くないなら，正しい裁判官は彼らをそのようには扱わないであろう。そのような事態からわたしたちは，いかに豊かに神の恩恵がわたしたちの上に注がれているかを，いかに〔恩恵を受けるに〕値しない者に神が好意を懐いているかを認識する。こうしてわたしたちは，心の奥底から感謝し，神の栄光と恩恵とから成るこの豊穣さを愛し，かつ，称賛する。わたしたちのソフィストたちは，論理的な帰結と特殊な状況を盾にとって，この神の礼拝と真理の知識を滅ぼすようにせきたてる。その間に彼らは，自分たちだけが聖書の解釈者であると自慢し，聖書を多くのちぎれた小片となし，曖昧模糊たるものに引き戻すことのほか何も行っていない。これでもって同時にラトムスがルターを愚かであると激しく非難する彼の偉そうな戯れ言に答えられる。〔というのも〕わたしがこの箇所をユダヤ人だけにではなく，すべての時代の聖徒たちに適応すると主張した〔からである〕。ここでイザヤがその時代に，また，その艱難なときにもっていたのと同じ霊は，ヨブにあったし，アブラハムにもあったし，アダムにもあったし，世の初めから終わりまで，その各々の時代において，また，各々の艱難において，今日に至るまでキリストのからだであるすべ

訳，知泉書館，50-55 頁参照。

ての構成員にある。それともパウロはことによるとコリントの信徒への第2の手紙で「わたしは信じた。それゆえわたしは語った」と語るべきではなかったのか。というのも，彼はダビデと同じ忘我の状態を経験し，同じ時間に居合わせてはいなかったからである。時代は変わり状況も〔社会〕組織も艱難も変化するが，同じ霊〔精神〕，同じ感覚，同じ食物，同じ飲み物がすべてのものにおいて，また，すべてを通して存続している。もしこのことが気に入らないなら，ルーヴァンの放火魔たちはダビデの詩編に火をつけ，ロイヒリンとルターに対する「俺たちの勝利」を〔勝手に〕祝うような新しい詩を創作するがよかろう。というのも古いダビデの詩編は，ユダヤ人が行ったことを述べており，それは現代のわたしたちに関係がないからである。目が見えないモグラども，あなたがたは行為にしたがって裁き，霊にしたがって判断しておらず，このように聖書の上っ面だけを観察している。その有様は荒野においてユダヤ人たちが天幕の入口に立ち，主の契約の〔箱が納められている〕幕屋に入っていくモーセの背中のほか何も見なかったのとよく似ている（出エジプト33・8参照）。

わたしたちは残っている問題を追跡しよう。

10　律法の義と信仰の義，福音と律法の区別（Ⅱコリント3・10以下の解釈）

この聖書の箇所〔イザヤ64・5以下〕は律法の義から理解することができない，それはむしろ〔人を〕得意がらせ，この箇所が呻いているように謙虚になって呻かないなら理解できないと，わたしが前に語ったとき[10]，ラトムス

10）『ライプチヒ討論の諸提題についてのルターの解答』（1519,

は，聖書本文が現世における解放を嘆願する，高慢なユダヤ人について扱っているがゆえに，わたしが間違った見解をねつ造していると主張するのである。（W. 8. 70）そして彼はこの〔わたしの〕虚偽を輝かしい権威でもって立証する。つまりこの箇所はこのような〔高慢な〕ユダヤ人について理解すべきだと考えている，ラトムスの見解でもって立証する。こういう仕方でこの人たちは，大胆にも自分の〔見解の〕上に〔すべてを〕立ち上げ，すべてを断罪する。そうすると聖霊がうぬぼれた人たちの仮面をつけていつの日にか高慢となり，神の前に尊大に語るようになるであろう。ついにラトムスは同じ無分別でもって，先行する〔イザヤ書の〕章も，同じくうぬぼれた人が高慢になって，「なにゆえあなたはわたしたちをあなたの道から迷い出させるのか。わたしたちはあなたが支配なさらなかったときと同じにかつてなってしまった」（イザヤ 63・17，19）と語っている，と大胆にも付け加える。だが，そのときでもイザヤは同じ文脈で，同じ霊〔精神〕で語っている。

さらに，わたしが律法からの義は当を得ていないと否定し，非難される律法の使用〔だけ〕を断罪したとき，ラトムスは再びどんなに聖書に通暁しているかを示した。彼はコリントの信徒への第2の手紙3章（10節）「かつて栄光を与えられたものも，この場合，はるかに優れた栄光のために，栄光が失われている」を導入する。それから彼はわたしがあのエゼキエル19章〔20・25〕「わたしは良くない掟を与えた」を見過ごしたと考える。もし彼がこのように言葉を交わしてわたしと交渉するなら，わたしは彼が冗談を言っていると，もし彼が善人であれば，わたしをあざけっていると，あるいは彼が悪人であれば，云々と考えるであろう。それでも他の人たちのことを考慮して，わたし

WA 2, 411, 14-16）を参照。

は少しだけ〔わたしの考えを〕述べてみたい。多くの人たちは，パウロが上記の箇所で，無効となった儀式的な義を論じていると確信している。だが，そのさいパウロは実際は律法の全体について語っており，律法と恩恵を相互に比較しているのであって，律法と律法とを比較してはいない。この誤りは〔多くのひとたちが〕福音を律法の教えと考えることから起こる。

宣教の二つの任務，律法と福音を説く任務

簡潔に言うと，宣教の任務は二つあって，一つは文字に仕える任務であり，もう一つは霊に仕える任務である。文字は律法であり，霊は恩恵である。前者は古い契約に属し，後者は新しい契約に属する。律法の〔光彩陸離たる〕輝き[11)]は罪を認識させることであり，霊の輝きは恩恵を啓示し，かつ，認識させること，つまり信仰させることである。したがって律法は義としない，実際，人間の弱さのゆえにそれ〔律法〕を担いえないので，今日に至るまでタボルの山にて恩恵はそれでもって覆われ〔ぼんやりとし〕ている（マタイ 17・1-7 参照）。なぜなら恩恵によって助けられないと，だれも律法の暴力に耐えることができないからである。モーセがその顔を覆ったのはこの理由である（Ⅱコリント 3・13）。このためにユダヤ人たちは今日に至るまで律法を理解していない。なぜなら彼らは自分自身の義を立てようと求め，それが罪となり，神の義に服するようになるのを欲しないからである。というのも律法の輝き〔が明らかにすること〕は，彼がローマの信徒への手紙 3 章〔9 節〕で「すべての人は罪の下にある」と語っているように，すべての人を罪人となすことであるから。同様に律法は罪の力であって，怒りをもたらし，殺すが，御霊は

11） claritas の訳語

生かす。それゆえエゼキエルが言っていること「わたしは彼らに良くない掟と，それによっては生きることができない裁きを与えた」（エゼキエル 20・25）はすべての律法に属しており，このパウロの言葉「かつて栄光を与えられたものも，この場合，栄光が失われている」（Ⅱコリント 3・10）と同じように，単なる儀式には属さないで，同じ律法の全体に属している。なぜならパウロがローマの信徒への手紙7章で語っているように，律法の全体は聖なるもの，義しく，善であったが，わたしたちにとっては善であるものがわたしたちの悪徳のゆえに善であることができないし，わたしたちを生かさないで，殺すからである。というのも最高善である神ご自身も不敬虔の者にとっては善ではなく，ホセアが5章（12, 14）で「わたしはエフライムに対しては食い尽くす虫となり，ユダの家には骨の腐れとなる。わたしはエフライムに対して獅子となり，ユダの家には若獅子となる」と語っているように，最高の身震いと苦しみであるからである。

聖書知識の欠陥，律法と福音の正しい認識

（W. 8. 71）それゆえわたしたちの教師らの誤りは，彼らが聖書の知識に関して全く何も知っていないということである。つまり，律法が何であるか，恩恵が何であるか，儀式に属するものが何であるか，律法に属するものは何であるかを知っていない。またそれゆえに彼らはすべてをそのように混ぜ合わせ，あることの代わりに他のことを求める。それゆえわたしは主張する。十戒の律法がもし守られるなら，つまりあなたが律法の完成であり義である信仰をもっているなら，それは善であり，その反対に，もしあなたがそれを守らないなら，つまり信仰をもっていないなら，あなたがかの（律法の）わざをどんなに行っても，それはあなたにとって死と怒りであり，また善ではない。と

いうのもそれは律法の義，十戒の義でも不潔であって，キリストによって廃止されているからである。それどころか，それは他ならない儀式の義として廃止されている。確かにそれは厳密にはモーセの顔を覆っていたものであって，これは信仰の功業によって取り除かれる（Ⅱコリント3・14参照）。このようにもしあなたが信仰によって儀式の律法を守れば，それは善いものであるが，あなたはそれを行為によってではなく，信仰によって守るのである。つまり義は行為にあるのではなく，信仰にあることをあなたが知るためにそれを行えば，善いものである。その反対にもしあなたが信仰なしにそれを守るなら，それは善いものではなく，死と怒りをもたらす。それはあなたがそれを守らなかったときとまさに同じである。したがって律法の全体は殺す文字であるが，生命を与える霊はキリストに対する信仰に与えられる恩恵であることが明らかである（同上3・6）。

それゆえ神は適切にも次のように語っている。すなわち神はモーセを通してユダヤ人たちに信仰の律法〔法則〕ではなく，〔書かれた〕文字の律法を授けたのであるから，良くなく，かつ，生かすことがない掟〔成文法〕を与えたのだ，と[12)]。なぜなら，そのような掟は人を善くすることも生かすこともできないから。しかし恩恵は生命の法則であって，人々を善人にも，生ける者とも，義人ともなしている。こうしてパウロは新しい契約に仕える者たちが恩恵に仕える者たちであって，律法に仕える者たちではないことを欲している。というのも彼らの務めがモーセの務め（それはもう過ぎ去った）ではなく，キリストの務め，つま

12）それは「わたしは彼らに良くない掟と，それによっては生きることができない裁きを与えた」（エゼキエル20・25）ということを指している。

り恩恵の輝きを説教することであるから。また，わたしはわたしたちの教師たちから，エゼキエルとパウロのコリントの信徒への第2の手紙第3章が儀式的な律法について語っている点を，どこから彼らが知ったのかを学びたい。彼らはただ彼ら自身の頭〔で考えたこと〕，もしくは人間の証言から申し立ててはいないだろうか。このようにこの汚れた豚[13)]どもは突進していって，聖書の言葉を何の考慮もしないで受け入れ，その中で何でも自分の欲するように理解し，それにもかかわらず自分らの武器がまがい物であるか，それとも本物であるかを吟味する前に，信仰のために大胆にも戦おうとする。

11　イザヤ書第64章の解釈に対する結語

しかし，わたしがあのイザヤの言葉「わたしたちの義はすべて」と「わたしたちは皆汚れている」をイザヤが「すべて」とか「わたしたち」とか「ことごとく」とか「皆」と語るがゆえに，その普遍的な意味を熱心に追究するように扱ったところで，このもっとも機知に富んだ論理学者は次のように語って議論をわたしに吹きかけてくる。すなわち，イザヤは「すべて」ではなく，「わたしたちはすべて」と語り，「義はことごとく」ではなく「わたしたちの義」と語っていて，彼〔イザヤ〕はそれを不敬虔なユダヤ人たちに適合させようとしており，信じる者たちやすべての人に適合させようとはしていない，と。このことはラトムスの不明確な意見にもとづいていることがすでに十分に反駁された。だがそれに対してわたしは，その言葉が信じる者たちのすべてに，またその人たちの最善の人たちに適合す

13)　本書122頁と同頁の注8を参照。

ることを立証しておいた。だがこんなにも裕福な神学者はそれとは別の言い逃れを行っている。彼は言う，「そうであっても彼〔預言者〕は，単純に〈義はすべて〉と〈皆汚れている〉と言っただけなのであって，その場合，この個所は何らかの部分に関係させられるべきである」と。彼は再びその誇張法や〔一部で全体を表す〕代喩法をここで守護聖人として呼び出す。あなたが彼に「ここにはそのような比喩的な表現があって，〔言葉を〕そのように関連させなければならないのか」と言うと，彼は「なぜなら（前に示したように）聖書の他の箇所でもそのようになっているのが見いだされるから」，たとえば「すべての頭はさえない」（イザヤ1・5）からと答える。そのときラトムスが教師になると，（W. 8. 72）すべての人にとって聖書を自分の意志で〔好きなように〕修辞的に飾り，欺くことは自由であるということを，あなたは再び見いだすであろう。そしてこのことがルーヴァンでは聖書の証言を学問的に考慮する，確実に教える，また異端者たちを適切に征服すると呼ばれるのだ[14)]。というのも，このような学識でもってわたしは自分でもこのイザヤ書のこの引用箇所がただ一人の不敬虔なユダヤ人を意味することを容易に弁護できるからである。わたしはまたこの箇所から，彼ら〔ユダヤ人〕の義が不潔であると見なすことも，この箇所を彼らに当てはめることもができないように，ラトムスを制止するであろう。それはこういう仕方で行われる。もし彼〔ラトムス〕が「あなたがたの義はすべて汚れている」と言ったとしたら，わたしは「すべての頭はさえない」と同じように，これは修辞的な表現のゆえに少数のものに制限されなければならないと答えるであろう。それに対しその少数の者を，それも仮に二人とすると，わたしたちも彼らに言う，「あ

14)　本書144と157-158頁以下参照。

なたがたの義はすべて汚れている」と。しかし，彼らは言うであろう，「そうではない。それは修辞的な表現であって，そこでは全体が部分を表しているのだ」と。読者よ，あなたがたにはこれはお美事な神学的思索であるように思われないですか。聖書の中にある比喩によって戦うだけではラトムスには満足がえられるので，わたしが思うに，彼はかつてある処女が出産したと読んだので，ある個所でこのように起こったことを示すことができるのにすっかり満足して，自分が欲するたびごとに〔どこにおいても〕，彼は処女を母にするであろう。

それゆえ見たまえ，ソフィストたちの努力と習慣がこのようであることを。彼らがすることは，すべて変わりやすく，首尾一貫していない以外の何ものでもない。彼らのあの教皇教書の言葉「神の戒めは実現することが不可能であると言う者は破門される」を彼らは言葉通りにとても厳格に，かつ，頑なにまで主張するので，敬虔な〔だが説明を要する〕難しい語彙の一音節をも捨てることを全く許さないで，それに反対して何かを変えようとすると，全世界〔の者たち〕を異端者とみなすのである。どうしてこうなるのか。彼らの言動が人間からとってきた全く人間的な言葉だからである。しかし，あなたが彼らに対する反論として聖書を持ちだすとき，あるときはいつまでも続く口実でもって溢れさせ，またあるときは彼らが考えることができるものが何もなくとも，否それどころかそれを直ちに信仰箇条となすが，それでも彼らは何か単純で，不変的で，同一のものを考えているわけではない。もし今日キリストが天から「ルターの見解は真理である」と叫んでも，正しい道に帰ることを強いられないように彼らは真理についての何らかの規定を見つけ出すことであろう，とわたしは信じている。だが，わたしの読者よ，あなたはこのようにさまよう眼こそ〔よこしまな道に逸れる〕姦淫する婦人であることの証拠として理解するように用いなさい。また，わたしたちの教師たちの間には単純な真理に対する研究はなくて，あるのは雑多で気まぐれな遊びと揶揄だけなのである。もしわたしがこのように諸々の仮定・比喩・差異に苦労しなければならないなら，わたしはキリスト教徒でありたくない。というのも，わたしたちはこのような嵐と洪水の中でどうしたら確かな真理を見いだす希望がもてるであろうか。そのときにはいったい何が残っていようか。確かにラトムスはこの箇所が比喩であることを立証できないのであるから，彼は比喩なしにその単純にして固有な意味における〔字義的な〕信憑性を，つまり神の恩恵がないなら，すべての人の義はことごとく汚れており，すべての人は不潔であることを，認めるように強制されるであろう。

（W. 8. 73）

第２章 B
ラトムスが批判する他の聖書箇所，コヘレト 7・20：「善を行って罪を犯さない善人はこの地上にはいない」

1　ラトムスの批判，ルターの解釈では聖人の栄誉が攻撃されている。

ラトムスは攻撃をしかけ，ついに聖人たちの栄誉に嫌疑をかけるのをやめるようわたしを脅す。なぜなら聖人たちの栄誉は彼にとっては彼らの罪のないわざなのであるから。一体どうして聖人たちは詩編 3 編（4 節）：「あなたはわたしの栄誉です」と，つまりあなたはわたしの善い，罪のないわざなのであると言うのか。また詩編 88 編（89・17）：「あなたは力の輝き〔栄誉〕です」，つまりあなたは彼らの罪のない善いわざ〔の作者なの〕であるとあるのは，明らかにわたしたちが自分自身のために神々を作ることである。それは出エジプト記 32 章で「わたしたちに神々を造ってください」と彼らが語っていた通りである。それは本来的には善いわざについて語っており，このわざによってこの聖なるラトムス主義者たちが自らを誇るためなのである。それはイザヤ書 3 章（2・8）「彼らはその指で作った手のわざを崇拝した」と一致する。というのも神の聖人たちは神の前で自分たちのわざに狼狽させられ，ただ神を誇るようになるからである。それはエレミヤが9章（23節）で「力ある者は自分の力を誇らない」と言う通りである。またパウロもコリントの信徒への第1の手紙10章（1・31）で「誇る者は主を誇れ」と言う通りである。しかし前にも述べたようにわたしたちの教師たちは節度を欠いた知恵でもって彼らの心の思いが啓示されるように語っている。〔そうは言っても〕彼らの敬虔についての考えは，預言者たちと使徒の理解を超えている。なぜならラトムスが信仰とわざについてその心で考えていることは，心に満ちるものを語る口が十分に証明しているからである。ここでは本性のほうが技術に勝っており，それを偽って隠すことはできない。

2　コヘレトの言葉と列王記上第8章46節との比較

このもっとも学識のある証言の計量者〔聖書の証言の重要さを測る人ラトムス〕はテキストの帰結，状況，（彼が言う）語りの道筋をここでは顧みなかった。というのも彼は危険を感じたので，他の諸々の説明に，その上自己流に聖書の他の箇所に逃げたからである。わたしとしてはそれもやむを得ないと思うが，もしわたしがこの一つの〔証明する〕箇所しかもっていないとしても，それでもわたしは自分の見解をそれに依拠させる。なぜなら，わたしがそれを納得するまで〔完全に〕論破できるものが全くないからである。ラトムスもできないし，その他のだれもできない，とわたしは思う。この箇所はこの方向にある明瞭な言葉に従うと思われたので，そこには他の意味がわたしたちによって見いだされえなかったので，御霊がもっとよいものを与えてくださるまで，わたしはそれを明瞭で誤りのないものと結びつけた[1]。わたしはラトムスが頼みとするこの種の注釈によってしばしば愚弄されたが，いつも激しくそれに抗議しながら，また徹底的な合意によってわたしが挙げた他の箇所と一致させながら，どこまでもしつこく〔自説を〕主張した。というのもラトムスは何ら新しいものを提示できないのに，ルターがそれを何も捉えていないと信じているから。またこの確信は彼が〔ルター批判を〕書くようにきっと強いたであろう。

〔コヘレトが言う〕「善を行って罪を犯さない善人はこの地上にはいない」という表現は列王記上8章（46節）の「罪を犯さない者は一人もいません」と同じであると言うことができる。しかし列王記では端的に「人」と，また端的に「罪を犯さない」と語っているのに，わたしたちのテキスト〔コヘレト7・20〕では「人間」と「義人」，「善をなす」と「罪を犯さない」を結びつけている。そこでラトムスは，何よりも先に追求すると約束したのに，〔テキストの〕関連と状況から逃げ出している。だが，わたしはそれら〔の関連と状況〕を観察し，それらに密着しており，「人間」と「義人」（W. 8. 73）とは同じである，「罪を犯し善をなす」と「罪を犯さない」とは同じであると主張するのは，わたしの理解するところではない。そしてラトムスがこのわたしの見解を弁護する者として振る舞いながら，聖書では「人」という言葉がいつも悪い意味で「罪人」の代わりに使われると——たとえば創世記の6章（3節）と8章（21節）では「わたしの霊は人の中に永久にとどまらない。人は肉に過ぎないから」と，パウロも「あなたがたはただの人に過ぎない」（Ⅰコリント3・4），「わたしは人

1）　不明瞭な聖書箇所は同じことを明瞭に語っている聖書の他の箇所から説明することが当時なされていた。たとえばエラスムス『新約聖書の序文』金子晴勇訳『エラスムス著作集』教文館，所収，256頁を参照。

間として語る」（ローマ3・5），「人間の日」（Ⅰコリント4・3）と，さらに詩編81（82・7）「あなたたちも人間として死ぬ」など――，それをわたしに反論として持ちだそうとしたとき，彼はわたしを窮地に追い込んだことをわたしは確かに認める。

3　聖書本文の言語的考察

したがってわたしたちはこの箇所を，もっと強力な聖書的な根拠でもって反駁すべきである。そのさい聖書が他の多くの意味と同じくこの意味をとっている場合には，このような意味をこの箇所はもっていないとか，それを避けねばならないとか言うべきであるというのは，一つの証言であっても，第二と第三の証言がそれと一致するときには，言葉はその表現で成立するからである。それゆえ，わたしがその問題の解き方を知らないときには，それを解き明かす義務から解放される。〔そして〕とりわけもっと明瞭な証言で補われている場合には，わたしはそれをやめる〔のは当然のことである〕。それも霊が，「人間」と「義人」が同じであり，「善をなして罪を犯さない」と「罪を犯さない」とが同じであることを啓示するまではそうする。その間にわたしはその言葉が何を言っているかを探求し，（前に述べたように）それを支持しないで，その〔ように語っている〕箇所が〔聖書では〕唯一の場合には，疑わしい状態のままにしておく。しかしながら，この箇所だけが聖書全体の中で唯一そのように語っているなら，この意味を否定するよりも肯定するほうがいっそう安全である。自分の善いわざが神の前に役立たず，罪深く，無であると告発し，ヨブと一緒に〔神を〕畏れるならば[2)]，だれもこの点で罪を犯さない。その人が神の前にただ一つのわざだけを自慢し，それを称賛するならば，それは危険であるし，確かに不敬虔である。この説明は，引用箇所がラトムスの欲していることを，そのように思わせるとしても，この意味を喜んで採用するように余儀なくさせる。今や，ラトムスが明瞭な言葉でもって〔この意味をとるように〕方向を変えさせるので，それには何か隠された意味があるかもしれないということがただ心配なので，またその意味が全く隠されているのでも，全く明瞭でもないため，いずれにせよ敬虔な意味のほうが強力であるとすべきか，それとも〔わたしのゆえに〕不敬虔なものとして無意味とすべきである。それに加えてここでは，ヘブライ語によると「善を行う者」は善いわざの創始者を意味し，その善は単にその人に関わるだけではなく，他者の助けとなる効果的な善を意味することが明らかになる。それでも，このような人は罪を犯すと言われる。そうすると，ますます容易に〔聖書は単なる〕善の実行者をむしろ罪人にしていることになろう。だが，もしわたしのわずかなヘブライ〔の知識〕に信頼してくださるなら，ヘブライ語にはこの意味があると主張したい。なぜなら「善を行って罪を犯さない善人はこの地上にはいないから」と言われるからである。「善人はこの地上にはいない」という部分はラトムスが列王記から引き出した「罪を犯さない人はいない」を確かに肯定している。それどころか，もっと〔明瞭に〕そう言っていることは明らかである。次にそれに続く部分は，そのような人でも善を行いながら罪を犯す，と説明する。というのもヘブライ人たちは，この種の表現では接続詞〔そして〕は〔一般に〕余分なものであることを知っているからである。た

2)　ヨブ記9・28のウルガタ訳ラテン語はこうなっている。

とえば創世記17章（14節）には「無割礼の男がいたら，〔そして〕その人は民の間から断たれる」，あるいは出エジプト記13章（12・15）には「酵母入りのパンを食べた者は，〔そして〕すべてイスラエルの間から断たれる」とある通りである。同じようにここに「善を行って〔そして〕罪を犯さない人」というのは「善を行うとき罪を犯さない人」の代わりに使われている。

4 関連する聖書本文の扱い方

しかしラトムスはまだテキストの関連がしきりに促す問題を説明していない。わたしはソロモンが「義人」に「善を行って罪を犯さない」という規定を，（W. 8. 75）何か善を行わないような義人がその他にあるかのように，付け加えることは余計なことに思われると示唆しておいた[3)]。というのも彼〔ラトムス〕は「失敗したり，罪を犯したり」することでもってわたしをもてあそんでいるが，それはわたしを動じさせたりしない。なぜなら，わたしはベーダやその他の人が言っていることではなく，彼らが言うべきであることを問題にしているからである[4)]。神の聖書においては，単に何がそこに語られているかだけでなく，誰がそれを語っているかにも注意しなければならない。すでに言及された列王記上8章（46節）から引用した他の箇所も彼には何も役立っていない。なぜならこの箇所が彼の見解

3）『ライプチヒ討論の諸提題についてのルターの解答』(1519, WA 2, 412, 3-5) を参照。

4）ラトムスは箴言24・16を引用して，ベーダ Bede（673-735, イギリスの神学者）に訴えていた。ベーダはこの箇所を義人が現世で避けることができない日々の罪といった些細なことに関わっていると説明していた。

と一致し，わたしに反対していることが最初に立証されなければならなかったから。出典箇所を並べることが彼の課題ではなく，それらを〔対比して〕論駁すべきであった。もしそうしないとしたら，彼はどうして「初めに神は天と地を創造された」という箇所をも引用しなかったのか。また，わたしたちは〔論証するために〕一致する箇所と〔論駁するために〕反対の箇所とを何度〔も繰り返して〕彼に言わねばならないのか，とわたしは尋ねたい。それはちょうど，わたしが並行していたり，類似した箇所を並べて立てないで，〔ただ彼の見解と〕対立する箇所を立てたように。わたしは「他の箇所ではそのように言われている」というのを〔もう〕聞きたくなく，〔もし彼が言ってくれるなら〕「他の箇所では反対のことが明瞭に語られている」ということを聞きたいのだ。「そのようなことが言われうる」と彼が語るのをやめさせ，「例外なくそのように言われねばならない」と彼に語らせなさい。教皇教書によって承認された人たちが判断したり，断罪したり，焼却したのであるから，このように彼はなすべきであって，単にそう言われうることに依存していて，そのように言われなければならないことを示さないのは，彼にとってもっとも恥ずべきことである。このように疑わしい根拠の上にそんなにも確かな見解を立て，それを実施し，確証しているように，彼らが自分自身〔の本性〕を暴露するなら，世界はそれを何と考えるであろうか。また，彼が〔その討論で〕釈明をなし，真理のために戦うべきときに公衆の面前で狼狽するなら，また嘲ったり言い逃ればかりしていて，熱心に教えたり弁護したりして書かなかったとしたなら，そのとき誰もラトムスを真理の擁護者であると保証などしないであろう。このことは，つまり余りにも粗雑に詭弁を弄することであって，全世界の才知と洞察力を攻撃することを意味する。〔いずれにせよ〕わたしは自分の命題がそのように主張され「得ること」を欲しているのではなく，そのように主張される「べき」ではないものは何でも，立ち去らせ，〔未解決の問題として〕討論にわたす。わたしの命題が説得力がないことをラトムスが証明したとしても，それでも，それだけでは，どうして彼ら〔ルーヴァンのソフィストたち〕がわたしを断罪し，わたしの命題を恰も説得力がなく，提示すべきではないかのように，焼却したかを釈明すべき人たちにとっては〔真に〕不十分である。キリストを扱う論題を引き受けながら，あなたがすぐに他の歌曲をとりあげ，トロイの〔勇将〕ヘクトールを歌うとは，何という軽薄さ，また何という愚かさであろうか。

5　論理学を学習する必要

その中でもラトムスは論理学的な詭弁を弄して，ルターが全く非論理的であって，論理学を知らない人のようにルターに対して無駄口をたたく。彼は言う。

> 「善をなし，罪を犯さない義人はいない。それゆえ一つの同じ行為によって彼は善をなし，罪を犯す」という推論は，「生きていて死を見ないような人はいない。それゆえ彼は生きていて〔同時に〕死んでいる」と推論することに他ならない。あるいは，もしだれかが「目覚めていて〔同時に〕眠っている人はいない」と言うとき，あなたはそこから「彼は目覚めていて同時に眠っている」と推論しようとする。また，同じように，生きていて食べない人はいない，それゆえに生きているかぎり彼はいつでも食べると言うようなもので

ある[5]。

ここまでがラトムスの言葉である。一日だけ論理学について聴講したことのあるラトムスの生徒たちの一人を前に据えて，その教師〔ラトムス〕の腕前を調べてみたいので，その一人の生徒を与えてくださるようにお願いしたい。少年よ答えなさい，アリストテレスでは第一の初歩的な知識となっているように，ある不可能な前提からその都度何か任意のものが帰結されるとき，その推論の帰結はすべて最善であるのか。（W. 8. 76）たとえば，「ある不可能な前提から何でも帰結する」という規則にしたがって，3＋2＝8である，そうすると悪魔は神である，という推論は正しいのか。そうは言っても前件が真理であったときにのみ，帰結も真理となるであろう。したがって「生きていて死を見ない人はいない〔前件〕がゆえに，人は〔帰結〕生きていて同時に死んでいる」と推論することは適切ではない。この場合，生きている人は死を見ないがゆえに，前件が〔成立するのが〕不可能であるし，またこうして同じ前件からその反対の結論，すなわち「それゆえ人は生きていて同時に死んでいない」が帰結する。そのように「目覚めていて眠っていない人はない。それゆえ人は目覚めていて同時に眠っている」というのは正しい推論であろうか。〔それは正しい推論ではない〕なぜなら，ここでもまた〔対置された前提から〕反対の結論，すなわち「それゆえ人は目覚めていて同時に眠っていない」が帰結するからである。というのも人が目覚めているとき眠ることができないがゆえに，前提〔の成り立つこと〕が不可能であるからである。またその逆も真である。同様に「生きてい

5）　ラトムスの著作の8枚目からの引用。この文の最後の一文はラトムスの著作には見あたらない（ワイマル版の注）。

て食べない人はいない。それゆえに人は生きているときはいつでも食べるし，また食べない。彼は存在するし，存在しない等々——あなたが欲するすべてをここに採り入れることができよう」という推論は妥当しないではないか。したがって，あなたの先生〔ラトムス〕はこのような推論の仕方をどうして否定し，かつ，非難するのか。彼は真剣な問題でこんなにもふざけるのか。それとも教皇勅書は何かこのように顕著な行為を是認しているのだろうか。それゆえ，読者よ，見たまえ，ソフィスト的な嫉妬がこのような幼稚な学習の初歩も，一般の常識さえも，把握できないほどに目を見えなくしていることを。

6　二重の非難が反対者に妥当する

しかしラトムスの弟子たちのある者は「わたしたちの卓越した先生方は〔本当は〕次のことを言おうとしていたのです，すなわち，生きていて将来いつか死を見ないような人はいない。また目覚めていて将来いつか眠らないであろう人がいない，というのは彼が目覚めているのとは違ったときのことである。また生きていて将来いつか食べない人はいないとは彼の生涯のすべてのときのことではない。このように理解された前提からは，彼は生きていて同時に死んでいる，目覚めていて同時に眠っている，生きていて同時に食べているとの結論は出てこない」と言うかもしれない。わたしはこのような健全な説明に感謝したい。しかしこのことはわたしたちの卓越した先生方を一つの愚かさから解放しても，二重の愚かさに陥らせている。

a)　文法に対する無知

第一の愚かさは彼ら〔ラトムスに弟子たち〕が文法を知

らないで，将来の出来事を現在的に表現することで，現在と将来の動詞の時制を区別することを知らないことである。それでも彼らは同時に多くの副詞を省略する。これは恐らく前に言語の知識を誹謗したことに対する罰である。こうして彼らは今やラトムスがその著述『対話』で言っているように，アリストテレスによるとすべての人において共通に見いだされる魂のあの性質〔感受機能〕[6]を取り出すことができず，欲したことを言葉に表せない。こうしてわたしは「(詩編〔89・48〕にあるように)，生きていて死を見ないであろう人はいない」とか「将来いつか死を見ないから，それゆえ人は生きていて同時に死んでいる」と推論することは完全に間違っていることを認める。同様に「目覚めていて，将来いつか眠らない人はいない，それゆえ彼は目覚めていて同時に眠っている」ことも完全に間違った推論である。また「生きていて将来いつか食べない人はいない。それゆえに，彼は生きているかぎり，〔いつも〕食べる」と推論できない。だか，彼らは誰に反対してこれらの馬鹿げた推論をもって攻撃しているのか。ルターは何か「善をなし，将来いつか罪を犯さない人は地上にはいない。それゆえ彼は善をなし，同時に罪を犯す」と語っていたのであろうか。誰がこの副詞「将来いつか」をわたしに押しつけるのか。誰がソロモン〔のテキスト〕にそれを大胆にも付け加えるであろうか。

b)　論点先取の誤謬

またわたしたちの教師たちのもう一つの愚かさは，(W. 8. 77) 彼らはそれでもっていつも誤ってしまうもので，

---

6) 「あの性質〔感受機能〕」(passiones) は感受したものに反応する言語機能を言い表しているように思われる。この点についてはカッシーラー『人間』宮城音弥訳，岩波文庫，63-64頁参照。

〔前もって証明しておかなければならないことを証明の根拠とする〕「論点先取の誤謬」(petitio principii) と呼ばれる。ラトムスはこの誤謬を頻繁に犯すので，繰り返しこの人に〔この誤謬について〕警告することをわたしは煩わしいとは感じないであろう。ことによると彼はこの論争からとにかく論理学の規則を少しは学ぶことができるであろうから。わたしは主張する，ラトムスはソロモンが副詞「将来いつか」を挿入したことを証明しなければならない，と。それ〔この副詞〕でもって善いわざを除くことになり，悪いわざに罪が限定される。それでも彼はそれが恰も証明されたかのように捉えて，〔わたしたちによって〕否定されたものを，まさにこの否定されたものによって証明する。それは全く転倒したことである。

7 罪は人間の本質に関わる

この転倒がなかったとしても，それでもラトムスは対象〔あるいは概念〕を自分自身〔つまりその本質〕から，本質に付随する〔偶然的な〕ことに関しても規定する叙述の仕方に失敗している。なぜなら，罪は（それはわたしたちの教師たちの髪の毛がすべて驚いて逆立つことだが）ちょうど笑う能力が人間に内属しているように，わたしたちが生きるかぎり，本質的にわたしたちの善いわざに付着している，とわたしは考えていたが，今や〔はっきりと〕そう主張する（わたしはアリストテレスの仕方で語っており，今日までアリストテレスでは本質と本質に付属する属性とが何であるかを知らないような詭弁家たちの仕方では語っていない)。それに反し食事，眠り，死は偶然的な賓辞にしたがって人間のなかにある。したがって人間はいつも笑うことができる，それゆえいつも笑っている，ということにならないように，人間は生きている，それゆえにいつも目覚めている，食べている，死んでいるということにはならない。ところが次のことはそうなる。人間は生きている，それゆえに笑うことができるし，食べることができるし，眠ることができるし，死ぬことができる。こうして人間は善をなすことができる，それゆえ罪を犯す，なぜならソロモン〔の言葉（コヘレト7・20)〕から推論できるように，善を行っている人は主部（subjectum= 主語・基体）であって，罪をその本質的な属性としてもっているからである。それゆえわたしはそのような本質的属性からラトムスよりももっと優れた結論を引き出すように競うであろう。また真実にして必要な事例をもってわたしの必然的な結論を裏付けるであろう。こういう仕方で次のことも正確に推論される，すなわち聖書を扱ってその文章を曲解しない，また真理を誹謗しないようなルーヴァンのソフィストたちはいない，それゆえ彼は同一の著作において聖書を扱い，それを誤り伝える，と。というのも時折聖書を講解し，それをゆがめ，かつ，誤り伝えることが彼らの特質であるからである。こうして次のように正しく推論される，すなわち説教していてその中で自分の作り話や夢想を語らない神学教師はルーヴァンにはいない，それゆえ説教されるごとに，作り話がなされる，と。このようになるのは，神学教師どもが神の言葉を説教しても，神の言葉の代わりに自分の作り話を教えるのが彼らの独自性なのであるから。同様にミサを執行し，そのさい偶像を崇めないような偽善者はルーヴァンにはいない，それゆえ彼はミサを執行するごとに，偶像を崇めている。というのも，これらの前件はすべて必要にして，本質的であるからであって，彼らは他の仕方では振る舞えないからである。よい読者よ，わたしの悪ふざけをお赦しください，そしてそれをラトムスの責任に帰してください。彼はこのような真理の重要問題を冗談でもって中傷することを恐れていない。わたしはこのような冗談を看過したかったが，誇示と教皇勅書を思い出して，単純な人たちがこのがらくた〔悲惨な歌〕を何か好ましいと信じるかもしれないと恐ろしくなった。そしてもしそれを信じるなら，彼ら〔単純な人たち〕はわたしの見解を信じられない愚かさに移してしまうであろう。それゆえにラトムスにはふさわしい返答がなされるべきである。彼は教皇が承認し，主の畑の忠実な耕作者と呼ぶ人たちの一人のようである。ところが彼はこの人たちに賛成するからではなく，わたしに嫌疑のみを向けており，それでもそれについて得意になっている。

8 ヒエロニュムス批判

(W. 8. 78) しかしラトムスは次のように教えているヒエロニュムスを追加する[7)]。すなわち「人間が罪を犯さない」ということは彼がいつも罪から自由ではない，つまりそれは神の意志のすべてを行っても，それでも時折は罪を犯した（列王上15・5参照）とダビデについて語られているように，善を行っている善人は罪を犯さない人ではなく，人はいつか罪を犯すというように理解されるべきである。ラトムスはここに再び「人はそのように言うことができる」という自分の主張を持ちだしてくるが，このように言われるべきであるとは教えない。わたしはお尋ねしたい，聖徒たちもときおり罪を犯すことを誰が疑うであろうか，と。だがソロモンの見解が目の前にある言葉〔つまり「人はそのように言うことができる」〕と同じであることをラトム

---

7) ヒエロニュムス『ペラギウス派を駁論する対話』3・4。ミーニュ編『ラテン教父著作集』第23巻，599-600頁。

スは証明しなければならなかった。それからこの箇所における第二の欠陥は彼が類似の場面から論じていることである。第三の欠陥は比喩が先だって証明されていないので，論点先取の誤謬を犯していることである。わたしは彼が引用したヒエロニュムスの見解をしかたなく容認しよう。だがソロモンの見解がそれと似ており，また同じであることをわたしは否定する。あなたはどうしますか。またわたしはラトムスに再度「ラトムスよ，あなたは聞いていますか」と自分の声をあげるであろう。あなたが採用している討論の根拠は「善いわざは罪ではない」ということである。そしてあなたはこの見解：「善いわざは罪である」を反駁しなければならないのであって，あの見解：「聖徒たちもいつか罪を犯す」を証明することではないし，あの見解：「聖徒は決して罪を犯さない」を反駁することではない。これらの見解については誰もあなたと論争などしていない。すでにヒエロニュムスはこの引用された箇所でソロモンのこの箇所（コヘレト7・20）のことを確かに考えていないのだから，それはラトムスがそこから引き出した意味をもっている点を証明しているなどということは全く誤っている。ヒエロニュムスが「聖徒たちはいつか罪を犯すので，いつも罪がないわけではない」と言う，それゆえソロモンが「善を行って罪を犯さない善人はこの地上にはいない」（コヘレト同上）と言うときと，同じことを言おうとしている，と結論することは全く馬鹿げている。どうしてあなたはまた，パウロは「処女は結婚しても罪を犯さない」（1コリ7・28），それゆえそれは，ペトロが「兄弟よ，身を慎んで目を覚ましていなさい」（1ペト・5・8）と言うのと同じである，と言わないのか。あなたは結論を引き出しても，それを証明していない。次にあなたは自分の権威にもとづいて世界があなたを信じ，何ら証拠もないのにあなたに譲るべきだと考えて，一つの出典箇所の意味を他の箇所へと押し込もうと欲する。あなたは自分が欲するだけ多くの出典箇所を集めなさい。だがそれらが，あなたがそうありたいと願っているように，同じ意味をもっていることを証明するのを忘れてはならない。というのもこれこそ，ラトムスよ，あなたが取りかかった仕事であり，あなたが〔その証明を〕行わないとしたら，あなたは何もしなかったことになろう。しかしわたしの見解とわたしのソロモンとは堅く存立しており，あなたがたは〔それに火を付ける〕放火犯となり，瀆神者として有罪を宣告されるであろう。

しかしヒエロニュムスが「ダビデは神の意志のすべてを行ったが，それでもときどき罪を犯した」という箇所を正しく解釈しているかどうか問題である。というのもこの箇所について彼は「神は〈意志のすべて〉と語ったが，〈絶え間なく〉とは付け加えなかった」[8]と語っているからである。だが，このことはわたしたちの意図していることとはかけ離れているので，未決定のままにしておきたい。わたしたちは主張する，神がわたしたちのわざのすべてを赦したもうという意味で，神の意志の全体が行われるのだ，と。同じことをアウグスティヌスも「神の戒めは，〔戒めにしたがって〕実行されないことがすべて赦されるとき，実現される」[9]と語っている。わたしたちはここで，聖徒たちがときどき犯す重大な罪〔大罪〕についてではなく，わたしたちに付着している日々に犯す罪〔小罪〕のことを論じている。彼ら自身もまたそれを「赦されうる罪」〔小罪〕と呼んでいる。ヒエロニュムスの解釈はわたしにはとても冷酷のように思われる。「すべては，(W. 8. 79) つま

8） 前掲書，600頁。

9） アウグスティヌス『訂正録』1・19，ミーニュ編『ラテン教父著作集』第32巻，614頁。

りときどきか，あるいは大抵のときには」とあるのをわたしは非難しない。なぜなら，そこにはあの〔一部で全体を表す〕代喩法（synecdoche）という語り口が使われているからである。次に彼〔ラトムス〕が〔ヒエロニュムスにしたがって〕パウロがテモテに羊皮紙について書いたり，現世の生活に必要なものについて考えるたびごとに（Ⅱテモテ4・13），恰も罪を犯し善いわざを行っていないかのように非難するのは[10]，明らかに誤っている。証言を考慮しても列挙などしないと言った，あのほら吹きの男〔ラトムス〕はどこにいるのか。パウロはこの点で上手に実行しなかったと主張することは誤りであるとわたしは言いたい。パウロ自身はもっとよく語っている，「あなたがたは食べるにしろ，飲むにしろ，何をするにしても，すべてをわたしたちの主イエス・キリストの名によって行いなさい」（Ⅰコリント10・31；コロサイ3・13）と。義人の日常生活は純粋によいわざに他ならない。というのもキリストはエジプトにおいてその羊たちの爪の一つをもあとに残さない（出エジプト10・26）からである。わたしがこのように言うのは，ソフィストたちに次のことを知ってもらうためである。すなわち，聖なる族長たちがときどき罪を犯したように――それはラトムスがヒエロニュムスからダビデの事例でもって証明していることである――またときどき誤ってもいたこと――わたしはこのことをここでヒエロニュムスに向け証拠として示す――を知ってもらうためである。それゆえ彼らの権威は聖書の証言によって支持されているときもっとも効果的である。もしもそうでないなら，わたしに対し彼ら〔ソフィストたち〕が無駄話をしないようにして欲しいし，ある聖人の権威が彼らの味方をしているがゆえに勝利したなどと自慢しないようにしてほしい。わた

10）ヒエロニュムス，前掲書，467頁。

したちが論争するときには，神的で，確実で，明瞭な証言に支えられていなければならない。だが人間的な証言は個人的な会話や人々が集まっているところでは有効である。

9 神の恩恵によって善を実行する人の祈り

しかしラトムスがパウロを罪を犯さないで善いわざを行った人の実例として挙げているので，わたしたちもこの状況を別人に扮して〔ドラマチックに〕試してみよう。そこで使徒パウロやペトロを，彼らが祈ったり，教えたり，何か他のわざを行っている者としてみよう。もしも善いわざに罪がなく，何も欠陥がないなら，そのとき彼は神の前にふさわしい謙虚さを懐いて立つことができ，次のように言うことができるだろうか。

> 主なる神よ，見てください，この善いわざをわたしはあなたの恩恵の援助によって行いました。そこには欠陥がなく罪は何もありませんし，赦しを与えるあなたの憐れみも欠けていません。この憐れみをもうそれ以上にわたしは嘆願しません。次であなたがそのもっとも真実にしてもっとも厳しい裁きでもって裁いてくださるようにお願いします。なぜならこのわざでもってわたしはあなたの前に誇ることができますから，あなたは正しく真実でありますがゆえに，そのわざを断罪できないからです。それどころか，あなたがご自身を否定しないなら，あなたは裁いたりしません。そのことは確かです。あなたの祈りが教えているように，このわざにおいて負債を赦してくださる憐れみのわざは，ここではどんな場合でも，すでに無効となってなどいません。そうではなく，ただ義だけが花冠で飾ら

れるべきです，と。

ラトムスよ，あなたは身震いして汗をかいていませんか。これらすべてはそのような正しい人について言われることができるし，それどころかそう言われるべきであることは確かです。なぜなら彼はとりわけ神の前に真理を語らねばならないし，神のために嘘をついてはならないからである。罪のないわざは称賛に値し，憐れみなど必要でないし，神の審判を恐れない。それどころか，すでにわざそのものと〔ひとたび〕受けた恩恵の賜物に信頼し，かつ，希望することができる。というのも，（W. 8. 80）わたしたちは神ご自身とその裁きとその真理に出会うことができるものをもっているからである。それゆえ，わたしたちは神をもはや恐れる必要がないし，神の憐れみに頼る必要もない。ラトムスよ，このようにすべては続き，かつ，生じるのではないのか。というのも，神が善い被造物を滅ぼしたとしても，それでも神は被造物を断罪したり，拒絶することができないからである。こうして神がそのように聖徒をそのわざでもって滅ぼすことができても，それでも神は断罪することも，拒絶することもできない。なぜなら「あなたは義を愛し，不敬虔のものを憎まれる」（詩45・7）からである。このようにしてわたしたちは神の恩恵によって，この世においても，また裁きに先立って，神と出会い，彼の裁きをその憐れみのように安心してないがしろにすることができるのである。

10　義人に残存する罪に関する聖書の証言

そうすると，あの詩編101編の言葉「あなたの僕を裁きにかけないでください。生きている者はすべて御前に正しいと認められないでしょう」（詩143・2）はどうなるであろうか。それともここでも代喩法が使われて，「すべて生ける者」とは多くの，もしくはある生きている人を言っているのか。だが，パウロもコリントの信徒への第一の手紙第4章（4節）で言う，「わたしにはやましいところはないが（見たまえ，ここには善いわざが言われている），それでわたしは義とされているわけではない」と。善いわざにおいて義が成立し，そこには罪がないのに，どうして彼は義とされていないのか。あなた〔パウロ〕は確かに全力を尽くして福音を説教してきたし，（ラトムスが言っているように）アリストテレスによっても追加されたであろうものを含めて，あらゆる有徳な行為に付随するものを尽くして〔エルサレムのために〕献金を集めたのであるが，このわざが善いものであったことをあなたは否定できない。それならどうしてあなたは今なおわざにおいて罪人であるのか。あるいは，あなたがこの点で義とされていないと言うとき，あなたは罪人ではないのか。それとも，あなたが義とされている者を義とされていないと呼んでいるのは嘘をついているのか。もしあなたがラトムスの言っていることを聞いても，あなたは「わたしは自分自身を裁かないが，わたしを裁くのは主である」（同4・3，4）と言うべきではないのか。むしろあなたは「わたしは自分自身を裁かない。なぜなら善いわざは神の審判を恐れないから。それでも神は自ら義である」と言うべきである。したがってラトムスのような人たちがその罪のない善いわざでもって神の憐れみと審判を冒瀆しているか，それともパウロよ，あなたが嘘をついているか〔のどちらか〕である。それどころか，あなたも彼らによって教えられた真理を冒瀆している。「わたしは罪のないわざをもっている」〔＝わたしにはやましいところはない〕と「これによってわたしは義とされない」と〔いう二つの命題〕は同時に成立しない。神を不正な者となしてはならない。〔というのも〕神は罪のない善いわざを義とされない〔からである〕。では神はその中で何を断罪すべきか。不完全性か。だが不完全性は罪ではなくて，〔それによって〕善さえも増大させる罰である。こうしてこの種の不完全性を多くもつことは，〔それを〕少しもつよりも恐らくいっそう良いであろう[11]。

11　信仰の確かさは罪深さにではなく，神の言葉にもとづく

しかしあなたは「エレミヤは 17 章（16 節）で〈わたしの口から出た言葉があなたの前には正しかったことをあなたはご存知です。わたしは〔幸いな〕人間の日を願わなかった。わたしが羊飼いのあなたに従ったことをあなたは知っておられる〉[12]と語っている」と言う。またヒゼキアは列王記下 20 章（3 節）で「ああ主よ，わたしがまことを尽くし，ひたむきな心をもって御前に歩み，御目にかなう善いことを行ってきたことを思い出してください」と言う。わたしは答える。ヒゼキアはそれらのことにおいて罪を犯さなかったとは言っていない。だが彼は使徒とほぼ同じことを感じている。すなわち「わたしにはやましいところはない，わたしはあなたが喜ばれることと命じられていることは何でもなしてきたが，それによっては（W. 8. 81）義とされない」と。彼はやましいと感じることだけを語る。最後に詩編とその他の箇所の至るところで聖徒たちは彼らのために敵対する者たちに反対して神の裁きに訴えて

11）ルターがここに述べている「不完全性」は洗礼を受けるときの罪に入らないというカトリックの教えに関連している（英訳の注）。

12）ウルガタからの自由な引用。

いる。しかし人々の前と自分の良心において非難されない人は，その点では神の前に[13]義とされないが，他のだれかのゆえに，つまりキリストのゆえに義とされるのである。したがって使徒が自分がやましいとことがないが，その点では義とされないとあえて言うならば，ましてやエゼキエルとエレミヤは彼らが列挙していることでは義とされないであろう。というのも真理にしたがって歩み神に喜ばれることを行うよりもさらに善く完全なものは自覚されないからである。なぜならヒエロニュムスとラトムスが明らかにしているように，彼ら〔エゼキエルとエレミヤ〕は何かの〔誤りうる〕点に気づくことができたから。

その他の点について言うと，神の言葉が問題のときは別問題であって，そこではパウロも大胆に神は虚言できないし，ご自身を否定できないと主張している。なぜなら御言葉は神のものであって，わたしたちのものではなく，わたしたちは御言葉に信頼して立つことができ，神の前にまた「あなたがそれ〔御言葉〕を断罪できないことをわたしは知っている。なぜならそれはそれ自体において義であるから。それは誰もそれに気づかないからではない。それ〔御言葉〕はあなたの審判を恐れないし，あなたの憐れみも求めない。さらにそれはあなたにあらゆる点で等しいので，わたしたちはそれでもってあなたに出会うことができる，等々」と言うことができるから。しかし，わたしたちは御言葉の使用，職務，運営についてこのように言うことはできない。なぜならわたしたちの能力〔に優るもの〕が付け加えられているから。それゆえにエレミヤは見事に「わたしの唇から出たことは，あなたの御前にあります」(17・16) と語っている。要約すると，わたしたちは御言葉が純

13) 「人々の前」と「神の前」とが対比して用いられている。神学的な実存的な範疇と言えよう。

粋な真理であることを確信するので，そのために死ななければならないが，たとえ全く落ち度がなくても，誰が〔御言葉のように〕自分自身の善いわざのゆえにあえて死のうとするであろうか。というのもパウロがテモテに「わたしは戦いを立派に戦い抜き，決められた道を走り尽くし，信仰を守り通した。今や義の栄冠を受けるばかりです。正しい審判者である主が，この日にそれをわたしに授けてくれるでしょう」（Ⅱテモテ4・6-8）と語るとき，彼がそれによって義とされると言っているのではなく，ヒゼキヤと同じように憐れみを期待して語っているからである。この憐れみの恩恵によってパウロは，何ら〔やましさ〕に気づかないで，すべての信仰者が行っているように，栄光の冠が授けられることを期待する。なぜなら希望は，ティトスへの手紙2章（13節）で語られるように，怒りではなく，栄光を望むからである。しかもわざによってではなく，むしろ神の憐れみによって望むのである。

だが，どうであろう，もしもラトムス主義者たちが次のように語って言い逃れをするとしたら。「わたしたちはそのように振る舞いたくない。なぜなら，そのようなわざをもっているかどうか誰にも確実ではないから」と。わたしは何を聞くのか。何ら確実なものをもっていないとしたら，わたしたちはストア派かそれとも〔古代懐疑主義の〕アカデミア派であろうか。だがわたしは彼らがそんなにも愚かであるとは思わない。善いわざを教えていながら，同時に何が善いわざであるかを知っていないと，あるいは何の実例も示すことができないとしたら，そのように教えることに優って愚かなことが何かあるだろうか。なぜならパウロもそれを疑わないし，ダビデも疑わないからである。パウロは「わたしは疑っている」とは言わないで，「わたしは気づかない」といっている。またヒゼキヤも「わたしはあなたの御前で喜ばれることを行ったかどうか疑わしい」と言わない。またダビデも詩編7編（9節）「わたしがそうで〔義人で〕あるかどうか疑わしいものに従って裁いてください」とは言わないで，「わたしのうちにあるわたしの潔白に従って裁いてください」と言う。さらにパウロはわざが罪のうちにあることを疑わない。なぜなら彼は「わたしが義とされているかどうかを疑っている」とは言わないで，「その点でわたしが義とされていない」と言っているからである。またダビデも「命ある者で御前に正しいと認められるかを誰が知ろう」とは言わないで，「命ある者で御前に正しいと認められた者はいません」（詩143・2）と言う。何が善いわざであるかを疑わなければならないとき，誰が善いわざを行うように説得されようか。誰が疑いながらあるいは不確実なとき，（W. 8. 82）（使徒が〔Iコリント9・26〕で言うように）やみくもに走ったり，またそれと知りながら，かつ熟慮して空を打とう〔無益なことをしよう〕とするであろうか。善いわざをもたねばならず，またそれをいつか，全生涯にわたって，知らないならば，本当の平和は決して与えられないであろう。それゆえに神はわたしたちが次の二つのことを確かめるように配慮してくださった。〔第一に〕善いわざは明らかであるとガラテヤの信徒への手紙5章（22節）で「霊の結ぶ実は愛，喜び，平和等々である」と神は教える。またマタイ福音書7章（20節）では「あなたがたはその実で彼らを見分ける」とある。さらに〔第二に〕善いわざには欠陥や罪がなくはないことを（わたしたちがそれを信用しないように）確かに知るようにする。こうして疑いや虚偽のない告白によって，わたしたちがすべてのわざにおいて罪人であることを知ることができるようになり，憐れみを受ける者として見だされることを認めるようになる。さらに，わたしたちが誤りのない平和をもつために，神はキリストにおいてその御言葉を与えてくださったので，わたしたちはキリストに信頼して寄りかかり，あらゆる悪から安全に守られる。というのも御言葉に反抗しては地獄の門も，あらゆる罪と一緒に功を奏する力がないからである。そこにはわたしたちの逃れの岩があり，そこにわたしたちはヤコブと一緒に神と格闘することができる（創世 32・28 参照)。わたしたちは神をその約束でもって，その真理でもって，神ご自身の言葉でもっていわば御言葉を大胆にも急き立てることができる。確かに誰がいったい神とその言葉を裁くことができようか。また誰がいったい神に対する信仰を告発したり，断罪するであろうか。それゆえ，わたしのラトムスも神の栄光を汚すことをやめ，瀆神的な発言を抑制し，わたしたちの疑わしく，かつ，不信仰なわざを立ち上げないほうがよい。それはわたしたちが自分の栄光を干し草をはむ子牛の似姿に変えないためである。

(W. 8. 82)

第2章 C

罪の概念規定：聖書の転義的解釈（tropologia）と義認論の転嫁（imputatio）

1　罪概念のスコラ的四区分と聖書の単純な教え

終わりにラトムスは，聖書の使い方にしたがって罪が何であるかを彼が理解していないと非難されたことに憤慨して，「聖書においては罪が何であるかを考察してみよう」と言う。次に彼は罪を四つの方法でもって解釈する。第一〔の方法〕では，それ〔罪〕は罪の原因を意味する。第二に，それは罪の結果もしくは罰を意味する。第三に，それは罪のための犠牲を意味する。第四に，それは魂を被告となす罪を意味する。わたしは，このような方法がまた罪の報いを意味する第五の方法では受け取られていないことを，不思議に思う。それに対してこれら実り豊かな区別をなす人たちは，アリストテレスの全体を提示するために，なお罪それ自体（peccatum per se 本質的な罪）と偶有的な罪（peccatum per accidens）を設定することが〔しようと思えば〕できたであろう。ここでわたしはできることなら質問してみたい。これら四つの罪がラトムスに現れている書物とはどのような種類のものであるのか，と。すると彼は答えるであろう。「オリゲネスとアンブロシウスは悪魔を罪と呼び，アウグスティヌスは情欲や受洗後にも残存する罪の運動をそう呼んでいる」[1]と。ここからわたしは，オリゲネス，アンブロシウス，アウグスティヌス〔が書いたもの〕は聖なる書物である，そのゆえ神々は善いわざによって多様にされたばかりか，神々の書もまた罪によって多様となった，と結論する。というのも聖なる書をわたしたちに与えないなら，神々とは何であろうか。それからラトムスは，第二の仕方で罪をもっている人を，つまり情欲や受洗後にも残存する罪の運動をもっている人を，罪人と呼ぶことを否定する。しかし，わたしたちはこのような途方もない〔空想の〕怪物を無視して，事柄自体に向かおう。ここで読者よ，あなたにお願いする，あなたが自由であって，キリスト教徒であり，どんな人間にも忠誠を誓わず，聖書を首尾一貫して信奉して欲しい，と。彼ら〔罪を区別する人たち〕が何かを罪と呼ぶとき，罪自身を否定するどんな人たち――彼らはもっと良く語ることができるであろうが――の言葉によっても影響されないように警戒しなさい。(W. 8. 83) だが彼らは罪を，あるときは不完全性（imperfectio），あるときは罰（poena），あるときは欠陥（vicium）と呼ぼうとするが，聖書にはこのような言葉は何も見いだされないから，彼らはそれによって神の言葉を弱くし，嘲っている。わたしを信じてください。聖霊は罪の事態を適切な言葉で語ることができるお方であって，人間の作り事を何ら必要としていない。パウロがローマの信徒への手紙第6章，第7章，第8章でソフィストたちをどんなに苦しめているか信じられないほどである。というのも彼はそのところで洗礼後に存続している情欲（concupiscentia）を罪と呼んでいて，罰とは呼んでいない

1）　アウグスティヌス『ペラギウス派の二書簡駁論』I・13. ミーニュ編『ラテン教父著作集』第44巻562頁。

からである。彼らはできることなら高い金額を払ってでもこの言葉を買収したかったであろう。

聖ヒラリウスは天上的な掟を超えては何ものも主張されてはならないと正しい忠告を与えていた[2)]。しかしそれをしようと試みた人は自分自身がそれを理解していなかったか，それとも他の人を理解させるのに失敗したかである。このことはまたパウロの出典箇所における罪という言葉に関しても彼ら〔わたしたちの敵対者たち〕の間に起こったことである。だが，その箇所で罪を罪の罰と呼ぶことがどんなに馬鹿げており，信仰にふさわしくないかをソフィストたちは気づいていない。またそれは聖書の他の証言によっても証明されていない。だがこのことは，パウロがテトスに命じたように（テトス 1・9 参照），敵の口がふさがれるために論争のときには実行すべきである。しかし罪がこの箇所では罰であると教えることは不可能であるばかりか，それに加えてルーヴァン神学の方法は，ここで罪がこのようにその罰を意味している，他の一つの箇所さえも聖書の中から引き出すことはできない。また，たとえこの箇所が同様な罪から理解されることをわたしたちに強いないとしても，それは正しいであろう。だが，これがほぼ全問題の方向を変える転換点であって，罪に関するラトムスの全く混沌とした塊のすべてが罪をもてあそび，かつ，曖昧にするがゆえに，わたしたちは敵対する者どもが嘲る機会をもたないために，真理を主張すべく行動しなければならない。だが，もしわたしたちが聖書を通してラトムスが行ったように罪を区別すべきではないし，罪という言葉を他の言葉で置き換え〔て曖昧にす〕べきでないことを明らかにできないなら，彼は罪を愚弄する機会をもつであろう。すべてがこのようであるから，彼らもわたしたちも実

2） ヒラリウス『三位一体』II, 1-5, の至るところ。

際にはそうすること〔罪を他の言葉で置き換えること〕ができないのである。それゆえわたしたちは，単純にして安定した意味にとどまるべきであって，疑う余地のない権威が離れるように強いるまでは，そこから離れてはならない。

まず第一に，聖書では罪が多くの方法ではなく，ただ一つのきわめて単純な方法によって理解されていることをあなたは疑ってはならないし，あの多弁なソフィストたちによってその方法があなたから奪い取られてはならない。確かに罪は神の律法と一致しないこと以外の何ものでもない。ローマの信徒への手紙第 7 章（7 節）「律法を通して罪は認識される」という命題は〔不動に〕とどまっている。その反対に罪を通して律法の無知がやってくる。なぜなら罪は闇であって，律法がそれを照らし，罪が認識されるように啓示するからである。

2　聖書の解釈学，比喩的表現の問題

さて，わたしたちは今や聖書がとても多く代喩法（synecdoche）・換喩的転義（meta-lepsis）・隠喩法（metaphora）・誇張法（hyperbole）のような文法的な比喩を，それどころか他のどんな文書よりも頻繁に比喩を使用していることをすすんで主張し，かつ，そのことを喜んでいる[3)]。たとえば全聖書において「天」がまさしく天空に

3）当時流布していた文献を挙げるとエラスムスの著作『言葉ともの双方の宝庫』（De utraque verborum ac rerum copia. 1512, 1540）2 巻が重要である。その第 1 巻は文章表現における修辞学の使用法（同義語，換称法，迂遠法，隠喩，寓喩，比喩の間違った使い方，声喩法，提喩，代喩＝換喩，誇張法，作文法など）を多くの古典作家からの引用で例示し，第 2 巻は文章を潤色したり，多様に表現する方法を詳論

ある装置を意味する単純明瞭な言葉であるが，詩編19編（2節）では隠喩〔転義〕的な意味で使徒のために用いられている。また単純な言葉「地」が何を意味するか知らない人はいないが，隠喩的には悪徳と悪によって踏みつけられた不敬虔な人を意味する。もしだれかが，（W. 8. 84）それでもこの言葉が多くの意味をもっていると言って争うなら，わたしはそれに答えたい，あなたがそのように欲するなら，わたしは反対しない，と。しかしその種の比喩が使っている人の勝手であるとしたら，あるいは人々がよく言うように気まぐれな思いつきである場合，その語彙の意味をわたしたちに教える，どんな種類の辞典があるだろうか。ホラティウスが教えているように，

> 巧妙な組み合わせが，よく知られた語を
> 新鮮なものにするなら，その表現はすぐれたものとなろう[4)]。

たとえば，「軍旗」（vexillum）は〔しるしとして〕すべての人に単純な名詞とみられる。しかしわたしが「十字架の軍旗《しるし》」とか「言葉の軍旗《しるし》」と言うとき，ここですべてに知られた言葉から新しい言葉がとても際立った仕方で造られていることを認めない人はいない。そしてもしあなたがこの際立った刷新を本来の意味に戻そうと欲するとき，どのようにあなたはそれを終わらせるだろうか。あなたは確かに，「軍旗」がときおり公に提示された十字架と説教さ

する。ここに展開する修辞学の表現論は『古典読解の方法』とともに人文学の方法論を述べたものであって，エラスムスの学問的貢献に数えられる。さらにこの学問方法論を神学に応用したのが『真の神学方法論』（1519）に展開する聖書の解釈学である。

4）ホラティウス『詩論』I, 46-48. 松本仁助，岡道男訳，岩波文庫233頁。

れた福音を意味する，と辞典に書き込むであろうか。ペルシウス〔34-62，ローマの詩人，諷刺詩の作者〕はタマネギのことを「テュニカ〔肌着〕で覆う」と呼んでいる[5)]，それゆえわたしたちは「注意せよ，テュニカはタマネギの外皮を意味する」と記さねばならないのか。

同様にわたしには，あのカルデア人のオンケロスとヨナタン[6)]の方法にしたがって，ただ一つの言葉からあれほど多くの意味を引き出したヘブライ人たちが気にくわない。彼らの仕事はまさしく，聖書がもっとも優雅できわめて華麗な文体で表現したものを教養のない人たちのために廃棄して，粗野で単純な意味を与えることであったように思われる。そこからこの言語におけるいわれのない曖昧さ（aequivocatio）が生まれ，いわばバビロン的な言葉の乱れが生まれた。理解力と精神はこの気まぐれな雑多によって不思議な仕方でもってばらばらに散らされたのであるが，一つの単純な意味を（何度でも可能なかぎり）取り出して，その他の像や比喩をそれに並べて置くならば，混乱のすべてを徐々に，かつ，容易に心中に集めるようになり，〔それはまた〕記憶と理解力を驚くほど助け，同時に心には甘美な楽しみとなる。というのもわたしは諸々の比喩の力（energia）がどんなものであるかを知らないからである。つまりとても力強く〔心中に〕入り込み，感動させるので，すべての人は本性的に比喩によって聞いたり語ったりすることを熱望する。「諸々の天は神の栄光を物語る」（詩 19・2）は〔その真義である〕「使徒たちは神の言葉を説教する」よりも遙かに甘美に響かないであろうか。またモーセは申命記第 4 章（19 節）で「あなた

5）　ペルシウス『諷刺詩』IV, 30.

6）　この二人は 2 世紀頃の旧約聖書をアラム語に訳し，その註解を出している。

は，あなたの神である主が，天の下にいるすべての民に仕えさせるために造った〔割り当てた〕，天の星を崇めてはならない」と語ったとき，隠喩を含んでいたヘブライ語[7]をその単純な意味に戻すならば，あなたは確かにこれより甘美で，力強く，完全なものを聞かない。同様にヘブライ語では「あなたの主なる神はその愛を示すために天の下にすべての民を置いた」と響く。主なる神が，天の下にいるすべての民に星を与えたという言葉には何という敬虔な学識，何という情念の興奮，何という愉悦があるかを考えてほしい。それは恰も彼らがそのようなとても甘い，かつ，とても柔らかい親切〔な言葉〕によって自分のところにおびき寄せ，このように優しい愛顧によって自分を再び愛するように招くかのように，彼らにへつらい機嫌をとっているかのようだ。その有様は母がその子を膝に乗せてかわいがるのと変わらない。もしあなたが多義的な語を解釈する人としてやってきて，その語はこの箇所では本来は「生まれた」もしくはわたしたちのように〔つまりヒエロニュムスが訳しているように〕「創造した」と訳したと強く主張するならば，(W. 8. 85) わたしはあなたに譲歩せざるをえないが，あなたが余りにも「本来的に」，かつ，〔比喩なしに〕字義的に語ることによって，あなたは何と多くの恩恵を同時にわたしから奪っており，あたかも楽園から地上にわたしを見捨ててしまっていることか。ところがわたしがそれを比喩的に解釈すれば，あなたの〔主張する〕意味をよろこんでもつことができたのである。神が各自にその必要とするもの〔を供給すること〕で喜ばせ，その愛撫をわたしたちの取り分〔相続分〕として与え，こうして

7) ここで言うヘブライ語はChalaqであって，「割り当てる」と「へつらう，愛撫する」という二つの意味をルターはここで結びつける。この指摘はWAの注による。

「取り分」(portio)・「分け前」(pars)・「籤」(sors)・「遺産」(haereditas) が語られることがわからない人がいるであろうか。こうしてあなたは「これがわたしにとって神の愛撫であり，わたしの取り分である」と言うことができる。またここからあの分割という言葉の意味の換喩的転義(metalepsis)[8]が引き出されたように思われる。たとえば創世記第49章（7節）「わたしは彼らをヤコブの間に分け」とある。その反対に詩編5（9節）はもっとよい表現「彼らは舌でへつらった」の代わりにたとえば「その舌で狡猾に振る舞った」を固守した。したがって〔聖書の〕著者があるときには比喩的に，あるときには比喩なしに〔字義的に〕用いるがゆえに，「分割する」・「へつらう」・「創造する」を意味する一つの言葉からいわば三つの単語を作るなら，あなたはそれを一つの名称でもって言い含めることができ，またそれをもっと優雅に，かつ，明瞭に表現できたことであろう。

同様に申命記第6章（7節）「そしてあなたはその子どもたちにそれを語りなさい」はあなたが「そしてあなたはあなたの子どもたちをそれに向けて駆り立てる」と言ったとしたら，もっと力強く響くであろう。というのはそれが単純に物語ることではなく，それに続く言葉「そしてあなたは彼らに繰り返して教え，家に座っているときにも，道を歩くときにも，寝ているときも起きているときも」から明らかとなるから。それにあなたが激しく抗議して，「とがらせる」は言葉ではなく，鉄〔鉄の剣〕に関係しているので，この言葉の本来の意味は，繰り返す，物語る，教え込むを意味するとあなたがわたしに無理強いするとき，わたしはあなたに譲歩したいが，むしろそれよりも最初の

8）これは二重の換喩であって，比喩的に用いられた語をさらに換喩によって言い替えることである。

ものがいっそう上品で恐らく唯一の意味であると信じたい。パウロはテモテへの第二の手紙第3章（4・2）で「ときが良くても悪くても励みなさい。とがめ，戒め，励みなさい」と語り，この神の言葉の力をまねるようにと願ったように思われる。このことは神の言葉を絶えず解釈し，教え込み，鋭くし，練り上げることでないとしたら，何であろうか。このことは人間の伝統が入り込んできて，神の言葉を衰えさせないためであり，こうしてコヘレトの言葉第10章（10節）は「鉄がなまくらだと，その刃先を人が研がないと，彼はもっと力を必要とするようになる」と語る。出エジプト記第32章（25節）で「民が裸であるのをモーセは見ると，というのもアロンが汚れの恥辱のゆえに民から衣服をはぎ取って，彼らを裸のまま敵のあいだに立たせたからである」と言っているとき，わたしは訳文を次のように変更するのを躊躇しない。「そしてモーセは民が自由になった〔見捨てられた〕のを見た。なぜならアロンが恥ずべきことをなすように民を立ち上げたとき，彼らを自由にした〔見捨てた〕のであるから」と。この言葉はパウロによってガラテヤ人に「あなたがたはキリストから捨てられ，十字架の躓きはなくなっている」（ガラテヤ5・4，11），つまりキリストがあなたがたの中に働いていないので，躓きの石は消えており，もはや効果がない，と彼が語るとき，模倣されている。このようにアロンはここでその子牛〔をその神として作ったこと〕でもって，彼らが神によって導かれもしないし，神も彼らに何もしないように為した。そうすると彼らは神のわざから解き放たれ〔空しくなっ〕て，彼ら自身の義を誇るようになった。わたしはこの言葉でもって裸で自由であることのみならず，それが指し示すものをも，うまくまとめていないのだろうか。確かにアロンはそこで行ったように，そこから起こったであろうこと，祭司たちが民を神の律法から引き離し，神の働きを空しくさせて，自分自身のわざによって立ち上がるようにさせたのである。それはパウロも「あなたがたは割礼を受けることであなたがたの肉を誇ろうとする」（ガラテヤ 6・13）と言っている通りである。（W. 8. 86）民がアロンによって空しいものとされ，それでも恥ずかしいことに高慢になったとき――こうしてアロンはその働きによって民をそのように堕落させた者として知られるようになったのだが――，モーセはこの誇り〔高慢〕のことに触れている。ヒエロニュムスはそれを「恥ずべき汚物のために彼らを敵対する者らの間に裸で立てた」と訳しているが，すべてを転義的な意味にとらないと――それをわたしは禁止しない――，事柄にもテキストにもそれは役立たない。この言葉〔para〕からエジプトの王たちは「ファラオ」という名称を獲ている。それは彼らが神の働きから解放され，自分自身のわざに向かったような種類の民の王だからである。

それに加えてもう一つの事例がある。詩編 119（23，15 節）は「あなたの掟にわたしは心砕き（shaashuim = 思いめぐらす)」また「あなたの命令に心砕き（shaa)」とあるように「心砕く〔思いめぐらす〕」という言葉がしばしば繰り返される。この言葉はさまざまな仕方で用いられているが，一つの意味に簡単にまとめることができる。その意味は日常語でいう「友好的に向かう」，「自分を中に入り込ませる」，ドイツ語では「友好的にそれに向かう」，「うまく振る舞う」である。創世記第 4 章（4-5 節）では「主はアベルとその捧げ物に目を留められたが，カインとその捧げ物とには目を留められなかった」とある。この言葉は箴言第 8 章（30-31 節）では「わたしは日々楽しんだ」また「わたしは人の子らと楽しんだ」とあるように前とは違って訳された。イザヤ書第 17 章（7-8 節）には「その日には人はその造り主を仰ぎ，偶像を仰がない」とある。さらにイザヤ書66章（12節）には「膝の上で彼らはあやされるであろう」とある。再びイザヤ第6章（10節）には「目を閉じよ」とある。これらすべてが真理であって，同一の単語が「思いめぐらす」・「傾く」・「楽しむ」・「楽しみをもつ」「気づかう」「あやす」「閉じる」またその他を意味するのかと，わたしはお尋ねしたい。しかし，もしあなたがすべてを，もしくはその大部分を一つの意味に集合させ，比喩によってのみ多様にさせることができるなら，これほど沢山の言葉が一つの言葉から増大しても正しいのではないか。「神はアベルに目を留められた」つまり，神はこのように行ってその心を彼に向けたのである。知恵は「日々楽しんだ」が，同時にこのことを行いながらその心をすべてに向けて，人の子らに好意的にうまく取り入るのである。そのように人間は自己自身を快く神に向け，そのように母は膝にその子を抱いて愛撫し，その顔を彼の顔に結びつけ，愛想よく彼を抱くのである。そのように神は人々の目を見えなくさせる。そのさい人々が自発的に目を自分の熱心な努力〔つまり善いわざ〕に結びつけ，目が見えなくさせられる。同様にわたしの心を砕く省察は，あなたの掟に向けられるが，同時にわたしはその他の一切を軽蔑し，掟にわたしを向かわせる。要約すると，わたしはそれらさまざまな〔意味の多様性のすべてを〕わたしが向きを変え，近づけ，よろこんで，かつ，心からそれに向かって合わせることに集中するのである。

3　聖書の転義的表現と罪のキリストへの転嫁

これらのことは，〔なるほど〕聖書が比喩で満ちているとしても，わたしたちは比喩〔的な表現〕があるだけ，それだけ多くの〔分離された〕単語と意味を作ってはならない――もしそうなら比喩は何のために使われるのか――ことを明らかにするために，語られたように思われる。定められた規則を見いだすためにわたしたちは次のように考えてみよう。キリストがわたしたちのために犠牲となったとき，隠喩的には罪とされたのである。というのも彼は自分が甘受した罪と咎を自らは犯さなかったことの他には，あらゆる点で罪人と似たものにされ，断罪され，見捨てられ，追放されたので，真の罪人と違うところが全くなかったからである。それは詩編68（69・5）が「わたしは自分が盗まなかったものさえ支払った」と語っている通りである。それゆえ彼はそれ〔盗まなかったもの〕を自分のものであると告白するのを躊躇しなかった。そして同じ箇所で彼は「あなたを嘲るものの嘲りがわたしに降りかかっている」（同10）と言う。（W. 8. 87）また，再び「わたしの愚かさと罪過もあなたに隠れていません」とも言う。しかし隠喩においては現実の事態とは何か別のものがなければならない。なぜなら比喩は（人々が言うように）同一性ではないから。また比喩を使って転義されているものは，比喩〔の法則〕にしたがって自分を移している。そうでなければ転義〔比喩的用法〕は必要ではないであろう。そしてパウロもこのことをローマの信徒への手紙第8章（3節）で「神は御子を肉と同じ姿で（in similitudinem carnis = 肉の比喩で）〔この世に〕送った」と見ている。またヘブライ人への手紙第4章（15節）には「罪を除くとあらゆる点でわたしたちと同様に（pro similitudine）試練に遭われた」とある。またこの転義には言葉の隠喩〔比喩的な語り方〕だけでなく，ものの隠喩〔事物的な転義〕もある。というのも，わたしたちの罪は実際はわたしたちから移されてキリストの上に置かれており，こうしてキリストを信じる者は実際は何ら罪をもたず，罪はキリストの上に移されており，キリストのうちに呑み込まれていて，その人をもはや断罪しないからである。したがって比喩を使っての語りは単純で粗野な語りよりも好ましく，かつ，有効であるように，現実の罪はわたしたちにとって煩わしく，耐え難いが，転義され比喩的になると，それは最高に喜ばしく有益になる[9]。

したがってキリストは正当にも使徒によって，コリント信徒への第一の手紙第7章（10・4）で「この岩こそキリストであった」とあるごとく，岩と呼ばれるように，キリストは本当に〔わたしたちの〕罪なのである。同様にキリストは青銅の蛇，過ぎ越しの羊など彼について言われるすべてである。それでもわたしたちはそれだからと言って「青銅の蛇」や「岩」が二つの別の意味をもっているとは言わない。だれも過ぎ越しの羊があるときは家畜を意味し，別のときはキリストを意味するとは言わない。だれもアロンがあるときにはキリストを指すが，他のときにはアムラムの息子を指すとは言わない（出エジプト6・20参照）。だれもダビデがある意味でエッサイの息子であり，他の意味ではキリストであるとは言わない。あるいはソロモンがある意味ではダビデの息子であり，他の意味ではキリストであるとは言わない。それにもかかわらず，キ

9）ルターは『第1回詩編講義』で「転義的解釈」を次のように規定する。彼によると詩編の言葉は「文字的には敵なるユダヤ人たちから受けたキリストの悲嘆である。比喩的には暴君や異端者から受けた教会の悲嘆と告発である。だが，転義的解釈（tropologia）では試煉の中で発せられた信仰者と痛める霊との悲嘆もしくは祈りである」（WA. 3, 13, 28ff.）と。これが「転義的方法の原則」（regulaula tropologia）であって，それについて「実際，転義的解釈には次の規則がある。キリストが詩編の中で文字通り身体的苦痛によって大声で嘆き祈っているところではどこでも，その同じ言葉の下でキリストによって生まれ教えられたすべての信仰ある魂が嘆き祈っており，自己が試練を受けて罪に転落しているのを認めているということである」（WA. 3, 167, 21ff.）と語っている。

リストがダビデ，ソロモン，アロン，あの旧約聖書のシンボルのすべてである，とわたしたちは真実に語る。またこのことのゆえに罪とされたキリストは，その旧約聖書の犠牲との類似のゆえに罪と呼ばれる。このように普通の意味のかわりに比喩が使われる場所が造られるすべてのところに存続しているのは，相違性ではなく，類似性である。しかし，わたしの反対者たちは罪の四つの種類をあたかも天と地のように互いに相違していると論じ，そのような非類似性のゆえに理解力は弛緩し，精神は混乱し，言葉と同じくその内容の優美さのすべてが失われる。このような優美な仕方でもってパウロはローマ信徒への手紙第 8 章（3 節）で罪について論じ，「罪によって彼は罪を断罪した」と言う。ここで「罪によって」とあるのは，彼がキリスト〔のもの〕とされた〔わたしたちの〕罪のためにということである。わたしたちの罪を彼に移したがゆえに，彼はわたしたちの罪を断罪したのである。このことについてわたしたちは今からさらに考察したい。

4　聖書的な罪概念とアリストテレスの範疇，支配する罪と支配された罪

それゆえわたしたちは，ソフィストたちが聖書の使用法では罪が何であるかを知っていない，と主張する。というのも彼らは〔罪を〕罰と呼ぶとき聖書が行っているのとは全く似ていないことを罪について夢想しているからである。なぜなら前にわたしが言ったように，キリストは，罪を犯さなかったことを除くと，あらゆる点で罪〔人〕に似ていたからである。たとえば罪を犯した後にわたしたちに残っている悪，つまり死と地獄の恐怖をキリストは感じ，かつ，それを担われた。しかしソフィストたち自身は罪責

と罰の帰責性（deputatio）についての彼らの作りごとを理解していない。キリストはその帰責性を感じていたし，罪を除いて，そのように判断された人に似ていた。しかし，あなたが感じていないような帰責性とは何か。それは全くないと同じである。したがってキリストは，わたしがすでに述べたように，罪と死の判決をすでに受けて断罪されるべき，わたしたちの時代の罪人と全く同じである。（W. 8. 88）あの帰責性は生きて働いていた。だが，キリストはそのような帰責性をうけるに値せず，わざなしに〔つまり罪を犯さないのに〕そこ〔罪〕へとわたしたちのために引き渡された――この事態は言葉よりも心の状態として解明され，把握されるように願ったにもかかわらず――ということだけがまだ欠けていた。さらにソフィストたちは罪の本質〔実体〕が何であるかを，つまり神に対する侮辱と神の律法に対する違反を，しかしとにかく量・質・関係・能動・受動における罪の属性を，何ら把握していないとわたしは主張する。それゆえわたしはラトムスが提示したすべてに対して一度に答えるために，読者のことを考えて，個々別々に論じて書物が極端に大きくならないように説明したい。

したがってソフィストたちのために可能なかぎり明瞭にわたしたちが語るために，彼らもわたしたちにおそらく従ってくることができるように，先に述べた〔アリストテレスの〕範疇にもとづいて罪を考察したい。比喩的な要素を除くと罪は，それがいつも起こっているところでは，真にその本性において存在し，実体に付属する性質と一致する別の種類の罪なのではない。実体はより多いとかより少ないとかいう〔量的な〕規定を受けないのであって，ある実体が他の実体よりも大きいように，ある罪が他の罪よりも大きいとか，他の罪よりも力があっても，量的な規定を受けない。なぜなら蠅は人間よりも小さな実体ではなく，小さな人は逞しい人よりも弱くはないからである。さらに彼ら〔ソフィストたち〕が〔わたしが語る〕言葉でわたしを捕えないために，わたしはここで「実体」をアリストテレスの仕方ではなく，クインティリアヌスの〔修辞学的な〕仕方で理解する。その方法によってあなたはまず世にあるどんなものであっても，それが「何」であるか，次に「量」や「質」またその他の「性質」について論じることができる。この規則をアリストテレスも守っており，至るところで述べてもいるが，ソフィストたちもどんな範疇にもその「何性」(quidditas 何であるかという本質規定）を認めている。同様に「義」についてあなたが論じるようなときには，範疇にしたがって話す箇所を整理する。つまり第一にその実体にしたがえばそれは何であるか，次にその量，その性質，その所属，能動と受動，場所，時，所有，振る舞いにしたがって整理する。というのもこのような範疇が利用される意義はわたしの考えでは雄弁術・記憶・知性・事物の有効な認識のために求められたが，ソフィストたちの学派にはそのことが全く知られていなかったから。もちろんこの実体的な罪は（よく言われているように)，ソフィストたちに全く知られていなかったのではないが，洗礼後に注入された神の力は，まだ全くの無ではないが，無視され，かつ，下位に置かれ，今やかつてできたことがもはやできなくなったように考えられている。

だが罪は何をなすことができたのか。それは神の前にわたしたちを犯罪者となし，良心を暴君のように悩まし，日々いっそう悪い状態に引き込んでおり，量・質・能動〔の範疇〕において力を発揮し，空間的にも時間的にも支配していた。なぜなら罪は，至るところで，かつ，いつでも全力を発揮して，あらゆる時に優勢であったから。しかし罪は律法の告発を受けようとしなかったし，〔律法に〕触れられることも欲していなかったから，受動の範疇においては〔何ものでもない〕無であった。それから罪はその居場所を心に定めていたので，その顔を下方に傾け，地獄に向かってせき立てたのである。さらに罪は恩恵に対立しており，神の怒りと猛威の支配下にあったから，関係の範疇は最悪であった。このように罪が支配していたので，わたしたちは罪に仕えていたのである。

しかし神の国が到来したとき，この〔地上の〕国は分裂し，この世の君主は外に追放され，蛇の頭は踏みつぶされて廃物となり，（W. 8. 89）残った人たちもついにわたしたちの世話から遠ざけられた。こうしてイスラエルの子らがカナンの地に侵入した後に，すべての王たちはすっかり殺され，彼らの力は砕かれたが，イブレアム人，カナン人，アモリ人の残った人たちは，士師記第 1 章 27 節以下にあるように，全滅した民の自然的で同族的な一部として存続したのであった。そうはいっても，それが今や租税を納め，奉仕したのであって，支配したのではなく，イスラエルの子らと同等ではなかった。ついにダビデが国を強大化してから，それらの民らを全滅させたのである。それと同様にわたしたちも洗礼の恩恵によって信仰の国に呼び出さられた後に，罪の王国を支配し，その力のすべてを粉砕したのであるが，ただ，そのからだにはその残滓が残っており，それが再び不平を鳴らし，その全滅された種族が精神と本性とに関わってくるので，それを自分の武力でもって根絶しなければならない。だが，このことはわたしたちのダビデが，その国を強大化してから，威厳に満ちた〔支配の〕座に就くときに，初めて実現するであろう。この罪の残滓についてわたしとソフィストたちとの討論は，それ〔罪の残滓〕が本当に罪として認められるべきであるかどうかということである。また，よく言われるように，彼らはどんなに願っても，それ〔罪の残滓〕が使徒によって罪と呼ばれていることを否定できない。それゆえ彼らは教父たちの〔行間と欄外の〕語句注釈と概念区分に逃れ，パウロの声を全世界において黙らせることに成功するように，また彼らは〔パウロの〕声は馬鹿げており危険であると主張して，パウロが呼んだように罪の残滓を罪と呼ぶ人がもう誰もいなくなるように企てる。そのように試みるのは恰も聖霊が少しも予見していなかったか，聖霊が危険を冒さないでその問題について語り，わたしたちがそれについて語ることができるように教える，言葉を知らなかったかのようである。それゆえパウロの言葉の使用を復活させるために，ここですべての教父たちの発言を，彼ら〔ソフィストたち〕が〔洗礼後に〕残存している欲望を弱さ・罰・不完全性・欠陥と呼ぼうと，あるいは彼らがどんな仕方で呼ぼうとも，皆，きっぱりと拒否しよう。彼らに対しわたしたちは，わたしたちの，つまり異邦人の使徒パウロを対置する。彼〔パウロ〕はとても信頼できる著述家であり，一箇所だけでなく罪をいつも罪と呼び，決して罪を罰などと呼ばないし，決して不完全性と呼ばないし，弱さと呼ばない。なぜなら教父の中でも最高のアウグスティヌスによってさえ，パウロの言葉を変えたり，別の言葉を考案することは許されていなかったからである。

5　教父の伝統，特にアウグスティヌスとの対決

それゆえ，わたしたちは次のように主張する。その見解の愚かさやその結果から，この〔残存せる〕罪は本当は罪でないことを彼らが立証できるときにのみ，わたしたちはこの箇所の罪は罪ではなくて，罰を意味することに譲歩し，それに同意するが，もしそうでないなら，わたしたちは天使が天からやってきてそれとは違うことを言ったとしても譲歩しないであろう。ソフィストたち，あなたがたは

このほかに何を求めるのか。確かにわたしは，教父たちが恩恵を単純に否定していた人たちと戦っていたので，試練や苦境に駆り立てられて，洗礼後にも罪が残存することをきっぱり否定してきたことをこれまで弁護してきた。それゆえ教父たちは，そのことを適切に推奨するために，すべての罪が〔洗礼の後には〕取り除かれた，と主張していた。また彼らの語り方も（人々が言う）目下の題材に見事にかつ適切に役立っていた。というのも敵対する者どもは支配する罪について議論しており，このことを〔問題として〕取り上げなかったからである。このことは，すべての罪が現実に廃棄されており，罪がもはや全く支配していないので，〔もしなお問題であるとしたら〕不敬虔である。それにもかかわらずアウグスティヌス自身は多くの箇所で〔洗礼後に残存する情欲を〕はっきりと欠陥（vitium）とも罪（peccatum）とも呼んでいる。たとえばヒエロニュムスへの手紙の中で彼は言う，だれも現世において増加する必要がないほど多くの愛をもっていない，と[10)]。(W. 8. 90) 彼は言う，「さしあたり欠けているものが欠陥である」と。さらに彼は続ける，「その欠陥のゆえにすべて生ける者は神の前に義とされない。そのような欠陥のゆえに，わたしたちは罪をもっていないと言ったとしても，わたしたち自身は誘惑され，真理はわたしたちにはないであろう。この欠陥のゆえに善を為して罪を犯さない義人は地上にはない」と。ここまではアウグスティヌスの言葉である。ここでアウグスティヌスもまたこの聖書の箇所を次のように理解していたことがあなたに分かるであろう。善を行っている人でも罪を犯すのは，彼が愛においてまだ十分に成長していないからである。彼はそのことを欠陥と呼び，そのさいそのわざにおいて十分な愛のほか何ものも欠けていない

10） アウグスティヌス『書簡集』167・4．

と主張する。このことは明瞭ではないのか。

ところがラトムスはアウグスティヌスからいくつかの箇所を引用してきて，その文章ではいつも欠陥が主張されていると言う。わたしはもちろん前に述べたようにアウグスティヌスを全面的に信じてはいないのに，敵対者たちは，彼がわたしと一致するときだけ，わたしが彼に依存している，と言う。ラトムスが推測しているように，アウグスティヌスが自分自身と確かに矛盾したことを言っていても，わたしにはそれは何ら関係がないことである。しかしながらラトムスがこの雷鳴のような大きな音によって頭に衝撃を受け，錯乱して長い間茫然自失していたとき――彼もルターによってアウグスティヌスも断罪されていたことを見たが，このことをソフィストたちのだれも，その向こう見ずな行為のゆえに洞察できなかった――，そのとき彼は正気を取り戻し，次のように考えた。

「わたしはどうしようかと考えた。打ち負かされるのは恥ずかしい，だからこうしよう。わたしは想像してみよう，全世界にあるラテン語が，ギリシア語とヘブライ語もろとも，わたしの一著作『対話』[11]の力によって抹消された，と。あるいは，もし何か残滓が残ったなら，ちょうどわたしがこの罪についてそれが罪でないと言うように，それはもはや言葉ではないと言いたい。教皇はわたしたちの行為を承認しているので，わたしたちが残りの世界に諸々の言葉の意味をルーヴァンの神学部に頼むように強いることは容易となろう。それゆえアウグスティヌスにある「欠陥」（vitium）という言葉がパウロにある「罪」（peccatum）という言葉よりももっと厄介になることが頻繁に起こってくるので，わたしたちは，欠陥とは，わたしたちが欲するもの，つまり「不完全性」（imperfectio）を意味しており，

11）　これはラトムスの『三言語についての対話』を指している。

欠けていることや欠けてはならないものではなく，神の律法に反対するものでもないことを確定し，かつ，規定し，わたしたちの学部の全権をもってそれを命じよう。もしだれかがこれとは異なることを主張するなら，その人は教皇勅書とそれに追随する者らが発する不正に対する怒りに襲われることを知るようになろう」。

読者よ，わたしはあなたが判断してくださるようにお願いする。わたしがこのソフィストたちとこのように戯れているのをあなたが驚くとき，この未聞の向こう見ずともっとも恥ずべき悪巧みをわたしが悲嘆するのは正しくないかどうかを。わたしは彼ら〔ソフィストたち〕と一緒に戯れるべきではない。彼らは神の聖書，教父たちの発言，明瞭な論拠と戯れることに満足しないで，その上，わたしたちが言語をもはや理解しないかのように，全世界の口を封じ，明らかにすべての人を野獣に改造しようとする。すべての時代とあらゆる世界は，欠陥〔悪徳〕を道徳的徳に反するものと呼び[12)]，この言葉は悪徳と徳に関してごく一般に使われている。また彼らが信奉するアリストテレスも罪をまさしく欠陥と呼んでいる。さらに彼らは今でも大胆にも進み出て，わたしたちのものでも，自分らのものでも，神のものでも，すべてを否定しようとし，欠陥は単に諸徳に反するものではなく，神の恩恵とも反するものではないと，万人の前で主張するであろう。あなたがたルーヴァンの人たちは，放火魔にして言語と真理の敵なのである。見たまえ，あなたというローマの反キリストを，あなたという〔主の畑の〕小作人を。

12）「欠陥」（vicium=vitium）は「悪徳」と日本語で訳すことができる。

6　パウロにおける罪の認識と証言

（W. 8. 91）したがってこの売春婦のような厚顔〔無恥な主張〕を見下し，アウグスティヌスをパウロと結びつけよう。パウロが罪と呼んでいることをアウグスティヌスは欠陥と呼んでいる。だが，わたしたちは欠陥とは，たとえ身体的なことでも，過失と非難を含んでおり，告発に値することを知っている。これがラテン語の一般的な意味である。それゆえ，わたしたちは，パウロが罪についてローマの信徒への手紙第8章（3-4節）で「神は御子を罪深い肉と同じ姿で送り，その肉において罪が罪に関して断罪された。それは，肉ではなく霊に従って歩むわたしたちの内に，律法の義が実現されるためであった」と語ったのを聞くのである。「罪が罪に関して処断された」とはどういう意味か。パウロがコリントの信徒への第二の手紙第6章（5・21）で「神は罪を知らなかった方をわたしたちのために罪となし，わたしたちはその方によって神の義を得ることができた」と言っているように，わたしたちはキリストがわたしたちのために罪となられたと先に主張した。ここに〔引用したように〕罪は二つの聖書箇所で二つの仕方で使われている。その罪に関してわたしたちの罪が本当に処断されたキリストは，転義的かそれとも風諭的に解釈されている。というのも，わたしたちの罪が取り除かれたということは，わたしたちのために罪とされたキリストによるのでないなら，どこからわたしたちに来るのか。したがって，それは必然的にわたしたちの力や功績によってではなく，神の罪によって，つまり神が罪となしたお方によってなのである。わたしはお尋ねしたい，パウロはどうして「神は罪を消した」と言わないで，注意深く「神は罪を処断した」と明記しているのか，と。わたしたちはもちろん，ルーヴァンのソフィストたちがしているように，選ばれた器であるパウロが，よく選ばれた適切な言葉を使い，予見して〔つまり洞察力を発揮して〕語る言葉をもっていなかったとは思わない。というのも，だれが処断されたのか。彼はそれに「肉において」と付言し，それによって罪が肉にある，だが処断された肉〔人なるキリスト〕にあることをはっきりと主張する。確かに単にその強奪行為や邪悪な犯罪が禁じられているような人，捕らえられ投獄されている人が処断されているだけでなく，判決が下されており，死の宣告を受けて処刑される人もまた，みんなの目に晒されているところから運び去られることしか起こらないように，たとえまだ運び去られていなくても，そうなるように処断される。そうは言ってもそのような力は盗賊のどこにあるのか。

そのように罪は洗礼によってわたしたちの内で捕縛され，裁かれ，全く弱められているので，何もなすことができず，完全に破壊されている。しかしこの処断〔断罪〕されたものと共謀する者は，ヨハネ福音書第16章（8,11節）「霊は世の誤りを明らかにする。この世の支配者はすでに裁かれている」という状態に陥る。わたしたちは罪が処断されており，この判決は正しいことを信じなければならない。またそのことが実行されることを信じなければならない。だがこの捕囚の鎖は何であるのか。イザヤは第5章（11・5）で「信仰がその腰の帯となり，正義がその腰の帯となる」と言う。同様に詩編68（18節）は「あなたは高い天にのぼり，人々をとりことし，人々のために〔あるいは，人々から〕貢ぎを受ける」と言う。しかし，まだ捕まっていない盗賊でも投獄されている盗賊に劣っていないことを知らない人があろうか。しかし，その人の力が消滅しており，死が間近に迫っている人ほど無力な者はいない。それはその人が盗賊として行いたいことをもはやできないからである。それゆえその人は哀れであるが，それでもまだ盗賊である。なぜならあなたが彼を放免すれば，彼は盗賊のすることをするであろうから。それと同じく洗礼後にわたしたちが現に犯す罪は，その自然本性における罪であっても，単に実体における罪であって，その量・質・能動における〔個別的な〕罪ではないとしても，全く受動性〔消極性〕での罪である。なぜなら怒りや色欲という全く同一の運動は敬虔な者にも不敬虔な者にもあって，それは，恩恵以前でも恩恵以後でも同一の肉〔の働き〕であるように，恩恵を受ける前でも恩恵を受けた後でも同じなのであるから。しかし恩恵〔が支配する場〕においては，その運動は何事もなすことができないが，恩恵〔が支配する場〕の外ではとても強力である。それゆえパウロはローマの信徒への手紙第8章（2節）で「キリストによって命をもたらす霊の法則が（W. 8. 92）罪と死の法則からわたしを解放した」と言う。どうして彼は「死と罪から解放した」と言わなかったのか。キリストは罪と死から同時に解放しなかったのか。だがパウロは霊の法則に固有のわざについて〔ここで〕語っており，それはキリストが受けるに値したものをまさに行っている。キリストは，生かす霊の法則をわたしたちが受けるに値するものとすることによって，確かにすべての人を罪と死から一度に救い出し，解放したのである。そうすると，あの命の霊は何を行ったのか。彼はまだ死から，まだ罪から解放していないが，終わりの日には解放するであろう。なぜなら，わたしたちは今なお死なねばならないし，罪の下に労苦しなければならないから。しかし彼は死と罪の法則から，つまり罪と死の支配と暴政から〔わたしたちを〕解放したのである。こうして罪は確かに手許にあっても，その暴政がなくなっているので何事もなし得ないし，死は差し迫っているが，その針がなくなっているので何も害さないし，脅かすこともできない。見たまえ，パウロが洗礼を受けた者たちに残存する悪を罪と呼んでいる，二つの出典箇所をあなたはもうもっている。

したがってパウロはローマの信徒への手紙第8章（13節）とコロサイの信徒への手紙第3章（5節）〔という二つの出典箇所〕で，わたしたちが地にある間もっている四肢・怒り・貪欲とその類のものを殺すように命じる。そして全く明瞭な言葉でもってそれを単に罪そのものと呼ぶばかりか，それを特別な名称をもって怒り・色欲・貪欲とも呼んでいる。またこの言語の新しい創始者たちは，それが諸々の欠陥や罪の名称ではない，と信じ込ませようとするであろう。というのも使徒は聖なる人たちと信徒たちに手紙を書いているからである。したがって彼ら〔言語の新しい創始者であるソフィストたち〕は，色欲はその箇所では欠陥〔悪徳〕ではなくて，罪の「罰」と何らかの「不完全性」であって，神の律法と対立していない，とでっちあげるのだ。それは洗礼を受ける前には罪の罰ではなかったのか。どうしてそれはそのとき罪であったのか。それともここでは〔罪を他のせいにする〕転嫁（imputatio）だけが事態と本性とを変えてしまったのか。そうすると彼らはパウロのすべてを全く新しい用語でもって満たし，これまで使われてきたものを根絶しなければならなくなるであろう。そういうわけでローマの信徒への手紙第6章（12節）は「あなたがたの死ぬべき体を罪に支配させて，体の欲望に従うようなことがあってはならない」と言う。これよりも明瞭に何を言うことができようか。罪とその情欲はからだの中にあるが，わたしたちはそれが支配しないように配慮すべきである。これ〔ロマ6・12〕が第三の出典箇所であって，同じところに第四が次のように続く，「なぜなら罪はあなたがたを支配することはないから。というのも，あなたがたは律法の下にはなく，恵みの下にいるから」（同 14 節）と。見たまえ，彼は恩恵の下に生きている人たちに書いており，罪が彼らを支配していないと言う。このことは少なくとも外的な人ではなく，内的な人について理解すべきである。第五の出典箇所は，同じところにある言葉「わたしたちの古い人が〔キリストと〕ともに十字架につけられたのは，罪のからだが滅ぼされるためである」（同 6 節）である。彼は言う，わたしたち人間は十字架につけられたが，それでも罪のからだがまさしくわたしたちにおいて滅ぼされなければならない，と。彼は不完全なからだや罰を受けたからだが滅ぼされるようにとは，決して言おうとしない。見たまえ，〔このように〕わたしたちは五つの明瞭な出典箇所をもっており，その箇所でパウロはすべて罪と呼んでいるが，わたしたちがこれまで罪として数え入れていなかった箇所——そこでは欠陥の個別的な名称を用いている——を除いている。ところが，ほら吹きの売り子どもは，このような天上的な雷鳴のとどろきを避けるように強制しようとする。なぜなら彼らは，自分自身の頭から〔出てくる考えで〕紡がれ，聖書のただの一節によっても確証されないような語句の注釈をでっち上げているからである。そこで，これとその全体が関係している〔ローマの信徒への手紙〕第 7 章についてわたしたちは続いて〔本書第 3 章で〕考察する。

7　聖書の罪概念の要約：信仰義認論および支配する罪と支配される罪

では，どうしてそうなのか。わたしたちが罪人なのか。いっそう正確に言うとわたしたちは義とされているが，それも恩恵によってなのである。

a) スコラ神学の行為義認論の批判と信仰義認論

義認というのはあの〔スコラ神学的な〕形相的な性質[13]にではなく，神の憐れみにもとづいている。というのも実はあなたが敬虔な人たちから〔神の〕憐れみを取り除いたとすると，彼らは罪人であり，真正の罪をもつが，彼らは信仰しており，憐れみの支配の下に生活し，また断罪されており，彼らにおいては罪が絶えず殺されているがゆえに，その罪は彼らに転嫁されない。これが（W. 8. 93）栄光に輝く洗礼の赦しであって，あなたがもし疑いを懐かないでこの事態を熱心に考察するならば，まだ罪に染まっている人が義人とみなされることは，〔道徳的に〕完全に清い人よりも，〔宗教的に〕もっと偉大なことであると言うべきである。したがってわたしたちは洗礼がすべての罪を取り除くと言ってはならない。それは本当にすべての罪を取り除くが，その実体に関してではなく，大抵は実体に関してではあっても，完全にはその力に関してである。同時に洗礼は，罪が取り消されるように，実体に関しても日々に罪を取り除くのである。わたしだけが，あるいは使徒たち以後の人々の中でわたしが最初に，このことを言っているのではない。アウグスティヌスに次のような言葉がある。「洗礼によって罪はことごとく赦されるが，それは罪がなくなるためではなく，罪として転嫁されないためである」[14]。あなたは聞きましたか。罪の赦しの後でも，罪はあるが，それは罪として転嫁されない。あなたにとってこの

13）「形相的な性質」（formis qualitas）というのはスコラ哲学の概念であって，事物に形相があるように，行動には習慣が生み出す力として求められる。この習慣には形があって行動に先立ってあらかじめ据えられていなければならない。したがって形相的な性質とは善いわざに先立って形成されねばならないものを意味する。

14） アウグスティヌス『訂正録』I, 19. ミーニュ『ラテン教父著作集』第32巻，614頁。

言い表し得ない神の恩恵で十分ではないですか。それはあなたをあらゆる罪から完全に義とするので，あなたは罪がないかのように振る舞い，すでに断罪され，死んだも同然となっているものをただ打ち殺すように続けるだけである。したがって，このことは〔この思考過程における〕愚かさ〔間違い〕をラトムスに示し，使徒が本来的な意味で真の罪を理解していないと言うように彼を強要する。それでもあなたは言うべきである，「もはや〔罪人に〕転嫁されていないものは罪ではない。わたしが言いたいのは，罪がわざの本性にではなく，〔他に責任を〕転嫁しない恩恵に帰せられることである」と。だがラトムスは恩恵の赦しを後置して，〔能動的な行為義認を確立すべく〕本性的には罪はないと主張する。だがこれは〔恩恵に対する〕冒瀆である。

これをもって今やわたしは，神の憐れみが赦しを与えないと，すべての善いわざは罪であることが明らかになったと思う。というのは彼ら〔敵対者たち〕自身も，木の本性が再び実りをもたらすことを否定できないからである。だが木について，すでに断罪され，〔罪が〕赦されていても，罪がないのではないことが明らかとなっている。アウグスティヌスも『訂正録』第1巻19章で語っていることがこれに関係している。彼は〔この箇所で〕神の戒めがこの世において実現されるかどうかを論じたところで「神の戒めのすべては，行われなかったものがすべて赦されるとき，実現される」と結論をくだしている。ここで彼は行われた行為によるのではなくて，赦しを与える神の憐れみによって諸々の戒めは実現される，と明らかに言っているではないか。だが罪のほかに何が赦されるのか。それゆえソフィストたちは，〔善いわざが〕罪であることを否定しながらも，パウロによってそれが罪であると呼ばれることを認めているので，言葉を弄ぶ技巧にしがみついていることは明らかである。こうしてあなたは彼らにしたがって「善いわざは罪ではないが，それでも罪と呼ばれるものである」と言うことができる。それは前に〔神の戒めの実現が〕不可能であると言われていたのと同じである。つまり「神に戒め〔を実現すること〕は不可能ではないが，それでもそう言われていることは不可能である」と同じである。それはあなたがアリストテレスが報告しているデモドクスの真似をして「ルーヴァンの人たちは確かに愚か者ではないが，それでも愚かな者が行っていることをする」と言うようなものである[15)]。確かに彼らはそのような芝居がかったことを行っているが，それも単に「罪」と「不可能」という言葉が一般に認められている意味で通用しなくさせているだけである。それも彼らの見解がそれ〔一般的な意味〕と矛盾しており，わたしたちの教師どもが真理によって動揺されない〔つまり克服されない〕ため以外の理由をもっていない[16)]。

b）支配する罪と支配される罪

またわたしたちはここで罪について語ったのであるから，わたしは読者に前もって警告しておきたい。それは読者がラトムスによって導入されたすべてに簡潔に答えることができるためである。まず第一に注意しなさい。ラトムスは，わたしが主張する罪などなく，ずっと前から克服されているかのように，あらゆることに踏み込んでくる。勝利の前に小躍りして喜び，もっとも邪悪にも論点先取の誤謬を犯す[17)]。(W. 8. 94) したがってラトムスが聖書や教父

15） アリストテレス『ニコマコス倫理学』第7巻8章参照。

16） ここに「理由をもっていない」と意訳した原文の直訳は「過失をもっていない」である。

17） 本書「ラトムスの序文について」136-137頁で論じられていた論点先取の誤謬〔最初に証明すべきものをそれに先だって使用す

たち〔の書物〕から，信仰者が罪を犯すのを否定している箇所を集めることができるものをすべて，これと関係させており，わたしに反対する結論となしている。それゆえあなたはそのすべてに対してパウロのローマの信徒への手紙第6章（12節）の言葉「あなたがたの死ぬべき体を罪に支配させないではならない」を役立てるようにしなさい。こうしてあなたは「罪が支配する」と「罪が支配される」と別であることを知るようになる。というのも，こうすることによってあなたはラトムスに「罪を欲する」と「罪を成し遂げる」とは別であるが，〔たとえば〕窃盗と殺人のように，それでもまさしく同じ罪であると主張することができるからである。したがって，〔ラトムスが〕証言の雲にのって押し寄せて来るならば，こう言いなさい，証言を数え上げてもそれをよく吟味しない，わたしの先生，あなたは，聖なる人たちやそのわざには支配する罪はないことを，あるいは「あなたがたは自分の欲望にしたがってはならない」（同上）とパウロが言うとき，彼が考えていることを，本当によく評価しているようだ。「自分の，自分の〔欲望〕」と〔パウロが言っているのを〕ラトムス博士よ，あなたは聞きましたか。自分の罪はからだを支配していませんが，それでも彼の欲望と一緒にそれはからだの中にあるのだ。なぜならルターは支配する罪について，それが聖徒たちにあるとは，一度も語ったことがないから。したがってあなたがたは正しく行動していない。なぜならあなたがたは自分が約束したこととは別なことを行っているから。あなたがたはルターを反駁しようとしているが，あなたがたが造りあげた何らかの幻想を論駁しているのである。

たとえばパウロがコリントの信徒への第一の手紙第7章

る誤謬推理〕を指している。

(28節) で「未婚の女が結婚しても，罪を犯したわけではない。またあなたが結婚しても，罪を犯すわけではない」と言う場合，あなたのご主人はこれ〔この人が罪を犯していないこと〕をルターに反対して引用しても，決定的にはならない。というのもそれは「罪があなたがたの死ぬべき体を支配してはならない」と言うことと同じであるから。それゆえパウロはその一連の発言が証明するよう，支配する罪について語っている。というのも彼は罪が支配していない聖なる人たちのことを語っているからである。ルターもまたこのことを，あなたがヨハネの第一の手紙第3章(9節)「神から生まれた人は皆，罪を犯しません。彼は罪を犯すことができません」にもとづいて語っているよりもさらに力強く語っていなかったのか。というのも「未婚の女が結婚しても，罪を犯したわけではない」は「罪を犯すことができない」よりも不完全であるから。まさにこのことをパウロはローマの信徒への手紙第6章（14節）で「罪はあなたがたを支配することがない」，つまりあなたがたは罪を犯すことがない,「なぜならあなたがたは律法の下ではなく，恵みの下にいるからです」と言う。というのも「未婚の女が結婚しても，罪を犯したわけではない」と言うラトムスと,「未婚の女が結婚しても，罪を犯すことができない」と言うルターとは，未婚の女が，肉に対する義務を果たすことで，罪を犯すことを否定してはいない。すべての人はこのことを一致して主張しており，詩編50編(51・7) は「見てください，わたしは不義のうちに身ごもり，わたしの母は罪の中でわたしを懐妊しました」と証言する。ではどのようにして結婚している人が罪を犯しながら，それでも罪を犯さないのか。それともラトムスは結婚を寝床の秘め事より以前の婚約期間になされたことにだけ関係させているのか。わたしは彼がそれほど明瞭に詭弁的な遊びを追求しているとは思わないが，それでも詭弁を追求しているかもしれない。それは，パウロが同じ場所で「妻は夫にその務めを果たし，夫は妻にその務めを果たしなさい」（Ⅰコリント7・3）と前もって知らせた戒めに対して〔彼が語っている〕ことである。あるいはパウロはここでダビデが語っている罪における懐妊のわざのことを教えてはいないのか。だが結婚するものは，このわざに心から身を任せている。そこでラトムスのまた聖なる人たちもしばしば罪を犯す，と言う。つまり，未婚の女も結婚することができるが，何らかの赦されうる罪に遭遇するとき，未婚の女が結婚して罪を犯すことは，使徒の教えに反することになるであろう。

だが大胆な使徒の発言に注意しなさい。彼は言う，「お互いに欺いてはいけない。納得しあった上で，（W. 8. 95）もっぱら祈るために閑暇をもち，また一緒になるなら話は別です。あなたがたの不節制に乗じてサタンが誘惑しないともかぎらないからです」（同5）と。だれがこのように語っているのか。パウロよ，あなたは，ルーヴァン大学の神学部の手紙と印章もないのに，聖徒たちと祈るために閑暇をもつようにあなたが教えた人たちに，大胆にも不節制の烙印を押すのですか。あなたは，きっとカタフリガヌス[18]の弁護人タティアヌスであって[19]，単に結婚のみならず，神の聖徒たちをも罪に巻き込んでいる。そしてラトムスがルターに反対してつじつまが合わない馬鹿げたことを持ち込んでいるすべての見せびらかしは，あなたに襲いかかって来るであろう。そしてあなたの書物が焼かれることが起こるであろう。その次にはその後に恐ろしい教皇教書は〔あなたが〕主の畑の忠実な耕作者であることを確認す

18）　カタフリガヌスは2世紀後半に小アジアに広まったキリスト教の異端モンタヌス派の信奉者であった。

19）　タティアヌスは2世紀の護教家で，伝えられるところによると再度教会を去った。

るであろう。するとラトムスが立ち上がって，あなたを弁護し，あの不節制は不節制ではなく，弱さと罰であることを立証するであろう。またサタンが神の聖徒たちを誘惑するとき，彼らを不節制にではなく，弱さへと誘惑し，何かの機会に不節制に合意し，罪には合意しないで，弱さと罰に合意し，このようにして彼らはすでに罪を犯していても，罪を犯していない〔と説かれる〕。見なさい，〔パウロよ〕あなたは何と嫌悪すべき異端者に将来されてしまうことか。最後になると神の戒めがことごとく罪ではなく，弱さと罪の罰を禁止するようなことが起こるであろう。そして新しい神学が世に到来し，それによると罪というのは罪に同意するのではなく，弱さと罰に同意することであり，神は罪ではなく，弱さと罪の罰を避けるように禁じた〔と説かれるようになる〕。こうしてローマの信徒への手紙第 6 章（12 節）は「その欲望にしたがってあなたがたの体を罪の罰に支配させてはならない」あるいは「あなたがたの体を弱さに支配させてはならない」となるであろう。もう一度言うと，罪でも断罪されてもいないものに同意することが罪となるであろう。これは罪の全く新しい理論である。弱さは罪ではないし，断罪されてもいない。それでも，もしあなたが断罪されてもいないし，責められるべきでもないものに同意するなら，あなたは罪を犯しているのである。

8　自説に対する牧会的な配慮

それゆえ，これらのソフィストたちが敬虔な魂に対し牧会的な配慮をしようとしたなら，欺瞞的な言葉の使用をやめて，事柄をあるがままに単純に，次のように述べていたであろう。優れた兄弟たちよ，善いわざが神に喜ばれ，それによってわたしたちは救われると，わたしたちは告白する。しかし彼らには罪がないという理由で，彼らが善なのではなく，むしろ罪と対決して戦うことによって善とされているのである。というのも罪がわたしたちにあっても，罪が支配しないように，罪の情欲に服従しないようにすることが，まさしく善いわざのすべてであるからである。

a)　神の審判と憐れみという二つの視点

神の律法の厳格さはそのような戦いがわたしたちにないことを要求している〔が，実際には戦いがある〕。なぜなら，わたしたちは初めからそのように〔戦いがないように〕造られていないからである。「神は人間をまっすぐに造られたが，人間は自ら多くの手立てを探し求めた」（コヘレト7・29）とある通りである。というのもこの悪業によって妨げられて，わたしたちは全面的に神の律法のうちにあるのではなく，わたしたち自身と戦うわたしたちの部分が神の律法に敵対するようになるからである。それにもかかわらず，少なくともこの部分に同意しないで，それに逆らって戦い，それを滅ぼすように努めるすべての人に，神は憐れみと赦しを約束したもう。このような努力は神に喜ばれる。それが〔神に喜ばれるに〕値するからではなく，神が情け深かったからであり，〔彼らを〕受け入れることを約束したからである。それゆえ，あなたが尊大になり傲慢にならないために，あなたは自分自身のうちで裁きと厳格さを恐れ，（W. 8. 96）〔神の〕憐れみだけに立ち向かわねばならない理由をもっている。なぜなら，あなたのわざが善であるのは，この〔神の〕憐れみによるのであって，あなたの努力によるのではないから。したがって厳格な神の審判にしたがってあなたが自分を判断するのと，神の憐れみの好意にしたがって判断するのとは別である。また，この二つの視点〔神の審判と憐れみ〕をあなたは現世においては切り離すべきではない。前者〔神の審判〕によるとあなたのすべてのわざは，神に敵対するあなたの部分のゆえに汚れており，不潔であるが，後者〔神の憐れみ〕によるとあなたは全く清潔であり，正しい。さらに，このようになるためにあなたは洗礼のシンボルを証人としてもっており，それによってあなたの罪はすべて本当に赦されている。わたしは言いたい，すべてが赦されているが，まだ全部が破棄されてはいない，と。というのも，わたしたちはすべての罪の赦しが疑いなく実現されたことを信じるが，すべての罪の根絶と完全な廃棄が起こるように日々行動し，かつ，期待しているからである。またそうなるように苦しんでいる人たちは善いわざを行っている。見なさい，これがわたしたちの信仰である。なぜなら，これこそカトリックの信仰であるから。だがこの信仰を非難するソフィストたちは，わたしたちがわざに信頼するように鼓舞し，神の裁きのわざを神の憐れみのわざのように弱体化するように努めている。これは彼らについて詩編 9 編（10・5）が「神の裁きは彼らの理解からはるかに遠ざけられている」と語っている通りである。こうしてソフィストたちは神の畏れとわたしたちの信頼とを無効にする。もしもそうでないなら，彼らは我慢することができたであろうが，今や彼らはわたしたちの任務と救いの要塞が破壊され，全滅されるように熱望しており，さらにあまり重要でないことで戯れたり，熱狂したりしている。

b）支配する罪と支配される罪との区別に対するラトムスの批判

それでもあなたはわたしに「支配する罪と支配される罪との区別は新奇なものであり，あなたが考えたものである。それはあなたの一存で立てられている」と言う。わたしは答える，あなたが何と言ったってそうあるであろう，と。その区別を軽蔑せよ。言葉上の論争はわたしには関係がない。〔事態を正しく表現する〕別のものを想像したまえ。〔だが〕少なくとも支配する罪という言葉はわたしが作ったものではなく，パウロの権威がそこにはある〔パウロから引用することができる〕。支配しない〔罪と〕あなたが呼ぶものをあなたは今好きなように挙げるがよかろう。だがわたしには創世記第4章（7節）「罪の渇望があなたのもとにあっても，あなたはそれを支配すべきである」が味方している。ここでは罪が支配されるものとして述べられていることは確実である。だがソフィストたちでも赦されうる罪と死罪とは別であることを認めなければならない。また彼らが赦されうる罪は害さないし，支配しないし，断罪しないと主張するとき，それでも彼らがそれを言葉の本来的な意味で罪と呼んでいるのはきわめて正しい。また彼らは一方が死罪であり，他方が赦される罪であるから，両者は二つの相違せる種類と本性であるとはしないで，それは二つとも神の律法に由来しており，それに違反していると主張する。またわたしとしては洗礼の後にとどまっている残滓を，彼ら自身が赦されうる罪と呼んでいるのと同じ仕方で，罪と呼ぶことをわたしに許してくれるようにお願いしたいだけである。というのも，その罪は〔神の〕憐れみを欠いており，その本性は悪であり，かつ，悪徳であり，またもしあなたがそれに同意するなら，罪があなたを支配するように，またあなたが罪に仕えるようにさせ，死罪に陥るように働きかけているからである。この点でわたしはパウロのローマの信徒への手紙第6章（6節）[20]をこれまで十分に想起してきたし，そこからわたし

20）　そこではパウロは「わたしの古い自分がキリストと共に十字架につけられたのは，罪に支配された体が滅ぼされ，もはや罪の奴隷にならないためであると知っています」と語っている。

が引き離されるのを自分に許さないであろう。すでに語られているように洗礼の後に罪とその強い欲望という二つの悪が残っていることを彼らは否定できなかった。パウロの言葉は明瞭である。それは罪，火口（fomes）そのものは本性的な悪であるが，欲望はその運動であって，（わたしは言う）「罪の体が滅ぼされるために」（同上），これに従ってはならないし，それを滅ぼさねばならない，と彼は言う。ソフィストたちはこの二つを好きなように呼んでもよいが，パウロがそれについて語っていることを拒否すべきではない。パウロは，それらが殺されるように断罪されており，したがってそれらは悪しき欠陥であり，罪であるから，それらが滅ぼされて死に至ることを願っている。というのも諸々の弱さ，可死性，罰は戒めには属しておらず，またわたしたちの自由な決断にも数えられないからである。わたしたちを除くと，ただ神の他にだれが死と罰を殺すことができようか。しかし罪と（W. 8. 97）わたしたちを有罪となすものに対し諸々の戒めは公布されている。それゆえパウロが欲望を殺すように，それに従わないように命令するとき，そこでは確かに罰ではなく，可死性や弱さでもなく，罪を彼は理解している。潰瘍に従ってはならない，発熱に従ってはならない，飢えと渇きに従ってはならない，裸や鎖の枷に従ってはならない，あるいはそれらのうちの何か一つから起こる欲望に従ってはならない，と命じる戒めは，一体どんな種類の律法なのだろうか。それらはすべて弱さ，罰，可死性ではないのか。しかし，わたしたちは罪や罪人，またそれ自身も罪であるそれらの示唆に従ってはならない。

9　要約，残存する罪は恩恵によって支配された罪である

しかしながら使徒が罪と強い欲望について説明している，明瞭ではっきり定義された言葉を，わたしたちはもっているのに，こんなに明瞭な事柄をこんなにも多くの言葉を使って苦労〔して説明〕するは愚かなことであろう。パウロの言葉で満足しない人は，わたしたちの言葉によって説得されるであろうか。わたしはお尋ねしたい，パウロが曖昧に語って「罪」の代わりに「悪」や「弱さ」を置いたとしたら，彼ら〔ソフィストたち〕は何をなしていたであろうか，と。同様に「服従する」や「支配しない」の代わりに，ペトロが「肉の欲を避けなさい」(Iペトロ2・11)と言っているように，「警戒する」や「避ける」と語っていたら彼らは何をなしていたであろうか。そのときには彼らは何と確信をもってまた何と喜んでここでその勝利を祝ったことであろう。今では彼らは光と日に反抗できないので，それに対し雲を間に挟んで真ん中に闇を造り出そうと企てる。こうして彼らは罪を罪でなくし，パウロを虚言者と思われるようにする。またもし教父たちが彼ら〔の考え〕に賛成していると思われても，わたしたちは教父たちに寄りすがるべきではなく，むしろパウロに頼るべきである。そしてもし教父たちが真理を語っていたとしても，彼らはパウロが語っているよりも曖昧であり，力が弱い。パウロの言葉は行間注解が何ら必要でないほどに明瞭である。それどころか，それは注解によってむしろ不明瞭にされている。しかしながら，わたしが前に語ったように，教父たちはこの〔支配される〕罪と欠陥をかつて呼び寄せてはいても，それでももっと頻繁に支配する罪について語っ

ている。それゆえ教父の言葉でもってわたしを攻撃する，わたしたちのソフィストたちに対して，わたしは次のように答えたい。あなたがたはもっとも明瞭なものを不明瞭なものによって信じさせ，神の言葉を人間の言葉で考察している，と。このことをあなたがたのアリストテレスでさえも，知られていないものを知られていないものによって，曖昧なものを曖昧のものによって，ましてや明瞭なものを不明瞭なものによって，証明することがないようにと禁止していたがゆえに，わたしはあなたがたが役に立たない論者であると結論をくだす。あなたがたは，すべての問題において，また，いかなる時にも，論点先取の誤謬をいつも最悪の仕方で犯している。〔したがって〕ルターの回答とラトムスに対する論駁の骨子は次のようである。引用された使徒パウロの出典箇所における罪が本当に，かつ，本来的に罪でないことが立証され得るならば，ルターは〔論破されて〕破滅する。もしそれが立証され得ないならば，ラトムスは〔論破されて〕破滅する。ところがそれは，自己矛盾に陥っており，そのうえ，自己矛盾に陥っていなくても，人間的である〔に過ぎない〕教父たちの何らかの言説によるのでなければ，立証されることができない。さらに神の言葉——その権威なしには何ものも主張されるべきではない——は，教父たちの言説に対し優先されなければならない。それゆえラトムスと彼のすべては〔論破されて〕破滅し，ルターはそのすべての主張と共に存続するのである。

わたしとしてはそれでもラトムスの誠実と一貫性を称賛する。彼がひとたびソフィスト的で頑固な一派を防衛しようと引き受けてからは，ソフィストたちの精神と頑迷さに値しないものは何も欲求しないで，神と人間との発言が〔相互に〕矛盾的に対立するすべてを，彼は自分が欲するどこへでも，引き寄せ，ゆがめ，ひねり，強いている。このことをわたしたちは先に考察してきた。そこでは聖書の証言は，（W. 8. 98）神の戒め〔を実現すること〕がわたしたちには不可能であることを，何ものもそれよりも明瞭ではないほどに，立証している。それでも彼ら〔ソフィストたち〕は，耳の聞こえない毒蛇のように，このことに耳を閉ざし，そこから目を転じて，自分のものとしてかつて引き受けたあの唯一の法令を公に次のように主張する。すなわち「神が不可能なことを命じると主張しようとする者は破門されるべきである」と。わたしたちはこのような人間的な言葉を〔断固として〕支配すべきである。このことをすべて明らかにすべきである。このことはどんな注釈によっても影響されてはならない。それに対して神のように〔がなり立てる〕雷鳴は〔それを平気で〕無視し，黙殺し，同時に役に立たない気まぐれな注釈なら何でも聞き入れるに相違ない。〔こういう人々にとっては〕人間の言葉は神聖にして尊ぶべきであるが，神の言葉は売春婦に引き渡されている。同様にここでもこんなに多くの神聖な稲妻が，罪と強い欲望が洗礼の後にも残っていることの証人として呼び出される。〔聖書はそれらを〕怒り・情欲・貪欲・ふしだらともはっきり呼んでいるのに。つまりそのような名称でもって，万人の理解によると，あらゆる言語では悪徳と罪がいつも呼ばれている。それにもかかわらずソフィストたちは，それに対して厚顔にも立ち上がり，耳を貸さず，目を閉じ，心をそらしている。こうして彼らはただすべての耳をこの人間的な言葉でもってふさぎ，それだけを舞台に残し，洗礼の後に罰と弱さだけが残っているという彼らの主張に反対してだれも〔意見が〕変わることがないようにする。これに対して神の神託は無視すべきであり，パウロはこれに譲るべきであって，これに対しわたしたちとすべての聖徒たちの日ごとの経験は譲歩すべきである，〔と彼らは主張する〕。そしてもし人々が譲歩しようとしないならば，彼らは仮面を身につけて罪の名称によって不完全性と弱さを表現し，またわたしたちの解釈とは自分たちは一致しないと厚かましくも用心するようにと言う。というのもラトムスは，多くの聖徒たちが（彼が理解している罪の意味で）軽率にも，無知のままに，またその他の仕方で，罪を犯すことをも前に認めていたからである。またそれはパウロが死すべきからだにおける罪の情欲と呼んでおり，それにわたしたちは従ってはならない，つまり同意してはならないと説くものである。なぜなら，あなたは知らないで〔罪を犯す〕か〔罪によって〕先立たれるか，あるいは不本意に同意することができるからである。するとラトムスは彼らが不本意にも罪を犯していると主張した。しかしパウロがそのことを罪と呼んでいるがゆえに，ラトムスは罪の下で罰を理解するように強制することになる。そこには人間ではなくて〔彼の〕霊がこのことを語っているからという以外に理由はない。こうして罪と罰が何であるべきかは，ソフィストたちの恣意にもとづくことになる。どうかだれも，このことがモアブ族の厚顔無恥に優っている，と言って怒り出したりしないように。

10　教父の伝統と聖書の関係

しかし，あなたは言うでしょう，「あなたは教父たちの言葉を信じないのですか」と。わたしは答えます，「わたしは信じなければなりませんか。彼らを信じるようにだれが命じましたか。そのように信じるようにという神の命令はどこにありますか。どうして彼ら〔ソフィストたち〕は自分たちの教父たちを，とりわけ自由であることを欲し，あらゆる人間の書物に対してすべての人が自由であることを欲した，アウグスティヌスを信じなかったのですか[21]」と。それともソフィストたちがわたしたちの自由を，二度もひどく呪われたアリストテレスに抗議しないで，(W. 8. 99) それに従うように強いるに至るほど，この暴政と捕囚に引き込んだので，わたしたちはいつまでもそれに奴隷として仕え，いつかキリスト教の自由によって立ち直らないのだろうか。また，わたしたちはバビロン捕囚から解放されて，わたしたちの書物を憧れ慕はないであろうか。しかしあなたは言う，「彼らは聖なる人たちであって，〔聖なる〕書物を明らかに説き明かしてきた」と。だが，だれが彼らによって聖書が〔正しく〕説き明かされたことを立証したであろうか。彼らが聖書が知られないようにしていたとしたら，どのようにそれを立証するのか。彼らが聖書を〔正しく〕説き明かしていたことを，あなたはどのような見解によって立証するのか。それともあなたは，ルーヴァンの人たちの方法やケルンの人たちの方法で，「わたしにはそう思われる」また「そのように人々は言っている」と言いたいのですか。確かに彼らはそのように思われるし，そう言っている。ただ彼らはわたしに事態を明らかにするか，それともその愚かな言葉でもってわたしを強制するのをやめるかのいずれかをなすべきである。わたしは彼らの諸々の空想ではなく，神の言葉を信じるように命じられている。教師は一人のキリストであって（マタイ 23・10 参照)，教父たちは聖書の判断にもとづいて吟味されるべきである。こうして彼らの中でだれが聖書を明らかに説き明かしたか，だれが聖書を知られないように隠したかが確認されるようになる。パウロが命じているように，「すべてを吟味して，良いものを大事にしなさい」（I

21）ワイマール版はアウグスティヌス『書簡集』手紙 93・10，ミーニュ編『ラテン教父著作集』第 33 巻，338-343 頁を参照するように指示する。

テサロニケ5・21)。また彼はコリントの信徒への第一の手紙第14章(29節)で「預言する者の場合は，二人か三人が語り，他の者たちはそれを検討しなさい」と言う。すべてを検討するように命じた人は，アウグスティヌスをも，オリゲネスをも，またどんな人をも〔検討することを〕除外しないし，反キリストである教皇でさえも除外していない。「だが聖書の不可解な箇所は説明を必要とする」。聖書の不可解な箇所は断念し，明瞭である箇所を大事にしなさい。また，だれが教父たちは不明瞭でないと立証したのか。再びあなたの言う「そのように思われる」とか彼らの言う「人々は言っている」とは何であろうか〔と，わたしは問いたい〕。実際，教父たちはもっとも明瞭で明白な聖書の証言を探求し，公表すること以外の何を行っているのか。その言葉と信仰が今なお人間どもの注釈に依存しており，人間どもの解明を期待するキリスト教徒たちは惨めである。彼らは軽薄にして不敬虔である。聖書は万人に共通であって，救われるために何が必要であるかに関しては十分に明瞭であるが，詮索好きな魂にとっては不明瞭なことが多くある。各々は自分の運命〔道〕を，尽きることなく豊かにして普遍的に妥当する，神の言葉でもって辿るべきであって，わたしたちは人間どもの言葉を退けるか，それとも眼識をもって読むことにしよう。この〔聖書の〕権威に関してはこれで十分であり，すでに十分以上である。

（W. 8. 99）

第3章
ローマの信徒への手紙第7章の講解について

パウロの神学的人間論

1　ラトムスのテーゼ：洗礼後の罪は本来的な意味で罪ではなく，弱さに過ぎない。

ラトムスは〔次に〕パウロのローマの信徒への手紙第7章に向かう。ここで彼はわたしの見解を最大限にとりあげる。そして彼は，いかに真理を学ぶためかではなく，事態をゆがめ世界を欺く意図を懐いて，この〔ルターを批判した〕書物を書いたかを公けに語る。それもただ焚書の不名誉と瀆神の判決を和らげるためである。しかし彼がどんなに頑迷固陋であろうとも，それでも彼は青ざめて，おののき，静粛にしており，パウロの言葉によって歩んでいるので，大きな深淵が〔突如〕口を開けて，哀れなソフィストを呑み込んでしまわないように，〔パウロの〕言葉の一つ一つをその一点一画にも気づかっていたように思われる。だがこのような危険が過ぎ去り，自分の領地にやってきた後には，その地で彼は遠足に出かけて，教父たちの発言を積み上げたり，暇な読者が座ったままで無関係なものを沢山縫い合わせたり，一緒に詰め込んだりできるものを奇跡と考えたがっているかのようである。恐らく彼が提起した個々の点に答えるためには無限に分厚い本が必要なので，わたしが二度と書いたりしないように，彼はその著作の嵩〔分厚さ〕によってわたしを脅して追い払おうと望んで計画を立てたのであろう。しかしその望みは彼を失望させるであろう。なぜなら，わたしの〔この〕著作は堅固に基礎づけられているので，このことによって彼はすでに打ちのめされているので，（W. 8. 100）個別的な点のすべてに答える必要はないからである。それゆえラトムスの言い逃れの要点は次のようである。ここ〔ローマ7章〕でパウロによって言われていることは，罪と呼ばれる弱さが，洗礼後に残っていると言うことに他ならない。それにもかかわらず御霊は，その弱さを支配するとき，それ〔罪〕が断罪に値する罪とみなされることがないように，それゆえ人が善いわざをなすとき罪を犯さず，罪に仕えることがないように，働きたもうのである。ここであなたに分かることは，第一に〔ここに〕提示された問題とは異なる問題をラトムスが考察して，読者を当惑させ，誤らせ，読者から時間を奪っていることである。というのもラトムスが引き受けたのは，〔神の〕憐れみによって赦されうる罪の問題であって，この問題についてわたし自身が語っていることを彼は一箇所だけでなく〔その他の箇所でも〕証言しているからである。またこの証言の雑踏のすべてによって，その後に「見よ，これ〔洗礼後の罪〕は断罪に値する罪ではない」と結論する。そのさい彼は「見よ，これは罪でないし，赦されうるものでもなく，憐れみをも必要としない」と結論すべきであった。ちょうどそれは，「嘲笑することは赦されうる罪である」と主張したわたしを，あなたの唾をみんな吐き出し，汗を流した後で，とうとう息を切らして，あなたは「嘲笑することは死罪ではない」と言って，わたしを反駁すべきであったかのようである。これはヨブに対するエリフの議論〔ヨブ記32章以下〕と同じである。そのように神聖にして必要不可欠な問題でもって全世界の指導者として自分自身を誇示する者どもの，これらの不品行・詐欺・策略に耐えることは容易である，とあなたはお考えですか。わたしは彼ら〔ソフィストたち〕が罪が何であるかについて無知であることをもう嘆くのをやめるが，悪意をもって偽装し，自分の無知を否定し，敬虔な心に恥知らずの偽りを押しつけているのを見て嘆いている。

2　罪のパウロ的な厳密な規定とラトムス的な消極的な規定

ところがこの恐ろしい，かつ，逃亡奴隷であるソフィストは，わたしに次の確信を引き起こす。わたしは彼〔ソフィスト〕が逃走できないように，パウロを彼の面前に立てて，彼を追求し，捕まえて，彼が征服されるまで全力を尽くしたい。ラトムスがパウロを殺すか，それともパウロがラトムスを殺すかである。ラトムスは人間の援助に頼っても無益である。それゆえ，わたしは第一に福音を告白するキリスト者として使徒パウロが罪と呼ぶものを罪として提案することが許されるかどうかを尋ねる。わたしは罪が何を意味するかをまだ何も論じていない。この点は後に考察するであろう。わたしは単に罪のためにこのパウロ的な用語を使うことがわたしに許されているのかどうかに答えるようにしたい。それが許されないなら，パウロが抹殺され，それが許されるなら，どうしてソフィストたちは，まさにわたしが善いわざを罪と呼んだからといって，わたしに対してそのような恐ろしい言葉をとどろかすのか。彼らには善いわざを不完全さや弱さと呼ぶことが許されていないのか。では，どうしてそうなのか。わたしが彼ら〔ソフィストたち〕の言葉を用いるように，どうして彼らはわたしに強いるのか。なぜ彼らはわたしの言葉とパウロの言葉を使うように強いられるのを欲しないのか。彼らはそれ〔善いわざ〕を罪と呼ぶことを望んでいない。よし，そうしよう。〔それなら〕わたしも罪を弱さ（infirmitas）や不完全さ（imperfectio）と呼ぶことを望まない。しかし彼ら〔ソフィストたち〕は言う，「教父たちがそれを弱さや不完全さとして解釈していた」と。そうかもしれない。しかし，だれが教父たちの言葉を使うようにわたしに強いるのか。だれがパウロの言葉を捨てるようにわたしを強制するのか。それとも彼らは「それが愚かで，危険である」と言うのか。しかし，このことはもはやわたしに，つまりルターに向かって〔発せられて〕いるのではなく，パウロと（W. 8. 101）キリストの霊に向かって〔発せられて〕いる。「だが，あなたはパウロが行っている仕方で＜罪＞という言葉を用いない」。だれがこのことをあなたに教えたのか。これは「教父たちとあなたがたの〔発言との〕比較」によるのか。しかし，だれがこの比較を行ったのか。「わたしたち」（nos）である。では，あなたがた（vos）はだれなのか。あなたがたが間違っていないことを誰がわたしたちに保証するのか。教皇の勅書があなたがたを是認したからなのか。教父たちは正しくパウロの言葉を解釈した，と今や誰があなたがたを確信させるのか。あなたは聞かないのか。あなたは何をつぶやいているのか。それゆえ，あなたはお分かりです，ソフィストたちがこれまで申し立ててきたことがすべて自分自身の頭〔考え〕から出ていることを。だが，わたしはソフィストの指導者であるラトムスには何か別個の言葉を語らねばならない。責任があなたの肩を圧迫している。というのもキケロでもデモステネスでも苦しめなかったような性質と分量の重荷があなたを悩ましているから。わたしは神と人々の前であなたのすべてを放火犯，冒瀆者，殺人犯，キリスト教的敬虔の破壊者として告発する。それゆえあなたは今，討論しているとか，からかっているとか考えてはならない。わたしたちが扱っている問題は重要なのである。

もちろんあなたは恥に捉えられていたので，つまりあなたは初めから栄光を獲ようと急き立てられていたので，その結果こうして今や混乱が起こりはじめている。つまり，こうしてあなたはそのように吠え，雷を落とし，荒れ狂っているので，耳が腫れあがって誰の言うことも聞こうともしないで，ただ「善いわざの中には，罪はない，罪はない，罪はない」と無意味な叫び声をまき散らしているだけである。〔そんな次第で〕このわたしが提出し，解釈し，説明することはすべて無に等しい。あなたがこの〔罪という〕用語に対してこのようにわめいているのは，他でもない，あなたによって断罪されたものがパウロによってあなたの混乱から甦ってくることをあなたが恐れているからである。そんなわけでラトムスは，信じがたい厚かましさでもって，この用語そのものがことごとくわたしにとって断罪に値する死罪に関係しているものと解釈する。それでも彼はその〔罪という〕用語がパウロでは弱さだけを意味するのを願っている。この正直で誠実な男は，どこでもわたしをできるかぎり残酷に，かつ，侮辱的に解釈する。そして彼はいつもわたしの解釈を隠蔽してしまう。それでも彼はわたしが赦されうる罪について語っていることを自ら告白している。ところが彼は，自分が勝手に罪から造り出したものが，わたしによって罪と呼ばれていることを，世の中の人が認識するように欲するのだ。他方，彼はその用語〔罪〕を穏やかに解釈するので，パウロのうちに見られるその意味を完全に取り去っている。著者たちのためでなく，自分が好きなように用語を選んだり，隠蔽する特権をもつ著作家ラトムスは，何と偉大であることか。しかし，このわたしは，パウロとは違った仕方でこの用語を用いたくないと，あなたと世界に向かって約束する。そして，もしわたしが何か他の方法でその用語を使っていたとしたら，主がわたしに反対してくださるように，主の名を呼び求める。それ以上にあなたは何を求めたいのか。それに対しわたしはこの用語〔罪〕そのものを保持し，あなたや教父たちの用語を使いたくない。この点をあなたはご存知である。わたしは言いたい。わたしはあなたが「欠陥」（defectus）や「不完全」（imperfectio）と言っていることを「罪」（peccatum）であると主張した。あなたはわたしに何か他のことを強制するのですか。わたしはあなたのもっとも激しい急襲によっても動揺しない。わたしは，あなたがたが理由があってこの急襲に駆り立てられたことを，すなわち，あなたがたがそんなにも大きな犯罪にわけもなく突入したことに屈服しないし，それが露見されないように願ったことも理解する。これは前もって予想すべきことであった。

それゆえ，わたしたちはこの用語を解明するところに到達している。パウロは洗礼の後に残っているものを罪と言う。教父たちはそれを罪ではなく，弱さや不完全さと呼ぶ。ここでわたしたちは岐路に立つ。わたしはパウロに，あなたは教父たちに従う。そのさい，わたしはアウグスティヌスを除外する[1)]。なぜなら彼は通常それを洗練され

1）アウグスティヌスには罪を道徳的な当為実現能力が失われている「弱さ」（infirmitas）に求める傾向が認められる。この規定はキルケゴールが罪の消極的規定として批判してきたが，アウグスティヌスには悪を「善の欠如」（privatio boni）と見る新プラトン主義の悪の理解が影響しており，「欠如」という消極的な表現が時折見られるが，「欠如する」（privare）には「奪い取る」という意味が含まれていて，「あるべきようにない」ことの自覚も含意されている。この点に関して金子晴勇『アウグスティヌスの人間学』創文社，「privatio の意義」195-197 頁を参照。

た言葉で過失（vicium）や罪悪（iniquitas）と呼ぶからである。

3　恩恵の下にある罪と恩恵の外にある罪

さらにわたしたちは最大の相違点に到達する。ことによるとそのような罪，あるいはあなたが欲するように，弱さは，その本性において，あるいは罪を赦す〔神の〕憐れみによって，神と神の律法に敵対していないのかもしれない。このことはわたしたちの討論の要点ではなかろうか。(W. 8. 102) わたしとしては自分に役立つパウロの用語をもっている。この用語が何を意味するかを知らない人はいない。もちろん，それは自分の本性が（もし赦されていないなら）神に敵対するということである。あなたは（あなたの考えによると）〔洗礼後に残存する弱さが〕その本性上，神と律法に敵対しないと主張する，教父たちをもっている。だが，あなたは第一にそれが本当に教父たちの見解であったかどうかを立証していない。そうではなく，あなたが引用する〔教父たちの言葉の〕すべては，教父たちが神の憐れみの外に置かれている罪について語っている，とわたしが主張しさえすれば，わたしによって容易に〔ラトムスの主張は〕論破されてしまうであろう。このように教父たちは「あの恩恵に属する罪（peccatum illud gratiae）」——このようにわたしは理解するために表現してみたのだが——は誰をも告訴しないし，断罪しないし，恩恵の外にある罪と何らかの共通点が全くない，と全く正しく語っている。ラトムスよ，それと同じようにわたしも語っていないだろうか。わたしが罪と呼び，あなたが弱さと呼んでいるものには二人とも何ら破滅となるものがない，と主張する範囲でわたしたちが一致する場合には，わたしにどんな冒瀆があろうか。わたしが語ったことと同じことをあなたが教父たちから証明できるとき，どうしてあなたはわたしに対して荒れ狂い，かつ，恐ろしくわたしを告発するのか。それとも，あなたが裁判に先立ってわたしを断罪し，〔わたしの書物を〕焚書に処したのは，わたしがあなたの指導に従わなかったからなのか。だが，ラトムスよ，わたしは〔あなたの〕性急な行動と火に脅えたり，引き寄せられたりはしない。だが，わたしがまだ〔その著作を〕見ていない教父たちがいくらかいるかもしれない。わたしはアウグスティヌス，ヒエロニュムス，グレゴリウス，ベルナルドゥス〔の思想〕を知っており，雲のように多く〔の証人たち〕をわたしに向けて立ち上げても，無益である。しかし，あの〔洗礼後に〕残存するものがその本性において神とその律法に敵対しないと主張する人がいるかもしれない。また，それ〔残存するもの〕が神とその律法に敵対しないのは，ただ神の赦しの憐れみによることを否定する人がいるかもしれない。あなたがそのような人を見いだしたとき（だが，わたしはラバが生んだ子をあなたがすぐに見いだすように希望する），あなたはそのときそれを何に役立てたのか，何を創りだしたのか，何を打ち負かしたのか。これがパウロの見解であることを誰がわたしに確信させるであろうか。それともパウロの〔このよく知られていない〕見解について疑うことはわたしには許されていないのか。わたしには「その男は聖なる人である」が，それでも彼は人に過ぎず，この点で人間の味がする，とつぶやくことが許されていないのか。使徒には彼自身が把握していない何か別のものが潜んでいるかどうかを誰か知っていようか。この〔知られていない〕人が語っているように，もし欲すれば，語ることができたのに，パウロが〔洗礼の後に残存するものを〕とても自由に，かつ，はっきりと罪と呼んでいるときは，とりわけそうである。誰がこの人〔ラトムス〕にわたしたちのために法律を定め，わたしたちにそれを〔これこれしかじかと〕理解させる権利を授けたのか。キリストは言う，「あなたがたはだれもその律法を守らない」（ヨハネ7・19）と。ラトムスよ，あなたとあなたのソフィストたちは，この敬虔な心の思いを火あぶりの刑や絞首刑に向けて断罪したいのか。そのような人がその他になし得ないとしたら，どうするのか。またもしその人がその場合に良い根拠を持ち合わせていたらどうするのか。というのもパウロのうちに神が語っていることは確実であり，神の言葉は崇められるべきであり，踏みにじられてはならないし，あの〔知られていない箇所では〕神が語っているのか人が語っているのか確定されていないからである。

4　理性的根拠や共通感覚の無益

わたしたちはここで何をなすべきか。あなたは「わたしたちは理性と共通感覚（communis sensus）[2]に照らし合わせるべきである」と言うであろう。この問題でわたしたちが人間の権威のすべてから解放されていることを感謝したい。したがって，それでも信仰箇条（articulus fidei）から引き出されたことを誇っている，あなたの理性〔的根拠〕は〔支持されて〕とどまるであろう。その信仰箇条というのはわたしたちが，パウロが多くの箇所で教えているように，洗礼によってすべての罪の赦しが贈られていると信じることである。というのも，これがまたあなたの教父たち

2）　メランヒトンによると「共通感覚は外的感覚から提供された表象を受けとり，この感覚の対象を識別する」と説かれた。菱刈晃夫「メランヒトンのアニマ論」『ルターと宗教改革』日本ルター学会編，2002年，55頁を参照。

の理性〔的根拠〕であって，わたしには気に入っているからである。だが，どうしてパウロはこの理性〔的根拠〕によって，あらゆる罪の赦しの後に残っているものを罪と呼ぶようにと影響されなかったのか。それなのにどうしてパウロは教父たちが，あなたが言うように，それを罪と呼ぶのを否定するように影響したのであろうか。あなたがたはこの理性〔的根拠〕とパウロの言葉とを救うために罪〔の概念〕を区別することを考案したのである。それはこの二つをどうしても一致させる〔辻褄を合わせる〕ことができなかったからである。そうは言ってもあなたがたはこの区別そのものを聖書の出典箇所から（W. 8. 103）立証できず，それは人間による考案物であって，あなたはそれを否定できず，先に述べた理性〔的根拠〕のためにそれは（お分かりのように）不可欠なものである。そうではないですか。わたしはあなた〔の関心事〕を理解していませんか。また，わたしはこのような無思慮や無知の人に反対して何も主張しなかった。したがって，わたしはあなたの教師となる必要は全くなかったのである。

さて，わたしは〔聖なる〕霊の照明によって信仰箇条の敬虔を害することなく，同時にパウロを傷つけないで保つ方法を見いだしたならどうだろうか。もしわたしがパウロのどんな言葉をも暴力的に，かつ，未聞の仕方で変容させ〔て解釈す〕る必要がなく，それらを，他の箇所においても意味しているように，単純に，適切に，本来の意味にふさわしく受け取っているならどうであろうか。こうして，また，あの理性〔的根拠〕を満足させたら，——それ〔理性的根拠〕はこの言葉がこの唯一の箇所で，つまりパウロで，そしてその他聖書のどこでもなく，〔罪と弱さとの〕両義的にとれるように駆り立てている——あなたはわたしを〔妬んで〕認めるのを渋るであろうか。さらにあなたが喜んでそれを受け入れたくないなら，わたしたちが主要問題で見事に一致しているとき，あなたはわたしから喜びを奪おうとするのか。だが，もしわたしが信仰の敬虔に無傷のままとどまり，聖書の言葉をよい意味で理解することができるなら，わたしは御言葉の単純な理解から自分が引き離されることに我慢できなかったであろう。そんなわけで，わたしはあなたがたの人間的な考案にはもちろん譲歩したくない。

5　恩恵と罪の秘儀

だが，あなたは言う，「わたしたちが主要問題で一致するならば，あなたはなぜ世俗的な言葉で新奇なことを呼び起こし，躓かせる言葉なしにわたしたちと一緒に討論できないのか」と。わたしはそれに対して次のように応える。わたしは小川よりも〔小川の〕源泉から飲みたい。それともあなたはわたしにこのことを禁じるのか。わたしは二つのことに関心を抱いている。第一に，わたしは聖書をその力において純粋に保ち，あらゆる人間の接触から，聖徒たちの接触からも純粋に保ち，あらゆる地上の薬味から混じりけなく保ちたい。あなたがたは，パウロが言うように，世俗的な言葉の新奇さを避けない人であるが（Ｉテモテ 6・20 参照，ウルガタ），人間的な注釈を着せ，地上の香辛料でもって味付けしようと欲することによって，この神の聖なる事態を抹殺している。わたしの魂は，エゼキエルと同じように，人糞で焼いたパンを食べると吐き気をもよおす（エゼキエル 4・12-13）。あなたはこれが何を意味しているか分かっているのか。第二に，あなたはもはや罪と恩恵の奥義について誠実な言葉で正直に考察することができなくなっている。それに加えて，あなたはそれを理解することも，ついに愛することもできなくなって，神に対する賛美と愛において冷え，青ざめ，悲しくなり，無気力となっている。というのも人間の言葉が神に付け加えられると，純粋な真理に覆いが掛けられるようになるから。それどころか，以前にわたしが言ったことであるが，主がエゼキエル書で比喩的に語っているように，真理が人糞で焼かれているからである。この真理は〔神から与えられた食物〕マナであって，黄金の器の中に保存されるのを欲しており，人びとの手によって投げ捨てられたり，変えられてしまうのを欲しない。（そこであなたはわたしに尋ねる）「この問題を解くあなたの方法は何であるか」と。エジプトのニンニクやメロンを熱望しており，すでに長い間に損なわれた味覚を身につけているあなたがたは，その方法を喜ばないであろうが，わたしはそれに対し次のように答えるであろう。あなたがたがそれ〔わたしの方法〕を論駁できなかったが，わたしはあなたがたが神の言葉を他のどんな箇所にもないような意味にねじ曲げていると告発できるということで満足すべきである，と。そのようなことをキリスト教徒について聞くことは，いわんや神学者について聞くとは，何と恥ずべきことであるかを感じない人は誰もいない。

6　律法による罪の認識，本性の壊敗と神の怒り（内的悪と外的悪）

聖なる書物は二つの方法でわたしたちの罪を扱う。一つの方法は神の律法によって，もう一つの方法は神の福音によってである。この二つの神の契約は，わたしたちが罪から自由にされるように，わたしたちの救済のために定められたものである。律法はパウロがローマの信徒への手紙第3章（20節）で「律法をとおして罪を知るようになる」と言うように，他ならぬ罪を明らかにするためにだけ罪を考察する。この認識は本性の壊敗と神の怒りとの二つを教えていた。

前者〔本性の壊敗〕についてローマの信徒への手紙第7章（7節）は「もし律法が〈むさぼるな〉と言わなかったら，わたしはむさぼりが罪であることを知らなかったであろう」と言う。（W. 8. 104）なぜなら本性はこの恥ずべき激しい情欲を罪と呼んだのではなく，むしろ恥辱，姦通，密通のように他者の身体に対する悪用と呼んだであろうから。同様に，自然は怒りと貪欲を罪と呼んでいたのではなく，盗み，詐欺，悪口，殺人またその他の悪行における本性の悪用を罪と呼んでいた。そしてわたしは聖書にある罪〔という言葉〕がわたしたちが〔本性上の〕罪と呼んでいるわざのためにかつて認められていたかどうか全く知らない。確かに悪いわざと言葉の実を生み出す根源的なパン種は通常そのように呼ばれているように思われる。なぜならローマの信徒への手紙第5章（13節）で言われているように[3)]，そのような罪は以前には知られず，死んでいたが，この〔根源的な〕罪を律法が固有なものとして啓示するからである。またその罪は，それでも偽善者のまことしやかな行いのもとに，とても強力に隠されている。なぜなら，すべての人は聖書によるとこの罪の下に閉じ込められている，とパウロが語っているからである。それでも罪はその実をもたらさないように決して隠れていることはできないけれども，その有様は人によって相違する。しかし，あなたはそのもとにすべての人を閉じ込めることができる，〔ただ一つの〕悪いわざを示すことができない。悪いわざは実に沢山あるからである。

後者〔神の怒り〕についてローマの信徒への手紙第4章

3）　さらにロマ7・7-8を参照。

（15節）は「律法は怒りを招く」と言う。なぜなら，ガラテヤの信徒への手紙第3章（10節）「律法の書に書かれているすべての事を絶えず守らないものは皆，呪われている」と言われているからである。またローマの信徒への手紙第5章（12節）「罪によって死が入り込んだ」，さらに第6章（23節）「罪が支払う報酬は死である」とある。したがってここまでは律法の光がわたしたちを教育する。そしてわたしたちが壊敗と怒りのもとにあると教え，すべての人が嘘つきであり，怒りの子どもであると結論する。そして〔神の〕怒りという別の悪い事態がこの愚行を許さず，死と地獄の恐怖と危険によって妨げなかったとしたら――わたしたちは先の悪い事態にあっては平安をもつことがなかったので――，わたしたちは恐らく堕落を無視してきたであろうし，自分たちの悪い事態を喜んでいたことであろう。そして真に，わたしたちは過失よりも罰を憎むがゆえに，壊敗よりも怒りのほうがわたしたちとって大きな悪い事態なのである。

したがって律法は内的と外的に〔二重の仕方で〕悪を啓示する。第一はわたしたちが自己自身に負わせているものであって，罪と本性の壊敗である。第二は神が負わせるもので怒り，死，呪いである。これら〔第一と第二の区別〕はあなたが欲するなら，罪責と罰〔の区別〕であるが，わたしたちはその用語を使ってあまりに弱々しく，かつ，冷やかに罪と罰とを扱っていたし，〔両者の間に〕どのような関係や転嫁が示されているのか，わたしには分からない。わたしたちは聖書にしたがって，つまり創世記第6章（5節）と第8章（21節）に記されているように，邪悪であって若いころから悪に傾く五体のすべてにおける罪や罰や内的な悪を，大まかにかつ完全に，本性の普遍的な壊敗と呼ぶべきである。また，この怒りは，たとえば芸術，才能，賢慮，勇気，節制また善の中でも自然的に，道徳的に，かつ，著しく目立っているものすべてのように，善と思われているものが何も役立たないほど大きい。このような善に人間の共通感覚は何らの欠陥を見つけることができない。とりわけ今日わたしたちの神学者たちでもそれを善とみなし，それに何ら悪を帰さない。というのもこれら本性的な善が恩恵の外に置かれると，〔人を〕天国に入れるのには値しないが，それでもそれは地獄にも，罰にも値しないからである。わたしたちの神学者たちは，恩恵の必要性について何かを聞こうと考えなかったなら，これらの徳が天国に値するとはっきりと主張する準備ができている。なぜなら神学者たちには律法が要求するものが欠けているのではなく，恩恵の活動が欠けていると，彼らは考えるからである。彼らは律法には〔こうして〕弁済がなされたが，福音にはそうではないと教える。終わりに彼らは追加する。これらの善いわざは〔本性的な力に〕ふさわしい功績[4]であり，誤ることなく恩恵を受けるに値するほど重要であって，こうして彼ら自身の固有の功績〔のみに〕によるのではないにしても，それでも〔また〕彼ら自身の功績を通して[5]，完全に善いものとなるであろう，と。これに対して神ご自身はこれら〔の徳〕が善であることを否定していない点が——というのもこのことは実は否定できないから——追加されるべきである。(W. 8. 105）つまり神はその善に報いてくださり，たとえば権力，富，栄光，名声，威厳，名誉，享楽，それと似たような現世的な恩恵でもって飾ってくださる。このように真の善を知らない，この本性的な盲目さに覆い——自分自身の美しさのみ

4）「ふさわしい功績」(mereori de congruo）は「適宜的功績」とも訳されている。この言葉の詳しい意味について金子晴勇『近代自由思想の源泉』160-164 頁を参照。

5） si non proprio merito, tamen per proprium meritum. 『アウグスブルク信仰告白』第四条「義認について」参照。

ならず，神の報いという覆い――がさらに加わる。この本性的な盲目さは何が本当に善であるかを知らないし，自己を確信しており，頑なになって自分が善であることを主張する。この問題について預言〔の仕事〕はとりわけ苦労しており，預言者はこの〔本性的な善〕を中傷したので，すべて殺されたのである。というのも預言は律法を仕上げ，（いわば）実践し，適用することに他ならないからである。あるいは三段論法で〔推論の結果としての〕帰結と言われているものである。この帰結はすべて起こっている善いわざについて，それが本当に善であるか，それともほとんど善でないかを宣告したのであった。このため，わたしたちは古代の書物では多くのことが非難されているのを読むが，それには唖然とさせられる。それゆえ神は人々が自分の考えに従わないで，神の言葉に耳を傾けるように警告した。それゆえ神は絶えず預言者を準備し，律法を実践的に適用し，これらの善いわざにおいて（いわば）実例を挙げて律法が何であるかを説明したのである。

したがって，それら〔善いわざ〕が神の贈り物であるとき，それ自体悪ではなく，あの隠された根源的な罪（radicale illud peccatum）のゆえに[6]，それが悪用されるとき悪であることを，提示するのは律法だけである。この根源的な罪においては彼らはそれ〔善いわざ〕に信頼していたし，喜んでいたし，感じていない悪さを誇っていた。この内的な罪の悪さはこのように今も，かつ，絶えず行っているが，それでもエレミヤ記第9章（22節）が「知恵ある者は，その知恵を誇るな，力ある者は，その力を誇るな。富ある者はその富を誇るな」と言っているように，ただ神にのみ信頼し，喜び，誇るべきである。確かにこ

6）ここにはカントの『宗教論』第1講義に展開する「根本悪」と同じ言葉が使われている。

れらすべては善いものであるが，善人の間よりも悪人の間にいっそう頻繁に無償でばらまかれている。それは詩編 72 編（73・2-3）が自分がこれによって試されており，「その歩みをほとんど踏み誤りそうになった」と嘆いている通りである。しかし，そのすべては（わたしが言ったように）怒りと呪いのもとに転落しており，だれにも役立たず，「恩恵を受けるにふさわしく」備えておらず，むしろ心がいっそう肥大化して恩恵を欲せず，その必要も感じない。詩編 118 編（119・70）には「彼らの心はミルク〔脂肪〕のように凝り固まっている」とある。ヘブライ語のテキストのほうがいっそう良く「彼らの心は脂肪のように肥えている」と語っている。この民は，このまことしやかな善いわざに対する抑制できない感覚を卑しめることができず，その善いわざの中に律法も自分の罪も認めないで，むしろ神に対する従順のもとで他の本当に正しい人たちのすべてよりも優っていると絶えず考えるがゆえに，とりわけ聖書において不敬虔，不信仰，強情な人として非難される。この人たちに対して説教しても無駄である。彼らは血に飢えており，ペテン師である。要するに〔彼らの考えによると〕彼らのもとで律法は実現しており，（わたしが言ったように）何か余分な神の要求から〔来るのものを満たすため〕でないなら，恩恵を必要としない。彼らにはモーセが覆われており，彼らは光り輝く彼の顔を見るに耐えられない。彼らはそんなに多くの知恵・善・義・敬虔に触れて劣っていることを欲しないが，聞く耳がないので，自らが劣っていることを認識できない。それゆえ律法が自然的理性〔の把握力〕に比較できないほど優っており，また罪がいかに深いかを――律法がこの認識を授ける――あなたは理解している。

7　福音による罪の勝利，信仰義認と神の恩恵（内的善と外的善）

それに対して福音は，罪を取り去るように罪を扱うので，もっとも美しい仕方で律法を守る。律法はわたしたちを導いていって，罪を認識させることによってわたしたちを打ちのめす。律法によってそうなるのは，わたしたちが律法から解放されることを嘆願し，恩恵を慕い求めるためである。なぜなら福音も神の義と恩恵という二つのことを説教し，教えるからである。（W. 8. 106）福音は〔神の〕義によって本性の壊敗を癒す，すなわち神の賜物である義，つまりキリストに対する信仰は，ローマの信徒への手紙第3章（21節）が言うように「だが今や神の義は律法なしに明らかに示されたのである」。また再度ローマの信徒への手紙第5章（1節）は「わたしたちは信仰によって無償で義とされたのであるから平和を得ている。等々」と言う。さらに第3章（28節）は「わたしたちは人が義とされるのは信仰によると考える」と言う。罪と対立するこの義は，聖書では大抵その実りが善いわざである最奥の根として（pro intima radice）理解されている。この信仰と義には恩恵や憐れみが仲間として伴われており，それは神の好意（favor dei）であって罪の仲間である怒りと対立する。

神学思想の全体的構造

こうしてキリストを信じるすべての人は，慈悲深い神を所有する。というのも，わたしたちは義というこの善いものでもって喜びに満たされていないし，もし義だけがあって，それが神の恩恵をわたしたちに獲得させないなら，この神の賜物（donum）を高く評価しないからである。ここでわたしは，恩恵（gratia）を，それが当然理解されるべきであるように，本来的な意味で神の好意として理解する。だが最近の著者たちが教えているように，魂の性質（qualitas animi）として理解しない[7)]。また，この恩恵は働いて真に心の平和をもたらすので，人間はその壊敗から癒され，恵み深い神をもっていると感じるようになる。これ〔恩恵〕は骨を太らせ，良心（conscientia）に歓喜，安心，大胆不敵さを授け，すべてを大胆になし，すべてをなすことができ，この神の恩恵に対する信頼のうちに死をあざ笑うようになる。それゆえ〔神の〕怒りが罪の壊敗よりも大きい悪であるように，恩恵は，わたしたちが信仰に由来すると語った，義の健康〔癒し〕よりも大きい善である。確かにすべての人は（もし可能ならば）神の恩恵よりも義の健康〔癒し〕が欠けていることを選ぶであろう。というのも罪の赦しと平和が正当にも神の恩恵に帰せられるが，壊敗からの癒しは信仰に帰せられるからである。なぜなら信仰は賜物であり，内的な善であって，信仰が清める罪と対立する。それは福音書では三サトンの粉の下に全く隠されている〔と述べられる〕パン種である（マタイ13・3参照）。それに対し神の恩恵は外的な善，神の好意，怒りの反対である。これらの二つはローマの信徒への手紙第5章

7）　トマス・アクィナスでは義認が「魂の性質」と関係して説かれた。13世紀以来ヨーロッパの思想を支配してきた倫理思想はアリストテレスの倫理学であり，ルターの時代も同じであった。この倫理学の特質は「形成倫理学」にあって，倫理学は人間の本性に萌芽的に含まれている善い性質を開発し，形成することを目的とする。そのさい良い性格の形成が強調される。なぜなら「習慣」（エトス）によって「性格」（エートス）が形成され，そこから「倫理学」（エティケー）が説かれたからである。なおラテン語のqualitas animiは精神の，あるいは心の性質であるが，アリストテレスの倫理学や霊魂論に由来する説なので「魂の性質」と訳した。

（15 節）で「一人の人の罪過によって多くの人が死ぬことになったとしたら，まして神の恩恵と一人の人イエス・キリストの恩恵における賜物は，多くの人たちに満ちあふれる」とあるように，区別される。恩恵の中の賜物をパウロは「一人の人キリストに対する信仰」（この信仰を彼はしばしば賜物と呼ぶ）と呼んでいるが，それはキリストの恩恵によってわたしたちに授けられる，つまりキリストだけがすべての人間のなかで愛され受け入れられており，慈悲深く温厚な神をもっていて，わたしたちにこの賜物とこの恩恵をも受けるに値するようにしてくださる。

ヨハネはヨハネ福音書第 1 章（17 節）で「律法はモーセを通して与えられたが，恩恵と真理はイエス・キリストを通して現れた」と言う。また，さらに（14 節）で「恩恵と真理とに満ちていた」と。このようにキリストからわたしたちに流れる真理は信仰であり，同じ箇所〔17 節〕の前に「わたしたちは皆，この満ちあふれる豊かさの中から，恩恵の上に恩恵を受けた」と言われているように，恩恵はキリストの恩恵のゆえに信仰を伴っている。〔では「恩恵の上に恩恵を」とあるが〕いかなる恩恵を，いかなる恩恵の上になのか。それによって神がキリストに好意をもつ「キリストの恩恵の上に」，神がわたしたちに好意をもつために，さらに「わたしたちの恩恵を」なのである。ヨハネは言う，「なぜなら律法はモーセを通して与えられたが，恩恵と真理はイエス・キリストを通して現れたからである」（17 節）と。それゆえ，わたしたちは律法の二つの悪に対抗して福音の二つの善を，つまり罪に対する賜物を，怒りに対する恩恵をもっている。ここから直ちにあの怒りと恩恵との二つが（わたしたちの外部にあるとき）全体に注がれるような状態になっていることが帰結する。つまり怒りの下にある人はその全体が全体的な怒りの下にあり，（W. 8. 107）恩恵の下にある人はその全体が恩恵の下にある。なぜなら怒りと恩恵は人格に関係しているからである。というのも神が恩恵のうちに受け入れる人を神はその全体を受け入れ，好意をもつ人をその全体に対して好意をもたれるからである。さらに神が怒りを向ける人をその全体に怒りを向けられる。なぜなら神は恩恵を分かち与えるようにはこの恩恵を分かち与えないし，神は頭を愛して，足を憎まないし，魂に好意を懐いて身体を憎まないからである。しかしそれでも神は身体に授けないものを魂に授けるし，足には授けないものを頭に授ける。このようにまた同一の神の恩恵の下にある教会の全体においても，ローマの信徒への手紙第5章（2節）に「わたしたちはキリストのお陰で今の恩恵に導き入れられている等々」とあるようになっている。神はその諸々の賜物において分散的（diversus）であり，多様（multiformis）である。その反対に次のことも妥当する。神は好意をもたない人の全体に好意をもたないが，その人の全体を罰しない。それどころかその人は唯一の四肢の一つの罪によってその全体が怒りの下に留まっており，他の者は唯一の〔善い〕わざの一つの賜物によってその全体が恩恵の下に留まっている。こうしてすでにわたしが言ったように，恩恵は賜物から分離されなければならない。なぜならローマの信徒への手紙第5章（6・23）に語られているように，恩恵だけが永遠の生命であり，怒りだけが永遠の死であるから[8)]。

8）　この一節はきわめて重要であって，ルターの神学思想の全体像をもっとも鮮やかに描き出している。これを図解したものを「解説」で示しておいたので，本書338頁を参照されたい。

8 結論，恩恵による赦しの完全性と罪を清める賜物

わたしたちはついに〔めざしてきた〕結論に到達する。義人と信仰者は疑いの余地なく恩恵と賜物をもっている。恩恵は義人の全体に恵みを施すが，それは彼の人格が全面的に受け入れられるためである。また彼〔義人〕にはもはや怒りの場所はない。だが恩恵は彼を罪とその魂と身体の壊敗の全体から救う。したがって洗礼を受けた者がまだ罪に留まっているとか，罪の全体が完全に赦されていないと主張することは，不敬虔の極みである。確かに神が好意をもち，いかなる罪も知ろうとしないで，全面的に〔罪人の〕全体を受け入れ，聖別しているところに，どのような罪があるのか。だが，このことは，あなたが捉えているように，わたしたちの清さについて語っているのではない。そうではなく好意をもっている神の恩恵についてのみ語っている。恩恵によってすべては赦されているが，賜物によってすべてがまだ癒されているのではない。もちろん賜物は注がれており，パン種は〔粉〕と混ぜられ，それが働いて罪は清められ，そのために人格はすでに赦されており，追放する許可が与えられている悪いお客は追い出されている。このことが起こっているその間に，〔人間の本質は〕罪と呼ばれ，本性上事実そのようであるが，あなたがただ恩恵とその賜物のうちにいつも留まっているなら，今や罪には怒りがなく，律法もなく，罪は死んでおり，罪は害さない。その本性にしたがえば，罪は恩恵の前と恩恵の後では自分自身と何ら変わらないが，罪が扱われる方法では異なってくる。罪は今や以前とは異なった仕方で扱われる。以前はどのように扱われていたのか。罪が存在し，認

識され，わたしたちを打ちのめすように扱われたが，今は罪が存在せず，追い出されない仕方で扱われる。だが，このことはこの理由が原因となって実際にも，本性的にも罪がないと言うのではない。いやそれどころか，罪が実際の罪であることを否定するのは，神の恩恵と賜物に対する忘恩と不正なのである。確かに人格が全体として神に好ましいがゆえに，恩恵にはそこでは〔それ自体にとって〕罪はないが，賜物には清め，かつ，克服すべき罪がある。だが賜物がこういう仕方で罪を清めるために労苦しないならば，このことは人格にも妥当する。神は見せかけの罪人たちではなく本当の罪人たちを救い，見せかけの罪ではなく本当の罪を殺すように教える。

見よ，この単純にしてパウロ的な理解と語りの方法をこのわたしも探求しており，罪と恩恵の考察においても実行してみたい。この方法は純粋にして真実であって何の困難もなく把握される。いかなる概念的な区分をも要求しないし，驚くほど魅力的だし，明らかであって，聖書の全体を開示する。ここでは，つまりパウロでは罪が弱さとして理解されていると言う必要がなく，それどころか真の罪として理解されねばならない。こうして神の恩恵と賜物は純粋に，かつ，真実に推奨されるのである。（W. 8. 108）もし誰かが弱さが真の罪であることを否定するなら，この人は神の賜物を冒瀆し，神に感謝していない。このようにわたしは，すべての人がそのすべてのわざにおいて，自分からまだ罪を追放していないだけ，それだけ多く罪をもっていると，主張し，かつ，教えている[9)]。この木にして，この実りがある。それはその人が神の前に（coram deo）自分がもっている己の清さを誇らないで，むしろ神の恩恵と

9)　それゆえここに「義人にして同時に罪人」という自己認識が成立する。

賜物とを誇るためである。なぜなら彼は自分に好意を懐く神（favens deus）をもっており，神はこの罪を〔彼に〕転嫁したまわない（non imputat）で，それに加えて罪を清める賜物（donum）を授けてくださる。それゆえ恩恵を受けずに，彼のわざの自然本性にしたがって判断されるとき，その人は神の前に立ち続けることはできない，という真理を彼は告白することになる。だが，今や，彼は恩恵によって支えられているので，彼を告発できるものは何もない。このような〔自然本性に従う〕思想は，罪と恩恵〔のテーマ〕の上に積み上げられたソフィストたちのあの巨大な書物と同じくらい，わかりにくいのではなかろうか。それらはパウロの言葉や信仰の敬虔〔な願望〕および罪（peccatum）を罰（poena）と捉えるように強いると思われたあの根拠と見事に一致していないであろうか。わたしたちは罪について律法〔の規則〕によって考察すべきであると言うのと，福音〔の規則〕によって考察すべきであると言うのとでは，語るに容易な何が〔どちらが容易で〕あろうか。もしあなたが律法によってのみ考察するならば，そこには死と怒りがあり，福音によってだけ考察されるならば，恩恵と生命があるが，両方の規則の下では罪が真実に，かつ，本性的に残存する。そのゆえにわたしたちは，義人には罪があることを否定する教父たちの権威〔彼らから引用された発言〕をすべて恩恵にしたがって理解すべきであって，罪の本性や律法にしたがって理解すべきではない。キリストがわたしたちを解放したのは，わたしたちがもはや律法の下にはなく，恩恵の下にあるためである。

9　教父の伝統と聖書との関係

しかしながら，あなた〔ラトムス〕は「聖なる教父たちが〔義人における〕罪を否定しているが，あなた〔ルター〕はここでこういう仕方で罪が理解されるべきであることを論証していない」と言う。わたしはそれに答える，第一に，わたしは〔いずれにせよ〕不敬虔なことや信仰とは異なることを何も知らないし教えてもいない，と。あなたはそれを認めないのか。それならわたしはもっと詳しく論証しよう。第二に，わたしは，罪は聖書の至る処で，わたしが理解しているように，理解されており，またそれゆえに聖書の範例なしには信仰〔の問題〕では何事も主張してはならないというふうに理解されるべきであることを効果的に論証しよう。さらに〔わたしは次のように主張する〕あなたは二重の仕方で何も論証していない。第一に，あなたは，わたしが捉えているように罪が理解されるべきであり，あるいは理解されうることを，教父たちが否定しているということを論証していない。というのも，たとえ彼ら〔教父たち〕が罪を弱さと呼び，〔言葉の本来的な意味で〕罪であることを否定するとしても，それでも教父たちは〔そのさい〕罪の本性のことではなく，神の恵みのことを考えているからである。そして，あなたはこのことに反論する理由をもっていない。今や，たとえ教父たちが心から本性にしたがって罪であることを否定するとしても，それでも彼らはそれを論証していないし，彼らが考えたり語っていることは信仰箇条でもない。それどころか彼らは聖書の範例なしに語ることによって危険を冒して語っている。

こうして〔この連関では〕罪は単に罪責（罪悪感）を意味していることを教父たちが主張しようとした点をあなたは論証していないし，彼ら自身もそうでなければならないと論証していない。あなたがたはこのきわめて曖昧な「罪責」(reatus) という言葉を考えだし，その言葉で罪を形相的な（formaliter）意味で理解させようとする[10]。だが，明らかに聖書はもっと単純であって，その語り口は明快であり，壊敗と怒りのほか何も知らない。同様にあらゆる罪の赦し，罪の洗い流し，そしてついに洗礼の栄光について教父たちが正しく語っているものがすべて，「本性に関するかぎり罪が残っていない」（nullum peccatum natura relinqui）ことをあなたは論証していないし，教父たち自身もそのことを論証していない。むしろパウロはそのすべてに反対しており，またペトロも反対する。ペトロは「魂に戦いを挑む肉の欲」（Iペトロ2・11）について語り，パウロはその罪が死すべき身体において御霊に逆らって欲望を懐いている（ガラテヤ5・17；ローマ6・12参照）と語る。彼ら〔パウロとペトロ〕は教父の言葉を，洗礼を受けた者に好意を示す恩恵および罪に敵対する賜物と関係させ，（W. 8. 109）罪の本性と律法には関係させないで，吟味するように〔わたしたちに〕強いている。だから，ラトムスよ，あなたのすべての根拠は空虚であり駁論されており，風に吹かれる塵のように撒き散らされる。それゆえ，このわたしの見解は敬虔な経験に好意を示し，聖書の言葉に同意し，そして聖書のなかの事柄と同様に言葉においても単純さと誠実さを支持しているので，罪という用語がすべての人において，また現世におけるすべての人のわざから取り除かれることを欲していない。もちろん，わたしは，神の恩恵という観点から見ると，人々がどんな罪もどんな悪いわざももっていない，とすでに告白しているにし

10）ここで「形相的」とあるのは，善いわざは習性（ハビトス）によって実現するという，トマス・アクィナスの学説に由来する。それは恩恵によって注入された超自然的習性によって「魂の良い性質」が造られるというアリストテレスの目的論的倫理学にもとづいていた。そこではこの習性が上から注がれる偶有的なものであっても，形相として存在することから功績となる善い行為は生じると説かれた。

ても，そうなのである。わたしの見解に従いたくない人はそれを放棄し，他の見解に従うがよい。だが，その人は，自分の根拠が人間の見解にもとづいており，わたしの根拠は神の証言にもとづいていることを知るべきである。あれほど頻繁に〔洗礼を受けた人の〕罪について反復して語っている使徒自身よりも，使徒を解釈しているアウグスティヌスを信じることに，わたしは我慢できない。

10　福音書とパウロ書簡からの証明

わたしたちはここで聖書がこの〔わたしの〕見解といかに一致しているかを考察してみよう。キリストはルカ福音書の最終章（24・47）で悔い改めと罪の赦しが彼の名において説教されるようにと語っている。では，なぜ諸々の罪の赦しだけでは十分ではなかったのか。このことは，悔い改めが堕落からの変容（immutatio）と罪からの絶え間ない更新（renovatio）――これは信仰と神の賜物によってもたらされる――であり，〔罪の〕赦しが恩恵の賜物であって，そこでは罪はもはや〔神の〕怒りの下にはないということに一致しないであろうか。なぜならキリストはあのソフィストたちが捏造する悔い改めを説教するように教えていないからである。その悔い改めは一時の間は持続する。だがわたしたちは，説教がなされるかぎり，生きているかぎり，罪が追放されるために，悔い改め，かつ，新たにされなければならない[11]。あなたは何かこの二つ〔悔い改めと赦し〕を弱さと罰〔という名称〕に適用することができるのか。だれが弱さのゆえに悔い改めねばならないのか。誰が罰を更新しなければならないのか。キリストによっ

11）「95カ条の提題」の第1提題を参照。

てくり返し言われたのと同じ言葉を洗礼者ヨハネは語る，「悔い改めよ，天の国は近づいた」（マタイ 3・2，14・17）と。このことは生活を変えること（mutare vitam）以外の何であろうか[12)]。そのことは罪を清める信仰が行い，神の国の支配下に入ることは，赦しを与える恩恵が実現する。というのも，もし罪が清められ，外面的な行為が装われなければ，ヨハネはこれらのことを〔悔い改めに〕ふさわしい実りと呼んでいるから（マタイ 3・8）である。これはパン種と三サトンの粉の譬え話に，これよりも適切なものがないほど見事に一致している（マタイ 13・33）。だが，あなたが罪を弱さや罰と呼ぶならば，それは一致しない。それどころか，これらの言葉は暗闇となって，あなたがこの譬え話をもはや捉えることも理解することもできないほど，あなたを覆っている。またサマリヤ人によって介護された半死半生の人のたとえ話も（ルカ 10・30 以下），完全にかつ真っ先にこのことに関わっている。この人は直ちに癒されたのでなく，癒されるために直ちに庇護されたが，律法に仕えるレビ人や祭司らは彼を見ていながら助けなかった。律法は（わたしが述べたように）〔罪を〕認識させるが，キリストこそ信仰によって癒し，神の恩恵に連れ戻すのである。この点に関してヨハネは「体を洗った人は全身が清い」（ヨハネ 13・10）と言う，つまり恩恵によって清いのであるが，罪の残滓である足が洗われるのは活動する信仰による。次のこともこれに関わっている。すなわち，わたしたちはぶどうの木であるキリストに繋がる枝であって，あらゆる点で清いかのように実を結ぶが，それでも天上の農夫〔ぶどう園の主〕はより多くの実りをもたら

12） ルターにとって「悔い改め」とは一般に理解されているように悔い改めのサクラメントを受けることではなく，生活の全面的な転換を意味する。ここで「生活を変える」というのはこの意味である。

すために清い〔枝〕を清めて〔剪定して〕くださる。

あなたはこれら〔聖書の証言〕の一つをも罰や弱さに当てはめることができない。なぜなら，そうすると直ちに洗ったり，清めたり，気づかったりする言葉の意味が消えてしまうからである。もしあなたがそういう言葉を不明瞭な赦されうる罪〔小罪〕に適用できるなら話は別であるが，それでは葉を取り除いても，根を引き抜かないような，表面的な意味しか見いだせない。またラトムスによって（W. 8. 110）導入された比喩を使えば，この癒しの方法はすぐに生えてくる毛を剃る仕方に似ている。神の賜物はこのようではない。神の賜物は根を殺すように働き，個々の行為ではなく，人格そのものを清める。こうしてあの赦されうる罪は止むか，生えて来ても確かにわずかである。あなたは赦されうる罪に逆らっても空しい。もしあなたが，そこからこれらの赦されうる罪が繁茂する火口《ほくち》を消さないなら，赦されうる罪に抵抗しても空しい。罪は絶えず強い欲望を懐くが，あなたは単に罪の動きに抵抗するだけでなく，罪そのものをも殺すなら，そのことは信仰の賜物を通してなされる。信仰は，パウロが言うように，この罪に属する古い人間を殺し，十字架につけ，多くの苦難を行使する。わたしが前に使った比喩もこれに適合している。イスラエルの子らはカナンの地を獲得した後に，アモリ族，ジブス族そしてカナン族の生き残りを全滅させなかった。生き残った人々はその本性において先祖そのものと異なっていなかった。ところがこれら〔ルーヴァン〕の神学者たちは，〔それを越えて〕弱さと罰は悪でなくて，その反対に恰もわたしたちが浄化すべきものではないかのように，有益にして甘受すべきであると教える。

それゆえ，わたしは結論する。パウロはローマの信徒への手紙第6章（12節）で「死ぬべき体における罪」について語り，「罪が支配すべきではなく，罪の体が滅ぼされるように」と語ったとき，同書の第8章（2節）でわたしたちは「罪の法則から解放される」，同書の第7章（13, 23, 25節）では「罪が働く，罪が戦う，罪がとりこにする，罪の法則に仕える」と語り，コリントの信徒への第1の手紙第7章（5節）では罪を「節制できないこと」と呼び，同書第5章（8節）では「悪意と邪悪の古いパン種」と呼び，エフェソの信徒への手紙第4章（22節）では「古い人」と呼び，コロサイの信徒への手紙第3章（5節）では「怒り，情欲，貪欲」と呼び，ヘブライ人への手紙第13章（12・1）で「絡みつく罪」と呼んでいる。要するにパウロは罪を罪と欠陥の名で呼ばないところはないし，たとえ彼がただ一度だけ罪と呼んだとしても，わたしは天使たちの誰にも譲歩したくない。ところでパウロは今やきわめて多くの箇所で絶えず同じことを主張している場合，自分らの〔説明を要する〕難語彙〔弱さと不完全性〕を聖書の本文に持ち込み，パウロの言葉を排除しておいて，わたしに答えるように強制している，あの人たち〔ルーヴァンの神学者たち〕は，一体何者であろうか。わたしは彼らの見解に同意したくない。わたしたちが現世にあるかぎり，罪がわたしたちのうちにあって，それはわたしたちのわざでは信頼と一緒にある，とわたしは主張する。それゆえ，もしもルーヴァン大学の神学者たちが前からわたしの見解に耳を傾け，人間の言葉よりも神の言葉に注目していたならば，少なくとも真理をいっそう純粋に認識していたであろう。そうすれば真理は彼らをこんなにも恐ろしい冒瀆，瀆神，犯罪，悪行から身を守ったことであろう。こうして彼らはパウロの言葉を無分別にも焼きはらったりしなかったであろう。

しかしながら，わたしは今なお彼らが分別を取り戻し，その誤りを認め，神に栄光を帰し，自分たちの全く弁解の余地のない愚かさを告白するという選択肢を彼らに提供する。そして見よ，そうすればすべてのことが彼らに赦されるであろう。というのも，わたしは心から喜んで彼らと交わろうとするであろうし，わたしたちの間違いを神が記憶することを願わないように，彼らの過ちをわたしは決して記憶したくないからである。だが反対に，もしわたしが憎悪していることに彼らが固執するならば，わたしは疑いなく彼らを追放するであろう。主は，〔彼らとの交わりを断つ〕わたしの破門〔宣言〕が，彼らの愚かで流血を好む瀆神的な——要するに，教皇とローマのとても高価な——教皇教書よりも優れているかどうかを見きわめておられることであろう。アーメン。

これをもってわたしは今や，ラトムスが攻撃したわたしの『説明』（resolutio）においてこの条項に付け加えたすべてのことを[13]，またラトムスの主張のすべてが，聖書の無知〔を彼が立証している〕に他ならず，同時にそれが単なる厚かましさと論点先取の誤謬であることを十分に主張し，弁護し，防衛してきたと信じる。

11　経験の証明：わざと信仰の確実性

わたしはこの問題を理性と経験によって支持するためになお一つのことを追加したい。わたしはソフィストたちと討論している。そこでわたしたちは規則から〔具体的な〕実例に向かおう。それはわたしたちが（W. 8. 111）一度も見たことがないような知者を〔観念的に〕定義するストア主義者とならないためである。そういう仕方でクイン

13）　このことはルター『ライプチヒ討論の説明』1519年の第2結論の説明部分を指す。WA. 2, 410, 34-421, 15を参照。

ティリアヌスも雄弁家を描いている[14)]。わたしは質問したい。ソフィストたちは，もちろん彼らが罪について語っているのではあるが，自分が行った一つの善いわざについて「これには罪がない」と言うことができるような人を，大胆にも提示できるかどうか，と。わたしは彼らが自己自身について，あるいは誰か或る人について，その人が行ったわざについて，このように大胆に感じているとは考えない。そのような人がいることを彼らが否定するなら，彼ら自身もわたしとまさに同じように感じているのだから，それどころか彼らはわたしよりも多くそのように語っているのに，どうして彼らはわたしをそんなにも激しく告発するのか。というのも，わたしとしては赦されうる罪について何ら語らなかったからである。ところで罪〔赦される罪〕をすべての善いわざの中におくことには，何が馬鹿げているのか。その場合，彼ら自身は，多くの人たちでは確かに罪があるが，少数の人たちには罪がない，と認め，それも実例を欠いたままでただ規則にもとづいて主張するのである。もしこのことが一つのわざにおいても多くのわざにおいても馬鹿げていないならば，すべてのわざにおいてはどのように馬鹿げているか，あるいはどれほど不可能であろうか。そうするとわたしたちは実例を欠いたまま規則を教える，見事な教師なのであろうか。だが，この教師たちは言うであろう，「誰かのわざが罪ではなく善であるかは不確実であるが，それでもわたしたちは〔そこに〕罪がないことを疑わないのだ」と。では，わたしたちは何をなすべきか。わたしたちの教えでもって人々を不確実なことに導くのか。それとも教会で不確実なことを教えるのは，愚かなことではないのか。そうすると，いつになったら平和がわたしたちの心に訪れるのか。その間に彼〔キリスト者〕

14）クインティリアヌス『弁論術摘要』第8巻，「序論」

は何をなすべきか。善いわざにおいても罪の赦しを祈るべきか，それとも神の前で善いわざを自慢すべきか。罪があるのに赦しを嘆願しないのは，危険である。また，罪がないのに，あるいは罪などないと考えるとき，赦しを嘆願するなら，それは危険である。なぜなら，その人は嘘をついていることになり，祈る必要がないと考えるわざのために祈ることになろうから。またそれゆえに，彼はわざが赦しを必要としていると告白するであろし，また〔善い〕わざに対し彼は不正となろうからである〔なぜなら彼の考えでは赦しを必要としないから〕。彼は解決できなくて宙に浮くのであろうか。それゆえ彼は不確実のままに，行為するだけでなく，祈らねばならないのか。わたしたちの教師たちであるあなたがたにわたしは感謝する。あなたがたはわたしたちに確実なことを何も残さないし，万事が不確実であるかどうかを〔一度もわたしたちに〕確実となしてはいないから。

12　信仰とはキリストの御翼の下に逃れ，キリストと一体化することである

だが，そうしたことは未決定のままにしておこう。この「善いわざには罪がない」という規定の実例は明らかにこの世には存在しない。というのもパウロは（すでにわたしが語ったように）彼自身のわざについてこのようにあえて主張しなかった。彼は言う「わたしには何もやましいことはないが，それでもわたしはそのことで義とされていない」（Ⅰコリント4・4)。だが，わたしたちは確実でなければならない。そこで神はその恩恵によって，わたしたちが自分のわざに信頼するのではなく，わたしたちが信頼できるお方をあらかじめ備えてくださった。なぜなら神は信仰

の賜物によってわたしたちを義とし，その恩恵によってわたしたちに慈悲深くなられたのであるが，わたしたちが自己自身のうちにあってさ迷わず，この彼の賜物によってわたしたちがキリストによって支えられるように欲せられた。こうしてキリストの義に寄り縋り，キリストから溢れ出たのでないなら，わたしたちから開始した義は確かなものではなく，また賜物を一度受容したらもうそれだけで十分であり，安全であると，誰も愚かになって考えないように欲したもう。そうではなく，神はわたしたちが日ごとにキリストの内に拉っし去られ（rapere），受け取ったものにとどまらず，キリストへと完全に改造されること（in Christum plane transformari）を欲したもう。というのもキリストの義は確実であり，永続的であり，そこではぐらつくことがなく，不足するものもなく，神ご自身が万物の主人であるから。それゆえパウロは驚くべき熱意をもって何度もキリストに対する信仰を説き明かす。パウロは義がキリストを通して，あるいはキリストから来るばかりか，またキリストの中にある，と説き明かす。それはキリストがわたしたちを彼自身のうちに引き入れ，改造し，神の怒りが去るまでいわば隠れ家の中にかくまうためである。そのようにパウロはローマの信徒への手紙第 5 章（1 節）で「わたしたちは信仰によって義とされたのだから，（W. 8. 112）わたしたちの主イエス・キリストによって平和を得ている」と言う。見てください，信仰だけでは十分ではなく，キリストの御翼の下に自分を隠し，キリストの義を誇る信仰が必要なのである。また使徒は再び言う，「キリストのお陰で神に，信仰によって神の栄光に，近づくことができる」（同 2）と。

このように再度にわたってパウロが教えているのは，彼が自らをキリストの御翼の下に追いやるためである。またコロサイの信徒への手紙第 1 章（20 節）では「またキリストによって万物をご自身と和解させられた」とある。見てください，「彼〔キリスト〕によって，彼〔神〕自身と」なのです。またさらに「ご自身によって，その十字架の血によって平和を打ち立てた」（同）とある。これらの言葉によって使徒は，賜物を受容した後に〔それでもって自分から〕働くことになると考えた，ソフィストたちの曖昧模糊とした信仰では十分ではないということ以外の何を欲しているのであろうか。そうではなく使徒は，キリストの御翼のもとにあなたが希望を懐くようになるために，ただあなたをひよことなしキリストを雌鳥となす信仰だけを欲しているのである。というのもマラキ書は「その翼にはいやす力がある」（3・20）と語っている，つまりあなたは〔以前に〕受容した信仰に寄りかかるべきではない，それでは姦淫の罪を犯すことになる，そうではなく，もしあなたが彼〔キリスト〕に寄り縋り，彼があなたにとって聖にして義なる方であることを誇るならば，それこそ信仰であると知らなければならない。見よ，この信仰こそ神の賜物であり，この賜物は神の恩恵をわたしたちに獲得させ，あの〔洗礼後の〕罪を清め，わたしたちを救い，かつ，確かにする。それはわたしたちのわざではなく，キリストのわざによってなのである。こうして「その義は永遠にわたって存続する」（詩編112・3）と記されているように，わたしたちは永遠に持ちこたえ，かつ，存続することができる。

13　論争の根本問題：
信仰のみ，キリストのみ，聖書のみ

しかしながら，あなたは言うであろう，「あの洗礼後の残滓が，それが罪と呼ばれようと，罰と呼ばれようと，断罪されるものであるとは，〔ラトムスとルターの〕どちら

も主張していないことに，あなたは結果としては同意しているがゆえに，わたしたちは単に言葉上の論争で悩まされているように思われる」と。わたしはそれに答える，「目的に関してはわたしたちは，それ〔洗礼後の残滓〕が確かに無害であることに同意してはいても，原因に関しては決して同意していない」と。というのも神の恩恵に属していることを，あなたは自然本性に帰しているからである。このことをわたしたちは黙認すべきではない。さらに彼ら〔ソフィストたち〕は人間を無頓着な者となし，罪を清めることがないようにしている。また彼らはキリストの神秘の認識を弱め，こうして神に対する讃美と愛とを弱めている。なぜなら彼らは罪人の上に注がれ，かつ，広げられた恩恵の善意を考慮していないし，自然本性を無垢であるとみなすからである。また他にだれも反対しないと，彼らは聖書なしに語っており，そのさい聖書の健全性を理由なしに損ない，物事の知的な理解を暗くしている。こうして起こってくるのは聖書がその単純さを喪失し，現にそれが起こっているように，わたしたちをさらに聖書から遠ざける躓きの石となることである。まず初めに，わたしたちは人間の解釈を恰も敬虔であって，聖書そのものよりも明快であると認め，そしてついにこの解釈に他の解釈を増し加え，もはや止めどもなく解釈に解釈を積み上げて，わたしたちは言葉の混乱に陥って，ひどい無秩序の状態に引き入れられる。こうして，わたしたちは今やキリスト教の真理について全く何も分からなくなり，異教徒の愚かさがわたしたちのものと等しく，かつ，有用であると考えるようになる。

わたしたちはこれらの躓きと高い障害を除去すべきである。そして躓きと障害が長きにわたってはびこってきた「シオンに上る道」（哀歌1・4）は，いつかは再び平らかにされ（イザヤ40・3），わたしたちは純真で，かつ，偽りのない聖書という穀物でもって養われなければならない。というのも，ここでラトムスが人々と哲学者たちに属する事柄を除くと，すべてを人間の解釈でもって不確かなものとなし，それどころかパウロのこの箇所〔ローマ7章〕を「律法の下にある人間」と「恩恵の下にある人間」という具合に二重に解釈することができると考えているのを，〔読者よ〕あなたは知っているからである。しかしながら，このことは〔ラトムスに〕何も教えているのではなく，魂を混乱に陥れているに過ぎない。わたしたちはパウロがここで律法の下にある人間について語っていることを肯定する人たちを全面的に否定し，拒絶すべきである[15)]。なぜなら〔この箇所の〕言葉は十分に（W. 8. 113）明瞭にして明晰であって，その人は神の律法を喜び（7・22），心から神の律法に仕えている（7・25）からである。ところがこのことはパウロが〔ローマの信徒への手紙の〕第3章と第5章で教えているように，全力を尽くして神の律法に反対する，不敬虔な人には適合しない。わたしは，確かな感得力でもって聖書も文字も理解することができない人は〔聖書の解釈を〕断念すべきである，と忠告したい。聖書を不確実に取り扱うよりも，平信徒のようにそれを知らないほうが安全である。不明瞭な箇所をもっていると，サタンが聖書を通して人間にどんなに多くの難儀を造り出すか信じられないほどである。わたしはソフィストたちがこの点で彼

---

15)　ローマ書第7章は福音の下にある信仰者を指しているとルターは解釈する。ルターは後期のアウグスティヌスに見られる解釈の転換にしたがってこのように考えていたが，現代の聖書学では一般に福音を受ける前の律法の下にある人間を想起して語っていると解釈されている。この点に関してアルトハウスの『パウロとルターの人間論』が重要であるが，このことについては金子晴勇『ルターの人間学』創文社 133-136 頁を参照。なお，アウグスティヌスにおける解釈の転換に関しては金子晴勇『アウグスティヌスの人間学』創文社，「ローマ書第七章の解釈の転換」395-406 頁を参照されたい。

らの〔使う言葉の〕両義性と遊びによって聖書を曖昧模糊とするように悪魔によって唆されていると思う。

14 ラトムスは仮説だけ述べて確たる主張がない。アウグスティヌスとルター

したがって，わたしたちはここで次のように尋ねたい。わたしたちのルーヴァン大学の教師たちのために釈明しようとした証言の裁定者（ponderator）はどこにいるのか，と。この裁定者自身が曖昧模糊たることだけを主張しているのではなかろうか。この人はルターの見解に自分の疑わしい見解を単に対立させることを行っている〔に過ぎない〕のではなかろうか。だが，〔ルターの著作を〕断罪し，焼き払った人々は，この人とは別の種類の人たちであった。確かにこの人たちは自分たちの見解を強く主張し，それが確実にして誤りがないと願って，単にそのように語ることができるばかりか，また語られねばならないと考えた。ラトムスはこの人たちのためにだけ語ると約束していたとしても，彼はこの惨めな人たちのために何も語っていない。このように確信していたので，そのように確実な問題になお釈明を求めることは恥ずべきことであると彼は賢明にもはねつけたのである。だが，わたしが前に述べたように，自分の理性〔的な根拠〕ではなく，教皇の勅書に支えられて，この人たちは大胆にも進み出て，その行動において聖書をねじ曲げて台無しにし，「わたしたちはそのように言うことができる」〔という文言〕を世界中の人々の口に詰め込むことのほか何も探求しようとしなかった。しかし彼らが自分たちの狂気に気づき，「このように断罪され，焼き払われることができるが，わたしたちは〔それでもって〕，そのように断罪され，焼き払われるのが当然で，

そうすべきである，とはまだ言っていない」と語っていたならば，彼らの行動はその言葉に一致していたことであろう。だが，今や，彼らがどのような性質であるかを自ら示していることを理解できない人がいるであろうか。この人たちは，彼らが自ら確実でないと告白していることを，今日でも確実であると断定する〔からである〕。というのも，たとえ聖なる教父たちがときには聖書理解について疑いをもったり，理解が変わったりしても，それでも彼らは〔自分の理解を〕主張し，異なる理解を断罪したり，焼き払ったりするほどの狂乱を決してそれに加えたりしなかった。したがって，この〔証言の〕裁定者が約束していた根拠はまだ提示されていない。というのは，この裁定者はルターとその見解を嘲っていても，自分の見解を明らかにしないし，わたしの見解を否認もしないで，彼が導入した両方の解釈は真理ではあり得ないがゆえに，彼は両者を不確実なものにしている。こうしてわたしは，「わたしたちの」教師たち〔ルーヴァンの神学者たち〕がわたしを断罪したとき，正気を失っており，自分が行ったことが分かっていなかった，との結論に到達する。彼らの弁護人であるラトムスがその証人であって，彼はこの〔彼らの〕愚かさが世界にもっと長く隠れていないために，この〔彼の〕本を書いたのである。

「律法と戦う」は「罪を犯す」ことに他ならないし，「善を行わない」は律法に反対していることであると，わたしが語ったとき，ラトムスは，もし同意しなければ，〔律法に対する情欲の反抗は〕罪ではない，とアウグスティヌスが大胆にも主張する[16]，と答えている。そのさいラトムスは人々は罪を犯していないがゆえに，断罪に値するものは

16）　アウグスティヌス『神の国』1, 25. ミーニュ編『ラテン教父著作集』第41巻，38頁。

何もないと付言する。この碌でなしのソフィストを見よ，彼はすべてを台無しにする。(W. 8. 114) アウグスティヌスがここで，わたしたちが罪の情欲に同意するとき起こる，死罪について語っているのを理解しない人があろうか。しかしアウグスティヌスはこの〔情欲の〕動きが赦されうる罪であることを否定しない。それでもラトムスはこのことがルターと対立していると偽って主張する。それもわたしが死罪や断罪すべき罪について語っていないことを彼が知らないからではなく，彼の悪意が彼をして，わたしの言葉がそのような仕方で理解されたいと，駆り立てるからである。今や「彼らは罪を犯していないがゆえに，断罪に値するものはない」というのがラトムス的な論理なのである。したがって正反対の結果から正反対の前件が帰結する。人々は赦される罪を犯すときでも，罪を犯している。それゆえ断罪に値するものはない。これが使徒パウロを解釈するルーヴァン派のやり方である。この人たちは断罪に至らない赦されうる罪があると主張する。だが，わたしがそのような罪を語るとき，彼らはそこから断罪すべき罪を造っている。

15 残存する罪に対する二つの拠り所：キリストの義と賜物

それに加えパウロが，少なからず罪があるのに「〔キリスト・イエスに結ばれている者は〕罪に定められることはない」と〔ローマ 8・1 で〕語っていることをわたしがたびたび導入したことを彼ら〔ルーヴァン派の人たち〕は想起するに値しないと考える。パウロが罪についてあれほど多く前に語っていたのに，そこには断罪に値するものはない〔と彼らはみなす〕。なぜならラトムスが嘘をついているように，そこには罪がないからではなく，パウロが言うように，〔罪人が〕キリスト・イエスによって〔庇護されている〕からである。つまりひよことして雌鳥〔の翼〕の下に，また，キリストの義の影に憩うからである。もしくはパウロがローマの信徒への手紙第 5 章（15 節）でいっそう明瞭に語っているように，この人々には恩恵と恩恵における賜物が授けられているからである。それからこの人々は罪や罪の肉にしたがって歩まない。つまり，彼らは実際には〔今なお〕もっている罪に同意しない。確かに神は，この罪が彼らを罪に定めないように，彼らに次のような二つのきわめて強固で，かつ，きわめて安全な根拠〔拠り所〕を配慮したもうた。

第一の根拠は，キリスト自身が神を宥める供え物である（ローマ 3・25）ということである。こうして彼ら〔信仰者たち〕はこの恩恵の下にあって安全である。それは彼らが信じており，信仰や賜物をもっているからではなく，キリストの恩恵の〔庇護の下に〕置かれているからである。というのはどんな人の信仰も，キリストご自身の義によって支えられ，キリストの庇護のもとに維持されないなら，存続できないからである。（わたしは前に言ったように）これが真の信仰であって，彼らがでっち上げたような，あの絶対的な，それどころか〔廃れてしまった〕みすぼらしい魂の性質ではない[17]。そうではなく信仰はキリストの恩恵から引き離されることを許さず，キリストが神の恩恵の下にあって，罪に定められることはあり得ないし，このように彼に身を投げかける人はだれも罪に定められ得ないことを知ることによって支えられる。確かにこの〔洗礼後に〕残存する罪はこのように大きな問題であり，また神の裁きは耐え難いので，あなたは罪が全くないのを知っているキリ

17）　本書 267 頁，注の 6 を参照。

ストを，自分の代わりに，〔神に〕差し出すのでないなら，存続できない。このことをまさに実行するのが真の信仰である。

第二の根拠は賜物を受容した後も，肉にしたがって歩まず，罪にも従わないことであって，たとえ第二の根拠が何らかのものであっても，第一の根拠が主要にしてきわめて強固なものであり，力において先行するということである。なぜなら，こういう仕方でキリスト〔とともに〕にある人たちと神は契約を結びたもうたからである。そのため彼らが自己自身および自己の罪と戦うならば，断罪に値するものは何もないであろう。したがって断罪に値するものは何もないのは，ラトムスの狂乱とは反対に，彼らが罪を犯さないから，もしくは善いわざの中には罪がないからなのではない。このソフィスト〔ラトムス〕はこうした主張を明瞭なパウロのテキストを超えて，かつ，それに反対して自分の頭から捏造する。そうではなく（パウロが言うように）人々はキリスト・イエスのうちにあって，肉にしたがって歩まないからである。——〔この場合〕パウロは明らかに死罪について語っている。ソフィストたち〔ルーヴァン大学の教師たち〕はただこの罪〔死罪〕を軽くすることだけを考えている。〔そうはいっても〕神はその怒りに対しご自身の御子を差し出し，このきわめて過酷な審判によってすべての人をキリストに向かって駆り立て，強制するために，罪をとても大きくする。こうして神は，戦慄し，絶望し，あえいでいる人たちをキリストの翼の下に迎え入れてくださるのである。しかし，この罪を否定するような人たちは，賜物をいただくことで人々にあくびさせ，かつ，安心させる。こうしてキリストの恩恵を価値の低いものとし，神の憐れみを当てにならないものとする。そこから（W. 8. 115）必然的に起こってくるのは愛が冷たくなることであり，神への称賛はさえなくなり，神への感謝は生ぬるくなる。こういう人たちはキリストについて何も知らない。それゆえあなたはそのようなきわめて有害な人たちに警戒しなさい，そして神のわざが偉大であり，すばらしく，崇高であることを学びなさい。したがって，あなたはこの罪を十分に言い表すことができないことを知らねばならない。というのも人間は誰も罪の邪悪さを，それが無限にして，永遠であるがゆえに，正しく究めたり，把握したりすることが決してできなかったからである。それゆえ，あなたは，再び，神があなたのためにキリストにおいて為したもうたわざが計り知れなく無限であることを知るようになるであろう。こうして神はあなたのためにキリストにあってとても強力な恩恵を，あなたがそのように大きな悪によって滅びないために，あらかじめ定め〔準備し〕たもうたのである。あなたはそのような大きな悪を受けるに値しているが，それでもあの人〔キリスト〕の恩恵によって滅びに至らないばかりか，また終には彼によって全面的に解放されるであろう。わたしたちは恩恵の栄光を高く評価すべきであるが，それを十分に高く評価できないので，パウロは「言葉では言い尽くせない贈り物について神に感謝する」（IIコリント 9・15）と叫んでいる。それゆえ，あなたはソフィストたちの罪のない善いわざについて，注入された信仰について，獲得された信仰について，自由意志についての単調で無気力な駄弁に耳を傾けてはならない。それはみな夢想であって，このような真剣な問題に対する戯れ言に過ぎない。イザヤ書第 2 章（10 節）に「岩の間に入り，塵の中に隠れよ，主の恐るべき御顔と威光の輝きのゆえに」とあるように，キリストのうちにあなた自身を拉し去らなければならない[18)]。また雅歌（2・14）

18）「キリストのうちにあなた自身を拉し去らなければならない」という表現には，「拉し去る」という神秘主義の伝統的な「拉致」

に「わたしの鳩は岩の裂け目，崖の穴にひそむ」とある。誤ってはならない。隠れ家の偉大さはこの罪がいかに大きいかを示す。あなたが神の子キリストを何か木製の像であると考えるなら，話は別である。すべての聖徒たちはこの裁きに戦慄し，聖徒たちを覆うように守るキリストをもたないでは，滅んでしまうであろう。それなのに，わたしたちは諸々の善いわざの中に罪があるとこれまで軽率にも討論して来たのである。確かにわたしたちは，このように戦慄すべき永遠の尊厳〔なる神性〕について，この尊厳を論じるとき，何か任意の人間について討論するように考えてしまう。

16 罪概念のスコラ学的区分の問題

それから概念的に区別をする人は，次のように語ってさらに先へと進んでいく。その人は言う，欠陥には二つの原因があって，神の律法に逆らっているように思われる欠陥は罪ではない，〔つまり欠陥と罪との二つの原因がある〕と。最初のものには，気違いじみた人たち，眠っている人たち，幼児たちにおけるように〔行動するとき〕理性の使用が伴われていない。第二のものは処女〔の陵辱〕等々のように〔行動への〕同意がない場合である。ここで，再び，このように主張する人がルーヴァンの人たち――彼らは神の恩恵によって奉仕している聖なる人たちに残存する罪に関してルターを断罪する――を弁護するのに失敗しているのに気づかない人がいようか。彼らは〔どんな〕善い

(raptus) 概念が含意されている。この点に関し詳しくは金子晴勇『ルターとドイツ神秘主義』創文社，13 頁，20 頁，その他多くの箇所を参照。

わざの中にも死罪〔があることを〕を主張していたルターを断罪しようとして〔夢の神〕モルペウスの作り事を〔その代わりに〕捏造する。真のソフィストたちの中には誰もこれまで，このラトムスほどわたしを吐き気がするほどむかつかせて圧倒した者はなかった。人間にはこれほどひどい不品行とほら吹きの愚行があろうか。なぜなら彼が教父たちの発言を引用し，彼自身もおしゃべりしているような種類の罪について，わたしが何も語っていないことを理解することができなかったほど，彼の愚鈍さはひどくないからである。彼はそのことは知っているとしばしば証言している。だが，彼は自分自身がそのように証言しているのに反して，わたしが断罪に値する罪について語っていると強弁し，これを世界に（前に述べたように）押しつけるのは，全くの悪辣な根性なのである。また悪への傾向性が徳の妨害ではなく，悪でも，罪でもないと主張し，それどころか〔悪の〕犠牲者たちを助けて善に向かわせる（と彼が言っている）のも，それと同じである。わたしが聞くこの声は何であろうか。(W. 8. 116)「それは〔悪の〕犠牲者たちを助けて善に向かわせる，それゆえに罪ではない」。ソフィストたちが〔この言葉で〕明らかに神の恩恵を意図的に冒瀆しようとしたことを，〔読者よ〕あなたはお分かりです。彼らはもっとも恥ずべきことに，神の恩恵に属するものを罪に帰している。誘惑者である悪魔が聖徒たちを助けて善に向かわせている，とは〔何たることか〕。そうすると誘惑は悪でも罪でもないことになってしまう。わたしたちは悪への傾向性を克服しなければならない。そうすると，この傾向性が悪ではないとでも言うのか。お願いです，このソフィストたちがわたしの堪忍を耐え難いまでにひどく攻撃しないようにさせてください。わたしが彼らの非難に反対して出版した小著[19]の中で本当に何か罪を犯したならば，ラトムスの信じられないほどひどい怠惰と無知と悪意を堪え忍んでいるので，わたしはここで大いに悔い改めねばなるまい。というのもこの〔悪への〕傾向性（pronitas）は，〔恩恵に〕逆らい，殉教者〔犠牲者〕たちに迷惑をかけるので，罪なのであるから。そうはいっても恩恵の力は，そのことのゆえにさらに輝きを増すであろう。しかし，あなたが神の判断を吟味するなら，このこと〔恩恵の力を輝かせること〕はわたしたちの仕事ではない。〔悪への〕傾向性を容赦してくださるのは，神の憐れみのわざであり，その傾向性が克服されるのは神の賜物のわざである。読者よ，わたしがこの人たちを死んだ丸太よりも愚かであると心に想い描いたとき，わたしがどんなにひどい犯罪に陥っていたかを（マタイ 5・21 以下参照），よく理解してください。

ラトムスはまた次のように付け加える。「意志的でないような罪はない。とりわけこのことは実際に犯された罪に妥当する。したがって善いわざには罪は存在しない」。この〔三段論法の〕帰結はラトムスからラトムスに至る演繹である。これはたぶんグレゴリウスが「神は，自由意志から罪が犯されたことが見いだされないなら，怒りの器に破滅を報いることは決してないであろう」と語っているからであろう。またどうして神は子どもたちや無知な人たちに破滅を報いるであろうか。しかし，グレゴリウスもここで怒りの器とその罪について語っており，ラトムスはそれを

19） ルーヴァン大学の神学者たちは，ルターの神学を批判して，1919 年に「マルティン・ルターの教義に対するルーヴァン神学部の弾劾」を発表した。その翌年の 1520 年にはルターはこれを反駁して，「ルーヴァンとケルン大学の教師たちによる教義上の弾劾に対するルターの回答」を書いた。この文書のことをルターはここでは小著と言っている。

善いわざにある聖なる人たちの罪として理解している。そうでなければ，どうしてラトムスはわたしに反対してこの言葉を引用し〔彼の目的に役立てようとし〕たのか。もしそうでないならば，わたしたちの論争主題と何の関わりがあろうか。というのもラトムスは，わたしが罪と名づけていることを攻撃し，ただ自由意志的〔な罪が本当の罪〕であるがゆえに，〔わたしが罪と言っているものは〕罪ではないことをグレゴリウスによって立証しようとするからである[20]。だが，わたしはもう疲れ果ててしまった。わたしのことも，自分のことも，教父たちも，聖書も，一筋の毛ほども理解しないで，たとえそれらを理解しても，〔正しく〕理解しようと欲しない，全く馬鹿げた中傷者とお別れしたい。ルーヴァンの放火犯たちと反キリストの教皇勅書にふさわしい弁護人が与えられたこと以外には，この〔ラトムスの〕書物の全体を通して何も正しく解決されはしなかった。

17　ローマの信徒への手紙（7・14-25）のラトムスによる意訳

使徒自身のことを考えてみよう。また彼ら〔ルーヴァンの教師たちの〕解釈を使徒のすぐ次に置いて考察し，どれほど多くの新しい語彙〔たとえば罪の代わりに罰や弱さ〕が突如として生まれているかを学んでみよう。

使徒は言う，「わたしたちは律法が霊的であることを知っている。しかしわたしは肉的であり，罪の下に売り渡されている」（ローマ7・14）と。このことを彼らは「わた

20）　後期スコラ神学では自由意志による行為のみが罪の原因とされる（本書350-352頁参照）。

しは弱く，懲らしめられており，罰の下に売り渡されている」という意味だと言う。同時に「霊的である」は対照法によって語られるがゆえに，「健康で，罰せられず，罰から贖われている」ことと同じことになろう。次に，〔ローマ7・15-8・1までは次のような傍線――で囲まれているようにラトムスによって変えられる〕[21]「わたしは自分のしていることが分からない――つまりわたしは罰を受けている。自分が望むことを実行していない――つまり罰を受けていない。かえって憎んでいる悪を――つまり罰を行っている。もし望まないことを行っているとすれば，わたしは律法に同意している――つまりわたしは罰を受けていない――。なぜなら善であるから――つまり罰を受けていないのであるから――。だがそれを行っているのはわたしではなく，わたしの中に住んでいる罪――つまり罰――である。わたしは，自分の内には，つまりわたしの肉には，善――つまり罰を受けていないこと――が住んでいないことを知っている。善をなそうとする意志はあるが，それを実行できない。わたしは自分が望む善――つまり（W. 8. 117）罰を受けていないこと――を行わず，望まない悪――つまり罰――を行っている。もしわたしが望まないことをしているとすれば，それをしているのは，もはやわたしではなく，わたしの中に住んでいる罪――つまり罰――である。それゆえ善――つまり罰を受けていないこと――をなそうと思う自分には，いつも悪――つまり罰――が付きまとっているという法則に気づく。内なる人としては神の律法――つまりわたしは罰せられていないこと――を喜んでいるが，わたしの五体にはもう一つの法則――つまり罰――があって，心の法則――つまりわたしが罰せられな

21）　したがって以後文中の「――つまり　　――」はラトムスの解釈を表現する。

いこと――と戦い――つまり罰に苦しみ――，わたしを五体の内にある罪の法則――つまり罰――のとりこにしている――つまり罰を引きずっている――のがわかる。わたしはなんと惨めな人間なのであろう。死に定められたこの体――つまりこの罰――から，だれがわたしを救ってくれるであろうか。主イエス・キリストを通して神に感謝する。このように，わたし自身は心では神の律法――つまりわたしが罰せられないように置かれている――に仕えているが，肉では罪の法則――つまりわたしが罰のもとにあること――に仕えている。したがって罪に定められていない，等々」。

18　聖書の本文とは相違する新造語の駁論
――たとえばホモウシオス

このように語ることが善にして真実である，とわたしが認めるとしても，このような説明はパウロの〔正しい〕解釈であろうか。「また教父たちがこのように語ったとしても」わたしたちもこのように語るべきであると教父たちは，命じていたか，あるいは命じることができたであろうか。わたしたちは人間たちよりも神にしたがうべきではないのか。パウロは「あなたは俗悪な新奇な話を避けなさい」（Ⅰテモテ6・20ウルガタ訳）と命じており，あなたはパウロが語ったように語って，昔からの聖なる言葉に聞きしたがいなさいと命じる権利をもっていた。神聖でないことでなければ，何が一体俗悪であろうか。だが，人間的な言葉は，使徒によって用いられていないので，神聖なものではなく，新奇なものである。あなたはアレイオス主義者に反対して〔教会によって〕受容されたホモウシオス〔同質の本質〕を引き合いに出して責めても，それはわたしには妥当しない[22]。この言葉は多くの，また卓絶した人たちによっても受け入れられてはいない。またヒエロニュムスもそれが廃棄されるように願っていた。このような〔新たに〕考案された言葉によっては，ヒエロニュムスがこの文字とシラブルにはどんな毒が潜んでいるのか知れないと嘆く危険から逃れることができなかった[23]。そして確かにアレイオス主義者たちも聖書よりもあの言葉〔ホモウシオス〕に攻撃の矛先を向けていた。〔ポワティエの〕ヒラリウスもここではアレイオス主義者たちに対して，この言葉によって事態の本質であるものと聖書の全体が意味していること以外には何も考えていなかった[24]。だがヒラリウスが考えていることは，わたしたちが現在問題にしていることには当てはまらない。というのも「罪」をあの「罰」の代わりに使っている箇所は聖書にはないからである。その反対に聖書は「罪」を至るところで神の律法に反対する邪悪さの代わりに使っている。こうしてホモウシオスとの比較も（この比較でだけがラトムスをことによると神学者としたかもしれないが）ここでは妥当しない。

たとえこの比較が成り立ち，例証を挙げることができても，それでもわたしたちはそこからこうした結論を引き出すべきではなく，むしろ聖書にない世俗の言葉を一度だけ使った教父たちに寛大であるべきである。そうではなく，

22）ニカイア信条ではアレイオス主義に反対してキリストが父なる神と同じ「一つの実体」であることを「ホモウシオス」によって示して，キリスト教信仰を明確にしようと試みられた。ルターの見解については『公会議と教会』（1539）WA 50, 548 以下を参照。

23）ヒエロニュムス『書簡集』15・14. この教皇ダマスウスへの手紙でヒュポスターシスの用語の使用について不平を述べている。ルターは「ヒュポスターシス」と「ホモウシオス」とを混同していると思われる。この点に関して WA 8, 117 n. 2 を参照。

24）ポワティエのヒラリウス『コンスタンティウス駁論』第 16 章，ミーニュ編『ラテン教父著作集』第 10 巻 , 578 頁。

もしもこれが先例として立てられると，ソフィストたちが行ったように，聖書の全体が他の言葉に変えられるのが許されてしまうであろう。もしわたしの魂がホモウシオスという言葉を憎み，それが使われるのを願わないならば，わたしは異端とはならないであろう。（W. 8. 118）聖書にもとづいて公会議で決められたことをわたしが保っていれば，だれがその言葉を使うように強制するであろうか。またたとえアレイオス主義者たちが信仰に関して間違った考えを懐いていたとしても，それでも彼らは，その動機が悪かろうと善かろうと，世俗的な新奇な言葉を信仰の規則の中に設けることは許されないということを要求していた。なぜなら聖書の純粋さ〔つまり完全無欠さ〕は守られねばならないからである。神がその口でもって語られたよりも明瞭に，かつ，確実に人は，その口でもって語りうると〔尊大になって〕考えてはならない。神に属する事柄を語っているとき神の言葉を理解できない人は，自分に関係しない事柄について語っている人の言葉を理解していると考えてはならない。もっともよく理解している人よりも良く語っている者はいない。しかし誰が神自身よりも良く神に属する事柄を理解していようか。それどころか神に属することを人間が理解するとは，どんなに高く評価すべきことであろうか。

むしろ惨めな人間は，神の言葉を自分が理解できないことを告白することによって，あるいは自分自身の新奇な言葉で神の言葉を汚すのを止めることによって，神を誉め称えるべきである。このようにして神の知恵は，真正の姿でもって愛すべきものとしてわたしたちに純粋にとどまるであろう。それゆえ教父たちも，最善を尽くして語ったことであろう。わたしは，告訴や負債また理解を助けるよりも暗くする同様な馬鹿げたことに関する彼らの〔ソフィスト的な〕作り事を無視して，この箇所でのパウロのこれらの言葉が字義通りに表明されるように欲する。使徒の言葉は〔理解するのに〕容易であり，明白であり，誠実なものである。あの燃えて輝く，かつ，燦然たる太陽〔の光〕を人間の松明で照らす必要はない。「そこには告発も負債もない。それゆえそこには罪がない」とあなたが言うとき，あなたには見事に語ったと思われるが，それでもあなたはきわめて曖昧であって，ネヘミヤが言っているように（ネヘミヤ13・24），あなたはアシュドッド〔イスラエル中部の地中海沿いの町〕的に，それぞれの民族の言葉で語っており，その間に聖なる父祖の言語をもう忘れていたのである。野蛮人の言語は立ち去ってもらい，わたしたちは真正な母国語を呼び戻そう。どうしてあなたはもっと純粋で，もっと明瞭に「そこには怒りはなく，恩恵がある。それゆえあの罪は，真の罪であっても，罪に定めない」と語らないのか。福音書記者ヨハネは本当に毒を飲んだが，信仰の力があったので，その毒は彼を殺さなかった〔と伝説にある〕[25]。信仰は本当の毒を本当の毒以外のもの，たとえば罰や弱さとしたのではなく，むしろ信仰はヨハネを害さず，守ったのである。もし誰か他の人がそれを飲んでいたら，本当に死んでいたであろう。キリストは言う，「死をもたらすもの〔毒〕を飲んでも，決して害を受けないであろう」（マルコ16・18）と。しかし彼は「それは死をもたらさないであろう」とは言わず，「害さないであろう」と言った。というのも彼ら〔信じる人たち〕はキリストの名前を唱えて飲んだからである。もしそうでなく，毒を飲んだとき死をもたらすもの〔毒〕がなくなっていたとしたら，奇跡の栄光はどこにあろうか。カルデア人たちが〔イ

25）この伝説はどうしてヨハネが伝統的に聖餐の杯でもって描かれるかを説明している。『カトリックのエンサイクロペディア』第8巻，493頁参照。

スラエル人を殺そうとした火〕は本当に火であったし，火であり続けたが，それは三人の男たち〔シャドラク，メシャク，アベド・ネゴ〕を害さなかった（ダニエル3・19以下)。それは焼いたり燃やしたりできなかったからではなく，釜の前にいた他の人たちを確かに殺すことができても，三人の男たちに触れることができなかったからである。同じように〔わたしたちが語っている〕この罪は他のすべての人を怒りに服させる本当の罪である。だが，この罪は三人の男たちを怒りに服させない。なぜなら他の人たちではなく，この人たちは，解毒剤，つまり一人の人イエス・キリストの恩恵において神の賜物をもっているからである。この賜物に満たされた人は肉にしたがって歩まない。このことはとても明瞭で簡単に理解できるので，頭のとても鈍い人でもいとも容易に理解することができるのではなかろうか。その間に次のようなことでは事細かな区別が持ちだされる。罪の告訴と責務と形相と質料・〔善の〕欠如〔としての悪〕[26)]・習慣[27)]・行為・〔罪の〕伝播[28)]・〔恩恵の〕注ぎ・〔罪の〕赦し・性質・形・基体・内在的な善（W. 8. 119）と外在的な善・内在的な悪意と外在的な悪意・適宜的な功績[29)]・善の種類・受容された善・受容されない善[30)]——また誰がこれら蛙と蠅の合唱のすべてを聞い

---

26)　これは新プラトン主義者プロティノスが説き，アウグスティヌスに影響したもので「善の欠如」としての「悪」を指す。

27)　トマス・アクィナスのハビトス論を指す。これについては本書231頁注13と273頁注9を参照。

28)　アウグスティヌスに流入した三つの説で伝播説，流出説，創造説がある。詳しくは金子晴勇『ヨーロッパ人間学の歴史』知泉書館，75，81，87，141頁参照。

29)　オッカム主義の概念で，「応報的な功績」を緩和したもの，詳しくは金子晴勇『近代自由思想の源流』創文社，88，92頁参照。

30)　スコトゥスの学説で詳しくは金子晴勇，前掲書，51，83-84頁参照。

たりできようか，ましてやそれらを検討したりすることはできない。誰が他の人たちの教師であるかについて，彼ら自身もいまだ合意するに至っていない。ましてや惨めな群衆がこの事細かな区別から罪と恩恵について真の認識をいつか獲得できることなどあり得ない。というのも，ここであなたが罪の告訴と責務が何であるかを理解する前に，哲学の最新のがらくた――それは十回も篩いにかけられたものである――を呑み込まねばならないからである。このようなソフィストたちの気が狂ったような奇っ怪な道具は立ち去ってもらいたい。

19　義人にして同時に罪人の証言：ローマの信徒への手紙 7・14 以下

したがってパウロはまことに「しかし，わたしは肉の人であって，罪に売り渡されている」（ローマ 7・14）と語り，「わたしは肉の人であった」とは言わない。それでは「肉の」（carnalis = 肉的）が聖書では処罰に値することおよび弱さへ屈服していることを意味する点を調べてみなさい。パウロは自分が完全に肉的ではなく，心霊においては霊的であり，肉において肉的であるから，自分を肉的であるとは言っている。それは彼が「心では神の律法に仕え，肉では罪の法則に仕えている」（同 7・25）と語っているように，心霊[31)]において罪から自由であり，肉におい

31）「心」や「心霊」は mens の訳語，この語は元来「精神」の意味であるが，パウロは「霊」（プネウマ）のことを考えているがゆえに，このように意訳する。パウロでは霊と肉とが対の形で使われている。一般の哲学では精神と身体とが対の形で使われる。パウロでは霊と肉が生き方の対立であるが，哲学では精神と身体は二元論的対立となっている。つまり人間学的区分法の違いである。この点に関し詳

て罪に売り渡されているのと同じである。ここでラトムスがあなたを欺いてはならない。ラトムスはここから二つの意志を造り出している。異なる関連の下に，つまり恩恵の下に霊的であり，律法の下に肉的であるが，〔このように〕二度とも同じパウロであるという，二つのことを自分について告白しているパウロは，一人の人間なのである。〔神の〕賜物は恩恵の下にパウロを霊的となし，恩恵の下に置くが，それは一人の人イエス・キリストの恩恵によるのである。〔それに対し〕罪はパウロを肉的にするが，それは怒りの下においてではない。なぜなら恩恵と怒りは，一緒にならず，相互に攻撃することなく，一方が他方を支配しないからである。それは賜物と罪との関係と同じである。これに一致して，「肉的であるわたしは，自分のしていることが分からない」（同 15 節）が，わたしが分かっているのは，わたしが霊的であることである。もしそうでないなら〔つまり霊的でないから〕，どうして自分自身について，自分のしていることが分からない，と告げることができるであろうか。それに続けて，彼は彼のしていることを悪であると呼んでいる。したがって彼は自分が行っていることを悪であると理解する。しかし彼は肉によっては自分が霊で理解することを理解しない。というのも肉にあっては，荒れ狂っている罪は自分の欲望していることが善であると考え，人にもそのように思われることを行い，それがどんなに悪であるかが分からないからである。「すなわちわたしは自分が望む善は行わず，憎んでいる悪を行っている」（同 19 節）。見たまえ，パウロは善と悪とを理解しているが，パウロは霊的な〔人間として〕そのように理解し，欲し，憎んでいる，だが彼は肉的な〔人間として〕善を理解せず，善の代わりに悪を行い，かつ，愛している。

しくは金子晴勇『キリスト教人間学入門』教文館，32-47 頁参照。

さて，ここでラトムスは聖書について発言し，「肉的」という言葉がここでは聖書の他の箇所とでは異なった意味であること，また文法と一般的な意味が求めているのとは異なっていることを聖書によって信じさせようとする。彼〔ラトムス〕はこの箇所での「知る〔理解する〕」「行う」は他の箇所とは何か異なっていることを証明すべきである。彼はまたこの箇所での「善」と「悪」とが他の箇所とは異なっていることを証明すべきである。またこの箇所では「欲する，欲しない，憎む，行うこと」が他の箇所とは異なっていることを証明すべきである。彼がこれを証明できず，またこれの言葉の意味が敬虔な信仰を妨げないとしたら，わたしたちは人間的な解釈の仕方によってどうして動揺させられてよいのか。というのも人が弱く，かつ，劣っていても，それでも人間であると，わたしが前に言ったように，部分的に肉的である人は本来的意味では肉的であると呼ばれないからである。（W. 8. 120）もしも或る人の頭が傷つけられると，わたしたちが「人が傷つけられている」というのは正しい。そして犬の足を傷つける人は，「彼が犬を傷つけた」と言われるのはきわめて正しい。同じようにパウロは肉にしたがって知らない〔理解しない〕がゆえに，知らないのである。またパウロは肉にしたがって行うがゆえに，行う。また肉にしたがって行うがゆえに，彼は悪を行う。また霊と善に反対しているがゆえに，それは悪である。それゆえ，彼がすべてを働かない，すべてを行わない，すべての悪をなさない，あるいは部分的に知っているがゆえに，彼は働かない，行わない，〔その行いが〕悪ではない，あるいはすべてを知っているとわたしたちは言ってはならない。同様に人のすべてが傷つけられ，殺されていないがゆえに，人が傷つけられていないと，また犬がすべての部分で傷ついていないし，殺されてはいないがゆえに，傷つけられていないとわたしたちは言ってはならない。それどころかあなたは身体のごくわずかな部分を害しても，言葉の本来にして真実な意味で，彼に傷を負わせており，〔犬を〕傷つけている。このようにここでは〔洗礼後の罪は〕人間の全体を殺さず，断罪せず，怒りに服させないがゆえに，〔恩恵を受ける前の〕本来的な意味での罪なのではない。というのも恩恵と賜物は，わたしたちが罪を犯さないように，つまりこの罪に同意し，滅びないように，人間を保護しているからである。

20　罪は罪として残存し，そこには区別がない

あなた〔ラトムス〕は次のように主張するであろう。「あなた〔ルター〕は罪が他の箇所ではこのように理解されていることを，つまり断罪されていないことを証明していない」と。それに対してわたしは答える。「それは必要ないし，わたしはそのようには取り扱って来なかった」と。わたしが取り扱って来たのは，罪がこの箇所で至るところにあるのと同じことを意味しているということだけであった。わたしが罪がここでは別の仕方で扱われていると言うのは，罪〔という言葉〕の意味には決して関係していない。聖書は罪〔という言葉〕を至るところで同じ仕方で理解しているが，罪を至るところで同じ仕方で扱ったり，その扱い方を述べたりしていない。——聖書はここでどのように罪が生じるのかを述べ，他のところでどのように罪が赦されるのかを述べ，他のところではどのように罪が罰せられるか，他のところでは罪〔厳密には罰〕が遅らされるのか，他のところではどのように罪が沈黙されるのか，他のところでは罪が告白されるのか，また他のところではどのように罪が否定されるのかを述べている。また誰が罪の諸々の活動・受動・偶然な出来事〔付随事情〕を枚

挙できようか。このようにこの箇所〔ローマ 7〕では罪は何をなすのか，恩恵〔の働くところ〕で罪は何を受領するのかが述べられる。ここでは罪があることが否定されていない。それどころかパウロは罪が生じ，現にあることを前提している。ここでは罪について，どのように罪に支配され，霊に逆らって戦うのか，他のところでは罪が勝利者として支配するのかが語られる。それでも至るところで全く同じ罪なのであるが，それでも罪は至るところで同じことをする力がないし，〔事実〕行わないし，受苦しない〔悩まない〕。しかし，わたしは前に聖書が他のところで罪をその〔言葉の〕意味に関して同じ仕方で理解していることをパウロから証明した。パウロはローマの信徒への手紙第 6 章と第 8 章，それに加えてこの第 7 章，ガラテヤの信徒への手紙第 5 章，コリントの信徒への第 1 の手紙第 5 章，エフェソの信徒への手紙第 4 章，コリントの信徒への第 1 の手紙第 7 章，コロサイの信徒への手紙第 3 章，ヘブライ人への手紙第 13 章で罪を不節制，色欲，怒りに関連させて用いている。またヨハネ第一の手紙第 1 章（8 節）には「わたしたちが罪をもっていないと言うなら，自らを欺いている」とある。だが，わたしたちに反対する人たちは自分たちの解釈のためにほんのわずかでも前に進むことができない。

21 ローマの信徒への手紙 7・16 以下のルターによるパラフレーズ（意訳）

それゆえわたしたちはパウロ〔のテキスト〕を究明してみよう。

「もし，望まないことを行っているとすれば，わたしは律法を善いものとして認めていることになる」(16節)。

これはすばらしい配列である。彼は律法が善であることに同意するが，その全体ではない。なぜなら彼は律法の全体を行わないし，全体を欲しないから。彼はここでは〔律法の〕全体に同意していないし，全体を行っていないし，望んでもいない。つまり彼が望んでいる善い律法の反対である。「それを行っているのは，もはやわたしではない」(17節)。それを行っていると先に言ったことを，今や行っていない，この「わたし」とは誰であろうか。それは明らかに霊的であるわたしなのである。なぜなら，このわたしにもとづいてわたしは，今，恩恵によって価値あるものとされているからである。恩恵はわたしを肉的となす罪にしたがって評価することを許さない。今やすべては洗い流され，今は恩恵を受ける前とは別な「わたし」である。そこでは〔つまり恩恵を受ける前には〕わたしは罪にしたがって全体が肉的であると評価されていた。「そうではなくわたしの中に住んでいる罪なのです」(同上)。そこで行っているのはあなたではなく，それでもあなたの内に存在するものが行っているのか。あなたの手がわたしを打ちのめす，(W. 8. 121) それなのにあなたはわたしを打ちのめしていないのか。事実そのようである。というのもあなたの手はわたしの意に反してそれを行い，これにしたがってわたしは評価される。それでも「わたし」はそれを現実に行っている。なぜならわたしの一部分がそれを行っているが，この部分にしたがってわたしはもはや評価されるのではなく，手が悪いわざをすると，また心が無垢でないなら，それはわたしに転嫁される。しかし手が行うことが悪くないからではなく，それが転嫁されないからである。そうはいっても心が無垢であるために転嫁されないのではない。したがって罪は現実に罪であるが，賜物と恩恵がわたしにあるがゆえに，罪は転嫁されないが，それは，あたかも無垢が害さないかのように，自分の無垢のためではなく，わたしの内で賜物と恩恵とが支配しているためである。

「わたしは，自分の内には，つまりわたしの肉には，善が住んでいないことを知っている」(18節)。

なぜなら，それはわたしの肉であって，何か〔わたしにとって〕異質なものである。肉の中に住んでいるものはわたしの内に住んでいると言われる。もっとも魅力的な〔一部で全体を表す〕代喩法によって一方から他方へ真にみごとに変えながら，何と楽しくパウロは肉と霊の真ん中を歩んでいることか。したがって罪は現実に肉の内に住んでおり，それは真正な罪である。〔ベニアミン族が追い出せなかった〕エブス人はわたしたちの領地に住んでおり（ヨシュア23・13；士師1・21)，もしわたしたちがそれを取り除こうと努めないとしたら，わたしたちの目にとげとなり，わたしたちの脇腹に鞭となるであろう[32]。目の中のとげというのは，あなたの顔の前にある〔視界を遮る〕材木ではないのか。あなたはこの材木に注意しないで歩むと，それにぶつかってしまう。同じように罪は日々わたしたちの前に歩き回っており，途上でわたしたちを妨害する。それから側面からもわたしたちを誘惑するので，勇敢に粛正されないと，わたしたちはそれに打ち当たり躓いてしまう。罪は明らかに悪い客であって，しかもわたしたちの内なる肉に住みつき，わたしたちの土地と領域に住んでいる。したがって肉には善いものがない，わたしは言

32） WA 3, 493, 14-17; 4, 543, 24-26 参照。

う，本当に何もない，と。肉には罰だけでなく，罪しかない。「善をなそうとする意志はあるが，それを実行できない」(18節)。パウロ自身はどのように霊的な人が罪にあっても悪を行わないで，〔善をなしている〕かをさらに明らかに説明する。それでも肉に住んでいる罪のゆえに彼は善を意志することを〔終わりまで〕成し遂げない。だが，それを成し遂げていないからといって，この意志は無なのではない〔つまり，ないのではない〕。ちょうどその反対に，肉に住んでいるがゆえに，悪が無ではないように〔つまり，あるように〕，あの「わたし」が行っているのではなくて，行っているのは罪自身なのである。わたしは次の二つのことを主張する。悪は起こっており，起こっていない。起こっている，なぜなら罪が悪を行っているから。起こっていない，なぜならこの意志が罪の行いのために〔終わりまで〕成し遂げていなくとも，心〔と心情〕は行っていないし，欲していないから。パウロは罰と霊との間〔の関係〕を論じるにあたって，かくも大きな闘争をこんなに強く訴えるのであろうか，とわたしは尋ねたい。またこのことは再度パウロのソフィストたちに対する戦いなのである。ソフィストたちは聖書の中でそれ〔罪〕が罰（この言葉で彼らは罪を主張していると推測されないように言い逃れようとする）であると，以前どこで教えられていたのかを言わねばならない。わたしたちはこのこと〔罪が罰であること〕を避けるべきであり，それに抵抗すべきであり，それを熱烈に断罪すべきである。聖書が耐えるように命じていないような罰はないし，したがって罰を逃れることは役立たない。ソフィストたちの注釈はそのテキストと同じく，彼らの言葉も事柄と同じく，全聖書の使用法を逸脱しており，敬虔な人たちの感覚を逸脱している。こうして彼らがテキストの形態から逃れようと試みた矛盾が，彼らの注釈の中に少なからず続いて起こってくる。確かにあなたがどこにも見だすことも，立証することもできず，かえってあらゆる点でその反対だけを聞くように強いられることを主張するのは，愚の骨頂である[33)]。（W. 8. 122）

> 「わたしは自分が望む善は行わず，望まない悪を行っている。しかしわたしが望まない悪を行っているとすれば，それをしているのは，もはやわたしではなく，わたしの内に住んでいる罪である」（19-20節）。

見たまえ，恩恵の忠実な説教者を。彼は「しかしわたしが望まない悪を」という言葉を，指を立てて指示するように，熱心に反復して教え込んでいる。というのも前には何かぼんやりと語ったように思われたからである。そのさいパウロが同じように「もし，望まないことを行っているとすれば」（16節）と言ったとき，「それをしているのは，もはやわたしではない」と結論するに先だって，彼は「わたしは律法を善いものとして認めていることになる」を挿入していた。だが，ここでは直ちに「わたしが望まない悪を行っているとすれば」が結論に先行しており，この「望まないこと」は確かにそれを行っているのがもはやわたしではないが，それでもわたしのもとで起こっていることを証明している。したがってそれを行っているのは，どうしてもわたしの内に住んでいる罪でなければならない。そうして誰もこの箇所を霊的な人間について以外には理解できないし，悪い行為を実行している人については理解できない。というのもパウロはここで一方〔悪い行為〕が他方〔望まないこと〕によって妨げられていても，それでも

33）ここで「その反対」とあるのは，ルターの論敵が「罪」（peccatum）の代わりに「罰」（poena）を立て，その解釈を無意味なものとしていることを指す。

霊が優勢であるがゆえに，パウロが悪を行わないし，望んでもいないことが彼の所為に帰せられるからである。なぜなら彼は「わたしは自分が望む悪は行わず，望まない善を行っている。しかしわたしが望まない善を行っているとすれば，それをしているのは，もはやわたしではなく，わたしの内に住んでいる恩恵である」と主張するために，自分の見解を変えてはいないからである。確かに肉に反抗する霊を肉が支配するとき，肉はそのように言わざるを得ないであろう。だが今や霊が肉に対して嘆き，肉を告発するがゆえに，肉が支配しないで，支配する霊にとって肉が重荷となり，反抗的となることが明らかになる。これらのことは肉のためにではなく，かえって肉に敵対して語られている。また恩恵の外に立っている肉的な人はそれを行おうとはしない。したがって神の恩恵はこの罪のわざが自分に転嫁されること（imputari）を許さない。なぜなら神は実際にそうはなさらないからである。それでもこれまで十分に語られたように，神の恩恵は神のうちにあって，神はまた実際にそのようになしたもう。

> 「それゆえ，わたしは善をなそうと思う自分には，いつも悪が付きまとっているという法則を見いだす」(21節)。

確かに善をなそうとする人と悪が付きまとっている人とは別人ではない。霊的な人は全体として善をなそうと欲するが，肉的な人には悪が付きまとっており，全体よりもいっそう小さくなっている。

> 「内なる人としては神の律法を喜んでいるが，わたしの五体にはもう一つの法則があって心の法則と戦い，わたしを，五体の内にある罪の法則のとりことしてい

るのが分かる」(22-23節)。

パウロはここでもきわめて明瞭に自分のことを説明している。つまり神の律法を喜ぶことは敬虔で正しい人間の特質であるが，正しくない人は五体の法則に逆らって戦わないし，戦おうと欲しない。さらにパウロは心の法則（lex mentis）を人々が言う自然法（lex naturalis）と呼ばないで，それを五体の法則に対立させる。彼はむしろ神の律法を喜ぶ意志を霊（spiritus）と名づけ，この霊に対し罪の法則を喜ぶ五体の法則を対置させる。しかしパウロはこの意志が〔反抗し〕戦っていると言うが，その悪は罰（poena）に属しているのではなく，罪責（culpa）に属していると告げる。なぜなら悪いのは神の律法に〔反抗し〕戦うことであるから。彼はそれ〔五体にある法則〕が単にもう服従しないばかりか，それと「戦っている」(repugnare）と言う。このことはあなた〔ラトムス〕が洗礼後に残存する罪を過小評価しないために，いっそう重大なことである。その罪は重大であるが，神の偉大な賜物によって取り除かれ，偉大な恩恵によって赦されるが，それは戦わずに神の律法を喜ぶ御霊のゆえに，授けられる。またあの最後の「とりことしている」(captivat）という言葉はもっと恐ろしい。見たまえ，何と重みのある言葉と力でもってこの言葉はこの罪を大きくしているかを見ていただきたい。だが，この言葉は彼〔ラトムス〕の下ではこんなにも軽視され，かつ，除去されている。〔それに反して〕この罪は，ただ単に存在しているばかりか，生きているばかりか，意欲しているばかりか，活動しているばかりか，戦っているばかりか，同時に荒れ狂っており，とりこにしている。わたしはあなたにお尋ねしたい，これは取るに足りないことですか，と。また，それが自分にも起こっていることを誰が感得しないだろうか，と。誰が（W. 8. 123）時折，その意に反して，かつ，望んでいないのに，色欲と怒りの気違いじみた想念と動きを〔心に〕感得しないだろうか。その凶暴な振る舞いは抑えられない。それどころか，あなたが不思議に思われるように，不敬虔な人たちではそのようには荒れ狂っていない。というのも彼ら〔ソフィストたち〕は自分たちの激情を抑えないで，それに屈服し，従っており，したがって罪と戦い，罪を支配することがどんなに苦痛であり，どんなに重荷であるかを，一度も経験したことがないからである。この激情の攻撃は熱心な軍事訓練を要求する。それゆえキリストは「万軍の主」や「雄々しく戦われる王」と呼ばれる（詩24・8と10）。なぜならキリストは自己の賜物によってこの大きな攻撃に屈しないばかりか勝利したもうからである。それゆえ，神の恩恵と賜物の偉大さを見なさい。それはこのように大きな悪が敬虔な人たちには非難すべきものでないようにしている。諸々の悪しき想念が敬虔の人たちのもとでは不敬虔な人たちのもとより強力であっても，それは彼ら〔敬虔な人たち〕を汚さないし，断罪しないのであるが，あの人たち〔不敬虔な人たち〕を汚しており，断罪している。どうしてそうなのか。両者とも同じ罪ではないのか。然り，現に同じ罪であるが，それでも敬虔な人たちは解毒剤をもっているが，不敬虔な人たちはそれをもっていない。したがって敬虔な人たちは罪のより大きな攻撃を受けても罪を犯さないのに，不敬虔な人たちはより小さな攻撃によっても罪を犯す。それは両者に罪がないのではなくて，この〔罪を犯さないという〕栄誉は神の恩恵に当然与えられるべであって，悪い本性にではない。恩恵が授けられていないと，〔罪は〕真に断罪するであろうが，今や恩恵は悪い本性が断罪するのを阻んでいる。それゆえ「主よ，わたしたちにではなく，あなたの御名にこそ栄光が授けられますように」（詩115・1）とある。（ソフィストたちが夢想しているように）神の律法に敵対してこんなにも狂乱するのは罪なのであって，罰でもなく，弱さでもなく，詩編第 18 編が「わたしは重い過失から清められるでしょう」（詩 19・14）と語って嘆いているように，大いなる罪なのである。わたしたちの栄誉をこのようなわたしたちの清さに求めてはならない。ところでパウロは「とりこにする」（captivare）と言うが，それは霊的な人が〔現実に〕とりことなっているのではなく，罪の側からすべてが起こっており，霊的な人がとりことされるために何も省かれていないからである。同じような表現はガラテヤの信徒への手紙第 1 章（13 節）「わたしは神の教会を荒廃させようとした」に見いだされる。だが，パウロは教会を荒廃させることはできなかった。しかし彼は教会を荒廃するためにできるかぎりをなし，何も省かなかった。同じように彼はここでも「それ〔五体の法則〕は攻撃してきて，わたしはとりことされた」とは言わない。そうではなく「それはとりこにしようとしたが，わたしはとりことされない」と言う。もし彼がこのように〔わたしはとりことなった〕と言ったとしたら，その意味は肉との関連において理解するようにわたしたちを強制するであろう。それはパウロが〔律法の下に〕売られており，肉にしたがって肉的であると言ったのと同じである。そんなわけで〔人は理解する〕彼はここで肉にしたがってとりことなっていると言う。またわたしにはこの意味のほうが単純であるから，それが好ましい。

> 「わたしはなんと惨めな人間であろう。だれがこの死の体から救ってくれるだろうか」（24 節）。

ここでパウロは罪を死（つまり最大の重荷）と比喩的に呼んでいる。この点で彼は出エジプト記第 10 章（17 節）を模倣しており，そこではファラオがイナゴを取り除いてくれるように「こんな死がわたしから取り除かれるように，わたしのために主に祈願してもらいたい」と〔モーセに〕嘆願している。その厄介な，劣悪な，絶え間ない，抑制のない猛威のゆえに，このイナゴと同じように罪をもっとも嫌悪する名でもってパウロは呼ぶ。それゆえに現世において平和をもつことがわたしたちに許されず，絶えず戦の前線にとどまるように強いられる。というのもパウロはこの箇所でラトムスの〔語る〕生ぬるい安逸を求める習性〔弱さ〕を恐れていないし，アウグスティヌスもラトムスが彼〔の所為〕に転嫁したこと〔つまり罪は罰であること〕を願っていなかったからである[34]。

一つの激情が絶えずわたしたちを（W. 8. 124）狂わせるのでも，怒りが絶えずわたしたちを激怒させるのでもない。色欲が絶えず荒れ狂うのでも，嫉妬が絶えず苦しめるのでもなく，一つが他を継承するのである。また，これらの情念がすべて眠っていても，生ぬるさと怠惰とは眠っていない。もしあなたが精力的に活動すれば，高慢が目を覚ます。わたしが以前に誠実を尽くして言ったように，ちょうどわたしたちが肉なしにあり得ないように，わたしたちは肉なしには活動できないし，肉の欠陥なしにはないし，それなしに活動しない。ラトムスは彼が「ときどき情念は治まる，それゆえすべて善いわざには罪はない」と論じるとき，全く馬鹿げたことに，特殊な，かつ，個別の前提から推論を組み立てている。彼はむしろ「ときどきすべての情念は治まる，そのとき罪はすべて眠っている」と言うべきであった。しかし肉は生きている事態であって，それは絶えず運動しており，〔その欲求の〕対象が変わるとそれ

---

34)　ラトムスが引用したのはアウグスティヌス『ユリアヌス駁論』第6巻，8章である（ワイマール版の注による）。ミーニュ編『ラテン教父著作集』第44巻，666頁。

自身も変化するので，そのようには主張できない。だが眠りの中には罪がないということは，やはり恩恵に属することであって，自然の状態ではない。つまり罪はそこ〔眠りの中〕では断罪すべきものではないし，〔そのことには〕理性の使用が欠けていることが理由となってはいない。わたしたちが清らかな気持ちで眠ることができないことは，罪である。どうしてわたしたちは清らかに眠りにつくことができ，清いことだけをなしうる正しさ（rectitudo）にとどまっていなかったのか。酔っている人が酩酊によって何か罪を犯すとき，酩酊〔の事実〕はその人を弁護しない。どうしてその人はしらふのままでいなかったのか。それゆえ，わたしたちのゆえに何も赦されることはなく，わたしたちからでは何も清くはなく，清くあるのはただ神の恩恵と賜物によるのである。何がいったい洗礼を受けていない〔で死んだ〕幼児たちを，彼らが永遠にわたって断罪されることから，弁護するのか。

「わたしたちの主イエス・キリストを通して神に感謝する」(25 節)。

パウロは自分の義にではなく，神の憐れみに感謝する。そして彼はこのことをわたしたちの主イエス・キリストを通して行う。というのも彼はこのことをいつも神の前に置き，神の御翼の下に自分自身を隠し，この恩恵を通して神の恩恵と賜物を喜び，かつ，誇るからである。だが彼はこの身体から自由となることを望んでいる。なぜなら彼は「この体の死からだれがわたしを救ってくれるであろうか」とは言わないで，「この死の体から……」と言っているから。というのも彼はルーヴァンの聖人たちの清さは現世においては不可能であることが分かっているからである。それでもパウロは清くなることを望んでいる。したがって死ぬことを望んでいる。このように不敬虔な人たちは言わないし，だが，そう言うときにはパウロはこの理由〔死の願望〕から言っていない。なぜなら彼は罰のためにそのように叫んだりしないし，死を呼び寄せたりしないで，〔むしろ〕罪が彼を過度に悩ませているからなのである。それゆえ，この箇所が至聖な人たちの場合に妥当することがあなたには分かるし，またこの人たちが抑制の効かない猛威の罪によって苦しみを受けているが，そこからわたしたちは，わたしたちの悪が罪であることを，また諸々の人間的な釈義を通して〔悪を〕否定することによって悪を減少させても，神の恩恵は減少しないことを学ぶのである。そうではなく，わたしたちは〔自分たちが行う〕告白も強調も神のわざであることを明らかにするために，悪をできるかぎり重大視し，かつ，強調する。神はその聖徒のうちにあって驚くべきわざをなし，ご自身の意志のすべてを実行されるが，それでも同時にわたしたちはなお罪をもっているように思われるし，また本当に罪をもっている。神の意志は，わたしたちのうちに罪がなくなることであり，わたしたちがその罪から聖化されることである。それゆえパウロは，現世における敬虔な人たちの生活の状態について次のように結論をくだしている。「それゆえ，わたしは心で神の律法に仕え，肉では罪の法則に仕えている」(25節)。ここでの「わたし」は同じ一人の人である。ラトムスの詭弁はこれ〔わたしたちの理解〕を阻むことができない。彼はこの言葉は先行する他の言葉「わたしのうちには，つまりわたしの肉には善が住んでいない」のように理解されうると考える。パウロ自身はこの言葉を「わたし自身は肉では罪の法則に仕えている」と語っているとき〔わたしたちが理解しているように〕説明している。だが，あなたが（W. 8. 125）優雅な注釈者のように「わたしの肉が肉でもって罪の法則に仕える」と付言しようとするならば，話は別である。ところで，これでもって何が言われているのだろうか。これらの言葉はソフィスト的な〔曲解の〕策略を蒙っていることは余りにも明らかである。「わたし自身は」とパウロは言っており，その他には言わない。それから彼は「わたしは仕える」と語って，罪をもっているばかりか，わたしは肉に仕える，あるいは同じことに相当するが，わたしの肉が罪に仕えると言う。だが，罪に仕えるとはどういうことか。罪の意志を行うことではないのか。神の律法に逆らって行動することではないのか。しかし肉はこのことを攻撃しながら，〔わたしたちを〕とりこにしながら，荒れ狂いながら行い，このようにして罪に仕えるが，霊はこのような狂気に従わないし，それに打ち勝つので，罪に定めたりしない。罪に奴隷的に仕えると空しくなり，そのすべての努力は無駄となるが，この奴隷的奉仕は決して無でもなければ，悪なのでもない。それゆえに肉がこのような悪しき奴隷的奉仕において罪を犯さないということには決してならない。しかしながら肉は空しく仕えており，その主人の罪は優勢とは〔つまり支配するようには〕なりえない。それどころか，〔事情が〕そのようであるから，肉は十字架と死に値しており，そのように仕えるのを止める。「したがって，今や，キリストに結ばれ，肉に従って歩まない者は，罪に定められることはない」（同8・1）。まことに罪に定められることはない。が，罪がないわけではないとしても，それはラトムスだけがそれを知っていると思い込んでいるような罪ではない。その場合，霊は恩恵の外にあって罪に仕えるが，罪に〔仕えると〕いっても，一人の御方〔キリスト〕の恩恵と恩恵の賜物が優勢に〔支配してい〕ないならば，そのように〔仕える〕ことになる。罪の本性は現に彼らのうちにあるが，〔恩恵が支配していると〕罪が以前にできたことをもうなすことができない。

22　ラトムスへの最後の呼びかけ

それゆえラトムスは聖書の一箇所「神の律法に逆らうこと」は罪ではなく，罰か弱さであると申し立てざるをえなかった。なぜなら人はそれ〔罰と弱さ〕でもって罪を犯していないと，アウグスティヌスから引用していることを，ラトムスがどのように理解すべきかが十分に語られた。――つまりアウグスティヌスは恩恵の外にある罪について語っているのである。このことを役立たずの論理家が〔恩恵の外にある罪ではなく〕恩恵の内にある罪について語っている，このわたしに押しつけているのだ。このようにラトムスは至るところで，また，すべてにおいて，習慣となった〔あらかじめ論証すべきものを前提とする〕論点先取の誤謬によって論じ，「恩恵の下にある人間には罪はない」という自分のテーゼでもって恰も勝利したかのように振る舞う。〔それに対し〕ラトムスが聖書の箇所を提示できなかった場合には，「神の律法に逆らって戦うことは真に罪である」との適切にして単純な言葉の意味でもって満足するように，わたしたちは彼を攻め立てるであろう。同じようにラトムスは，罪の法則のとりことなって，罪の法則に仕えるのは，弱いからであって罪を犯すことではないことを，立証すべきである。もし立証しないと，〔弱いと罪という〕言葉は字義的に理解すべきであって，罪や罪の法則に仕えることは，どこで，また，だれが言おうと，罪を犯すことと同じである，とわたしたちは判断する。そのようにキリストがヨハネ福音書第8章（34節）で「罪を犯す者はだれでも罪の奴隷である」と語っている。またペトロの第二の手紙第2章（19節）は「人は自分自身を打ち負かした者の奴隷である」と言う。またパウロ自身もローマの信徒への手紙第6章（17，18節）で「あなたがたは罪の奴隷でしたが，今は罪から解放され，義に仕える者となりました」と言う。そのようにここでもパウロは彼自身罪の奴隷ではあっても，「肉では」（carne）と付言することで（同7・25），単純に罪に仕えること（これだけをラトムスは願っており，知っていると偽っている）と肉で仕えることとを明らかに区別している。ラトムスが人はときおり罪に仕えていないと教えていることは正しくない。このことは単純な意味での罪の奴隷状態に関しても，肉における罪の奴隷状態に関しても正しくない。なぜなら罪の奴隷である人が行うすべては罪であるから。というのはそれ〔罪の奴隷であること〕はその〔罪人に付属する〕賜物ではなく，奴隷であることはわざの名称ではなく，状態の名称であって，全生涯にわたる熱心な関与を言い表すからである。同様に，その反対に，単に神に仕えることと，肉によって神に仕えることとは相違する。義人たちは率直に神に仕えている——なぜならそれは人格に関係しているから。だが偽善者たちはただ肉によって神に仕える——なぜならただわざによって仕え，心の信仰によらないからである。また，この後者らが断罪すべき偽善者たちであるように，あの前者たち〔義人たち〕は（わたしはこのように言いたいのだが）いわば救いに値する偽善者たちである。（W. 8. 126）なぜなら彼らは肉でもって罪に仕えており，見たところでは悪人であるが，本当は善人であって，偽善者の外的なわざがけっして無ではなくて，神の被造物は役に立つがゆえに，現に役立ち，かつ，善なのである。このように義人たちの罪は，それが罪のわざであるがゆえに，本当に悪であり，有害である。また偽善者のあのわざは，善くても役立たないように，偽善者らの罪は義人たちには何ら害とならない。それゆえ，わたしが肉を欠いては存在できない者が，肉と肉の意志を欠いたままで，どのように活動できるのかと言ったとき，ラトムスはあのパウロの言葉「またわたしたちは肉にあって歩んでいても，それでも肉に従って歩んでいない」をきわめて不適切に提示しているのではないのか。それは恰もわたしたちが肉を欠いては活動できないときに，肉にしたがって歩んでいるかのようである。こうして彼はさびで腐食した道具についてわたしが用いたことがある比喩を無効にしようとする[35)]。この種のソフィストは全く見る目がない。パウロは肉でもって罪に仕えているが，それでも彼は肉にしたがって歩んでいない。とはいえあの諸々の証言を熟慮している人〔ラトムス〕はパウロを正しく引用していない。というのも，パウロはコリントの信徒への第 2 の手紙第 10 章（3 節）で「わたしたちは肉において歩んでいるが，肉にしたがって戦うのではない」と語っているからである。それでも意味するところは同じである。

35）「ハイデルベルク討論」「第 6 命題」の「解説」にそのように語られている。本書 61 頁を参照。

（W. 8. 126）

『スコラ神学者ラトムス批判』の要約

1　本書の主題：恩恵と罪，律法と福音，キリストと人間

ラトムスのすべてのテーゼを個別的に追求する必要があろうか。ここで語られたことでもって十分に論駁され，わたしの主張は強固に基礎づけられている。というのも，わたしはラトムスの〔書物の〕全体が〔あらかじめ論証すべきものを前提とする〕論点先取の誤謬から成立していることを十分に論証してきたからである。彼は，わたしも罪という言葉を，彼自身が理解しているのと同じように，理解すべきであると願っている。また彼は周到な極悪行為でもってわたしと〔教父たちの〕すべての発言をゆがめる。そのやり方は，彼ら〔教父たち〕が罪について単純に語っているのに，ラトムスはこの罪を「恩恵の下にある罪」に反対するものとして解釈する方法である。あるいは全体的〔人間の〕罪について語られていることを，いわば〔人間の〕一部分の罪に等しいとする。彼がそのようにするのは，恩恵と罪が何であるか，律法と福音が何であるか，キリストと人間が何であるかを，彼がソフィストたちとともに何も理解していなかったからである。

2　教義学の鍵としてのキリストの二本性説，キリスト論と救済論の関連

なぜなら罪と恩恵について，律法と福音について，キリストと人間についてキリスト教的に論じようとする人は，「キリストにおける神と人間について」（de deo et homine in Christo）のほかには，通常，何も全く論じないからである。そのさい，彼〔キリスト教的に論じようとする人〕は，きわめて注意深く人格のすべての固有性とともに，人格の全体について二つの本性を明らかにするように注意すべきである。またそれでも彼は単純に〔専ら〕神に適合するもの，あるいは単純に〔専ら〕人間に適合するものをこれに帰さないように警戒すべきである。受肉した神あるいは神格化された人間について語ることと，神や人間について単純〔素朴〕に語ることとは別である。同様に恩恵の外にある罪と恩恵の内にある罪とは別である。こうしてあなたは，わたしたちがこの世にある間は，神の恩恵や賜物を罪となったものとして，罪を恩恵となったものとして心に描くことができる[1]。こうして神の恩恵と賜物のゆえに罪はもはや罪ではない。しかし，このことはわたしたちがいっそう多くの余暇を使って実行すべき省察〔の対象〕である[2]。そんなわけで，わたしはもっと余暇を見つけてラ

1）「罪となったもの」（impeccatificatus）は「罪とみなされたもの」の意味，また「恩恵となったもの」（gratificatus）は「恩恵を施されたもの」の意味である。これこそ「転嫁」によって生じた事態である。

2）「省察の能力は理性的ではない。というのは，省察とは注意深く，深淵的に，熱心に考えることであり，心において沈思熟考することを本来意味しているからである」（WA3,19,24-30）。この「省察する」（meditari）働きは理性的（rationalis）ではあっても，単なるス

トムスの書物の他の〔残った〕部分を断罪するまで，ここで一度論述を止めたい。

3 スコラ神学に対する警告と聖書の源泉への呼びかけ

確かにラトムスは悔い改めと（W. 8. 127）贖宥について人間的な書物から論証しているので，彼が論じていることは何ら妥当性をもたない。というのはグレゴリウスも天使でさえも，教会においては聖書から証明できないことを，何も決めることができないからである。そして同時にわたしはこれまで論じてきたことでもってスコラ神学が聖書に比べると真理に対して無知と躓きにほかならないことを十分に提示したと思う。またラトムスが聖トマス〔・アクィナス〕や〔ハレスの〕アレキサンデルス[3)]またその他のスコラ神学者にわたしが感謝しないので，正しくないと非難していることもわたしを動揺させない。なぜなら彼ら〔スコラ神学者たち〕はわたしから悪く評価されているから。わたしには才能が欠けているとも思わない。そのことはラトムス自身認めるであろう。学問に対する熱意が判然としないのではないことは確かである。しかし，わたしは忠告する，若い人たちが哲学とスコラ神学とを自分たちの魂に死をもたらすもののように避けなさい，と。福音は

コラ学のような論証的な思惟とは異なり，最内奥の自己に向かう運動である。また彼は『キリストの聖なる受難の省察についての説教』ではキリストの受難についての間違った省察を批判し，「キリストを仰ぎ見て，その受難に心から戦慄し，自己の良心を絶望のなかに沈める者たちが，キリストの受難を正しく省察している」（WA 2,137,10ff.），また「この省察は人間を本質から変える」（ibid.,139,14）と説いた。

3） ハレスのアレキサンデルス（没 1245）

子供たちにもそれが明らかにわからないほど不明瞭なものではない。この〔スコラ主義の〕哲学と神学がなかったとき，どのようにキリスト教徒は殉教者の時代に教育されたのか。一体どのようにキリストご自身は教えられたのか。聖アグネスは13歳のときルキアとアナスタシアのように神学者であった[4)]。彼女たちはだれから学んだのか。なぜなら大学における研究はこれまで，多くの世紀の間にわたってこんなにも多数の〔学徒の〕中から彼らの授業が神に気に入られ，かつ，正しいのを証明する，一人の殉教者や聖人をも，生み出さなかったからである。ところが〔古代の人たちは彼らの〕個人的な学校から聖なる人たちの群れを送り出して来たのである。哲学とスコラ神学はその実によって認識される。というのもボナヴェントゥラが福者であることはすぐにも信じられようが，トマス・アクィナスが断罪された者か，それとも祝福された者かとても疑わしいからである。トマスは異端的なものを多く書いたし，〔神学の分野で〕アリストテレスが敬虔な教えの破壊者として支配していることに責任がある。教皇勅書を制作した司教がトマスを聖人の列に加えたことは，わたしと何の関係があろうか。したがってわたしはこれらの事柄におけるわたしの判断が全く愚鈍ではないと思う。その点でわたしは教育されているし，同時代のもっとも博識な精神によって〔討論で〕鍛えられており，この種の分野の最善の書籍によって熟考を重ねてきている。少なくともわたしは聖書によってある程度は教育されており，このような事柄の霊的な体験によって少なからず試験を受けている。わたしはこういうことがトマスには欠けており，また同じように書いたり教えたりしているすべての人たちにも欠けてい

4)　ヤコブス・デ・ウォラギネ『黄金伝説』第1巻，前田敬作，今村考訳，人文書院，1987，267-274頁を参照。

ることを，はっきりと洞察している。それゆえ，わたしの忠告はこうである：〔わたしから〕飛ぶように逃げようとする者は警戒すべきである。わたしは自分が為すべきことを実行する。そこでわたしは再び使徒パウロとともに次のように警告する。すなわち「人間の言い伝えに過ぎない哲学と空しいだましごと（コロサイ2・8）――これをわたしは強力に，かつ，確信をもってスコラ神学と解釈する――によって，だれもあなたがたを欺かないように，気をつけなさい。それはこの世の霊（つまり構成要素）――これは教皇勅書の特権であり，聖書を飛び越えて教会に制定されたものである――に従っており，キリストに従うものではない」と。ここでキリストだけが教えられ，聞かれるようにパウロが願っていることは明らかである。とはいえ大学に属する人たちがどのように聖書を読んでいるか，分からない人がいるであろうか。〔ペトルス・ロンバルドゥスの〕『命題集』や哲学を読んだり，それについて書いたりする人たちと，聖書について書いたり，聖書を教えている人たちとを比較してみなさい。そうすれば，あなたは大学人たちが神の言葉にどんな地位を授けているか――聖書は何よりもまず第一に繁栄し，実権を握るべきである――お分かりになるでしょう。

4　ハンス・ヨナスへの結びの言葉

（W. 8. 128）だが，わたしのヨナスよ，わたしはあなたのところに立ち帰って，このラトムスをわたしからあなたに引き渡します。それは彼がわたしにさらに厄介とならないためです。わたしはすでに〔新約聖書の〕手紙と福音書を母国語に翻訳しはじめています。そんなわけで汚物を読んだり，それに答えたりするのが煩わしくなりました。お分かりのように別の時にすべてのことについてお答えします。わたしは今は〔ヴァルトブルク城にかくまわれている〕亡命者として手許に書物がないのです。あの異端的な治安判事たちによって科せられた判決が〔わたしにも〕届いています。この判事たちはユダヤ人にただ聖書だけを押しつけようとしました[5)]。なぜならわたしの手許にあるのは聖書だけですから。わたしにとって書物を〔沢山〕もつことが重要なのではなく，敵対者による教父たちの言説が正しく引用されているかどうかが吟味されなければなりません。というのも敵対者は死者たちのために神に嘆願することについてディオニシオス〔・アレオパギテース〕を引用しますが，わたしがよく記憶しているように，ディオニシオスは〔神に嘆願することではなく〕称賛することについて書いているからです[6)]。

また，どうしてあなたがたの一人が，あなたとかアンドレアス・カールシュタット〔ルターの同僚神学者〕とかが残りの問題に答えてくれないのか。アムスドルフ〔ヴィテンベルク大学のヘブライ語の教授〕は何をためらっているのですか。あなたがたのすべては等しく福音の栄光を弁護すべきではないのですか。わたしは蛇の頭を打ち砕きました。どうしてあなたがたは蛇の体を踏みつけることができないのですか。たとえば，あのラトムスがヨブ記第9章(28節）で「わたしは自分のわざのすべてを恐れている」を「わたしは恐れる，つまり用心していなかったか」のよ

5）　洗礼を受けたユダヤ人ヨーハン・ペッファーコルンと人文主義者ヨーハン・ロイヒリンを含むユダヤ人たちの書物の論駁に関係する論争のことをルターは述べている。ルーヴァン大学はペッファーコルンを支持した。

6）　ディオニシオス・アレオパギテース『天上位階論』VII，1，3はルターを支持するが，同書VII，3, 4はラトムスを支持している。WA 8, 128, n.1 参照。

うに解釈するときです。またあの詩編の101編（143・2）の言葉「あなたの僕を裁きにかけないでください等々」では預言者は神の審判がないように祈っているが，それを説明してラトムスは「神の生活の全体には罪がない。だが人間の生活の全体には罪がないのではない，それゆえ人は神の生活との比較で裁かれたりしないであろう」と言う。このように彼は神の審判や神の吟味から神の生活を造り出すのです。しかし，聖書のどこでその言葉〔審判や吟味〕はそのように受け取られているのか。それゆえ，「裁きにかけないでください」と言うことができる生活のある部分，つまり〔ここで〕「すべて生けるもの」と呼ばれているものの数に属さない部分がわたしたちにあるだろうか。また教父たちも人間ではなかったのか。あなたがたの一人はこれらの，またそれによく似たがらくたを簡単に反駁できないでしょうか。神の審判は神のわざです。そこでは神はご自分の生活とわたしたちの生活を比較しないで，わたしたちの生活を吟味します。永遠の生命が瞬間的な生命と比較されるとは，いずれにせよ何んとも馬鹿げたことでしょう。ラトムスが言っている多くとそのほとんどすべては，この種のものです。あなたがたも神の言葉のために何かしてくださり，わたしに余暇ができたなら，惨めな民衆のためにいつかわたしも奉仕できますように祈ります。あなたがたは〔まだ〕新参者であって，訓練して教育されねばなりません。それもまたわたしが生きている間にもっともよく実現するでしょう。わたしもあなたがたを何か助けることができますように。だが，どうぞこの書物を受け取ってくださるようにお願いします。わたしのところで印刷するのがあまりに遅れないとよいのですが。わたしのパトモスから挨拶を送ります（黙示録1・9参照）。

1521年6月20日

解説　『スコラ神学者ラトムス批判』について

宗教改革が勃発した頃，オランダやベルギーの低地地方ではルターは当初エラスムスの仲間と考えられていたので，エラスムスに対する敵意からルターに対する攻撃が直ちに起こってきた。

1　ルーヴァン大学のスコラ神学者ラトムスのルター批判

この論争のきっかけは何よりも「ハイデルベルク討論」(1517年）でルター神学の核心が明瞭に提示されたことにあった。ルーヴァン大学の神学者たちはこの明確に表明されたルターの神学がもっていた問題点を批判して，1519年には早くも「マルティン・ルターの教義に対するルーヴァン神学部の弾劾」を発表した。その翌年の1520年にはルターはこれを反駁して，「ルーヴァンとケルン大学の教師たちによる教義上の弾劾に対するルターの回答」を書いた。さらに1521年にはラトムスと呼ばれていたヤコブス・マッソン（1475-1544）が上記の弾劾を弁護する書物，『兄弟マルティン・ルターの教義条項に対する聖書と往古の解釈者たちにもとづく教授ヤコブス・ラトムスによるルーヴァン大学の神学部の弾劾の根拠』ルーヴァン／アントワイプ，1521を出版し，ルターを激しく攻撃した。この書は同年の5月26日にヴァルトブルク城に滞在していたルターのもとに届けられた。これが当時多くの人たちに歓迎されたので，ルターはそれを論駁して本書『スコラ神学者ラトムス批判』，より正確には『ラトムスの所見に対する反論』を書いた。

ところで本書の原題はかなり長いものであって，『ルーヴァン大学の放火犯であるソフィストたちのために与えたラトムスの所見に対するルターの反論』(Rationis Latomianae pro incendiariis Lovaniensis scholae sophistis redditae, Lutherana confutatio. 1521) である。だが，一般には短縮されて『ラトムスの所見に対する反論』(Rationis Latomianae confutatio. 1521) と呼ばれている。この標題でもわたしたちにはよく分からないので，本書では『スコラ神学者ラトムス批判』と改題した次第である。

また本書は神学論争で当時問題になっていた教義学の核心をついており，次にあげるような重要な10の項目にわたって詳しく論じられている。すなわち (1) 罪の理解，(2) 律法の理解，(3) 信仰による救い，(4) 洗礼後の罪の問題，(5) 律法と福音，(6) 義人にして同時に罪人，(7) 恩恵と賜物，(8) 義認と聖化，(9) キリストとの一体化，(10) 聖書解釈学の方法論であって，歴史的に見てもこれらの主題がこの書物で初めて纏まったかたちで論じられている。ここにわたしたちはルター神学の最初の体系的な骨格がみごとに提示されているのを見いだすことができる。ところがルターはこの書を執筆していたときは最悪な状況であって，ヴォルムスの帝国議会に招聘され，帝国追放令に処せられたので，選帝侯によってアイゼナッハの郊外のヴァルトブルク城に匿われていたときであった。彼の手許には書物が皆無であったので，ラトムスによる引用を調べることも，出典を挙げて論駁することもできなかった。しかし罪と信仰，恩恵と賜物・律法と福音・義認と聖化といった重要な神学問題が詳細に，かつ，力強く論じられており，ルター神学の中心的な教義が纏まったかたちで叙述されているので，他のどの作品よりも彼の神学思想が明瞭に説かれていると言えよう。

さらに本書は全体として三章から構成されているが，ラテン語の原文では詳しい章節の区別が与えられていない。

そこでわたしは本書の構成をドイツ語訳に従って全体の章節の区分を組み立てたが，個々の章節の区分と説明のほうはわたし自身によって作成されている。この細目次を見るだけで，この著作の全体的な構図は明らかとなるであろう。したがってこの著作で論じられる内容を順を追って紹介するのを省略して，この著作で展開するルターの神学思想の全体像と教義学的に重要な意義を提示することで，この作品の解説としたい。

2　ラトムスによって「断罪された三つの命題」とその反論

ラトムスは既述の自著において先行する文書からルターにおける神学上の三つの命題をラトムスによって「断罪された三つの命題」として取り出した。これらの命題がラトムスによって初期のルターの討論集[7)]から引用され，攻撃されたのに対してルターの激しい反論がこれに加えられた。

第一の命題は「スコラ神学を反駁する討論」（本書第2文書）の第69命題「神の恩恵がないなら，いかなる方法においても律法を実現することは不可能である」であり，その議論の中でスコラ神学の公理「自己にできるかぎりをなす人に，神は恩恵を拒まない」に関して自説を詳論した。自説を論証するに際し，ルターはヒエロニュムスの命題「神は不可能なことを命じると主張するものは呪われよ」によってラトムスを批判し，「恩恵なしに神の戒めを実現できると主張する者は呪われよ」によって反撃する。さらに，スコラ神学の行為に関する区分を批判してから，前記のスコラ神学の公理を批判する。終わりに自己の命題

7)　この討論集の中でこの論文と関係するものは本書の第1文書から第4文書として収められている。

を提示してから，ラトムスの議論が「論点先取の誤謬」を犯している，つまり自己の思想の前提を十分に説明しないままに主張するという論理学上の誤謬推理を犯していると批判する。この命題は本書の第 2 章 A では第 1 条項「すべて善いわざは罪である」としてイザヤ書 64・4 以下の解釈を通して詳論される。

第二の命題は「ライプチッヒ討論」（本書第 4 文書）の第二提題「善を行っているときでも人間は罪を犯すこと，赦される罪も，その本性による（natura）のでなく，ただ神のあわれみによってのみ赦されうるものである……」が取りあげられた。この命題は本書第 2 章 B でルターによって第 2 条項「善を行って罪を犯さない善人はこの地上にはいない」というコヘレト第 7 章 20 節の解釈学的考察を通して批判された。

第三の命題は「ハイデルベルク討論」（本書第 3 文書）の「神のわざが功績であるというのは（わたしたちは人間を通してなされる〔神の〕わざについて語っている），それが罪ではないのと同じ意味ではない。義人たちのわざも，神に対する敬虔な畏怖により義人自身によって死すべきものとして怖れられなければ，死すべきものである」（第 6 提題と第 7 提題）である。この点は第 2 章の C で「罪の概念規定，聖書の転義的解釈と義認論の転嫁」として詳論された。その際，ラトムスの罪の 4 概念による説明をスコラ神学的な区分として批判し，聖書の単純な教えに戻ることを勧告しながら議論を開始し，転義や義認，また支配する罪と支配された罪との区別が印象深く論じられた。

ルターの中心的教義である義認論はキリスト教の教義史の観点から見ると，人間が神に対してどのようにして義人たり得るかという問題から生まれてきた。一般的には神によって義人と認められるためには，当然人間の側における道徳的な努力が要求される。ところがルターが強調する義認論は人間の道徳的な営みにもとづいて確立されるのではなく，神の上からの働きを受容することによってのみ成立すると説かれた。したがって神と人との関係を上・下の関係で表すと「下から上へ」ではなく，反対に「上から下へ」の方向で義認論が形成された[8)]。この関係は神の恩恵を「わたしたちの外」（extra nos）によって言い表しており，これによってルター神学の第一の特質が示される。とはいえ，この義認論は同時に「信仰のみによる」（sola fide）という原理に立つところに第二の特質があって，神の義認行為がどのように受容されるのかという問題だけでなく，人間が信仰によって罪を次第に克服してゆき，最後には人間として完成されるという聖化や神化の問題にも繋がる。この義認論の第一の特質は「法廷的な無罪判決」という「宣義」に求められるが，わたしたちはこの点を第二の特質である信仰の受容性と人間の改造や聖化の問題との関連でここでは考察してみたい。

この信仰の受容性と人間の改造や聖化という，二つの特質は信仰義認のうちにすでに内蔵されている。ルターの理解によれば，神の義認判断の力は，同時に義を実現する力をもたらす。つまり人間が義をその生活において実現するように，神は自己の義を人間に授けるのである。この神の義認は洗礼において始まり，死と復活においてはじめて完成される。したがってルターはこの義を宣言する〔無罪放免という法廷的な〕判断の中に「義人であるかのように」といった単なる仮定的に神の判定がなされているのではないと考える。もしそうならその隠れ蓑のもとにあって人間は試練に襲われることなく，現に彼があるような罪人のま

8)　この点は本書の「はじめに」でも指摘されたとおりである。本書viii - iv頁参照。

<table>
<tr><td>神自身</td><td>神の啓示＝教義</td><td>霊性作用</td><td>霊</td><td>人間自身</td></tr>
<tr><td rowspan="2">隠れたる神</td><td>神の恩恵＝ 福音
「外的な善」キリスト</td><td>信　仰
「内的な善」</td><td>生</td><td rowspan="2">良　心</td></tr>
<tr><td>「外的な悪」サタン
神の怒り＝ 律法</td><td>「内的な悪」
罪</td><td>死</td></tr>
</table>

まにとどまることになってしまうからである[9]。

なお，第3章はローマの信徒への手紙第7章の解釈を扱い，パウロの神学的な人間学が広範囲にわたって論じられた。とりわけ14節以下が「義人にして同時に罪人」を証言するものとして詳しく論じられた。そこに展開する特徴的な思想に関してわたしたちは次に考察してみたい。

3　ルターにおける神学的思想世界の構成

この著作においてルターは初めて神学思想の内的構成を神と良心の関係においてきわめて明瞭に提示した。これによってルターの思想世界の見取り図がはっきりと提示された。この構成の枠組みで教義と信仰（霊的生活）の関連が明らかとなる。そのさい新約聖書の「霊」や「霊性」の代りに「良心」の概念が使われた[10]。霊性と良心はともに

9） Wilfried Joest, Martin Luther, Gestalten der Kirchengeschichite, Reformationszeit I,1981, S.135.

10） 良心はラテン語の conscientia に明らかなように，他者と「ともに」(con) 繋がって生じる「知」(scientia)，つまり「共知」で

「神の前」（coram Deo）での自己意識として概念内容の点で一致する。ここから神と良心の関係を縦軸とする図表のような関係構造が見出される。

ルターの思想世界は二次元的構成からなるが，神自身と神の啓示とを分けて，荘厳のうちに隠れたる神を加えるならば，次元はさらに増加する。神の啓示のレベルは人間に対して超越的な「外的なもの」であり，恩恵と怒りの対比が，「外的な善」と「外的な悪」の関係にもとづいて示され，人間の側の信仰と罪の対比が「内的な善」と「内的な悪」の対比として示される。これらの関連がこの書では次のように説明されている。

> 信仰は賜物であり，内的な善であって，それは信仰が清める罪と対立する。それは福音書では三サトンの粉の下に全く隠されている〔と述べられている〕パン種である（マタイ 13・3 参照）。それに対し神の恩恵は外的な善，神の好意，怒りの反対である。これら〔神の恩恵と怒り〕の二つはローマの信徒への手紙第 5 章（15 節）で「一人の人の罪過によって多くの人が死ぬことになったとしたら，まして神の恩恵と一人の人イエス・キリストの恩恵における賜物は，多くの人たちに満ちあふれる」とあるように，区別される（本書 271-272 頁）。

あって，社会・理性・神と繋がる知の形態であり，ルターの場合には「神の前に立つ自己意識」として教義との相関関係に立っている。それゆえ彼は良心によって人間の霊的あり方を追究した。その結果，良心は霊の作用，つまり霊性と同義的な概念となった。それゆえ良心は元来道徳的な概念であるが，同時に認識や判断の機能を備え，霊性とは機能的に近似している（金子晴勇『ルターの人間学』第 2 部，第 4 章「試練を受けた良心の神学」278-330 頁参照）。

このテキストに明瞭に表現されているように，対立している対《つい》の関係は三種類ある。すなわち神の恩恵と怒り，福音と律法，信仰と罪が対をなす。なかでも律法と福音は人間に向けられた神の意志の表明（＝契約）である。このキリスト教の教義の中心概念をルターは同書において次のように関係づけている。「聖書は二つの方法でわたしたちの罪を扱っている。一つは神の律法によって，もう一つの方法は神の福音によってである。この二つの神の契約は，わたしたちが罪から自由にされるように，わたしたちの救済のために定められたものである」（本書260頁）と。こうして第一の律法によって罪が認識され，神の怒りの下に呪われ，死すべきものであることが自覚され，第二の福音によって救済される。しかも，このことは良心の生と死にかかわる出来事である。「これは骨を太らせ，良心に喜び，安心，大胆不敵さを授ける」（本書267頁）。人間の上位に立つ神の怒りと恩恵は，下位に立つ人間の良心に働きかけ，死と生の経験を生じさせる。この経験こそルター神学の根底をなす基礎経験である。

4　義認と聖化の問題

ルターの思想世界の構成から言うと恩恵と賜物との関係は，義認と聖化との問題となっており，彼の教義学から見ても重要な観点を提示する。まず，「恩恵と賜物」との関係は「外－内」の関係にあるばかりか，外延関係でも表明されて，それが分離の関係ではく，内属関係にあることが示される。というのもルターは「恩恵の中の賜物」（donum in gratia）を問題にし，「それをパウロはキリスト対する信仰（fides Christi）と呼ぶ（彼はこの信仰をしばしば賜物と呼ぶ）。それはキリトの恩恵によってわたしたちに授けられる」（本書267頁）と言っているからである。さらに恩恵と賜物との関係をヨハネ福音書の「わたしたちは皆この満ちあふれる豊かさの中から，恩恵の上に（pro gratiam）さらに恩恵を（gratiam）受けた」（ヨハネ 1・16）と語られたことから，「恩恵の上にさらに恩恵を」とある意味について考察し，「いかなる恩恵を，いかなる恩恵の上になのか。それによって神がキリストに好意をもつ〈キリストの恩恵の上に〉（pro gratia Christi），神がわたしたちに好意をもつために，さらに〈わたしたちの恩恵を〉（gratiam nostram）なのである」（本書 268 頁）と説く。この「わたしたちの恩恵」，つまり「わたしたちに授けられた恩恵」というのが「賜物」であり，この賜物はわたしたちに向けて多様な内容となっている。ルターは言う，「神はその諸々の賜物において分散的（diversus）であり，多様（multiformis）である」（同頁）と。なぜなら神の義認によって「確かに人格が全体として神に好ましいがゆえに，恩恵にはそこでは〔それ自体にとって〕罪はないが，賜物には清め，かつ，克服すべき罪がある。だが賜物がこういう仕方で罪を清めるために労苦しないならば，このことは人格にも妥当する」（本書 270 頁）と言われる。そうすると各人に授けられる賜物によって初めて各人が罪を清める「聖化」が実現することになる。

5　スコラ神学の批判

ルターは初期の討論集に明瞭にその痕跡をとどめているように，アリストテレスの形而上学を一貫して批判してきた。それによって判明することは彼がスコラ神学の聖化の倫理とは全く対立する立場をとっていることである。ルターにとって信仰義認は神の行為であって，人間の行為には依存しない。したがって義認は「魂の性質」とは関係がないのであって，義認には魂の性質にもとづく功績となるような聖化が最初から排除される。ここからスコラ神学が批判される。

(1)「魂の性質」にもとづくトマス神学の批判　トマス・アクィナスでは義認が「魂の性質」と関係して説かれた[11)]。トマスが活躍した13世紀以来ヨーロッパの思想を支配してきた倫理思想はアリストテレスの倫理学であり，ルターの青年時代でも同様であった。この倫理学の特質は「形成倫理学」にあって，この倫理学は人間の本性に萌芽的に含まれている善い性質を開発し，形成していくことを目的とする。そのさい良い性格の形成が強調される。なぜなら「習慣」(エトス)によって「性格」(エートス)が形成され，そこから「倫理学」(エティケー)が説かれたからである。トマス・アクィナスはこのアリストテレスの説にしたがって神学的倫理学を確立し,恩恵と習性(habitus)との関係についてこう言う。「そういうわけで聖霊の恩恵は内的な習性としてわたしたちに注がれ，わたしたちが正しく行動するように心を変えるがゆえに，恩恵に一致することをわたしたちは自由に行うようになり，また恩恵に反するものを避けるようになる」[12)]と。

このような義の習性が注入されるのは義認と同時であり，習性によって聖化が実現する。それに対してルターは「魂の性質」ではなく,「神の好意」である恩恵から「賜物」である「信仰」が付与されると説いた。この「好意」(favor)という恩恵は，神から人間に授けられる「実体やその性質」ではなく,「親切や善意」という人格的な意志にほかならない。この観点からトマスに従うスコラ神学の批判が展開する。

(2)　洗礼後に残存する罪の問題　ラトムスは洗礼後に残る罪を人間本性の「弱さ」や「不完全性」また「罰」

11)　Thomas Aquinas, ST. I-II, q. 109-112 を参照。

12)　Thomas Aquinas, ST. II-I q. 108, a. 1 et 2

に求める。この罪の理解の問題をめぐって最大の論争がこの書で展開する。では，義認が授けられた後ではどうなるのであろうか。つまり信仰義認によっても残された現実の罪はどのように解消されるのか。ルターはこれを「支配する罪と支配される罪」との区別によって明瞭に示す。義認以前はわたしたちは「支配する罪」の下にあったが，義認後は恩恵によって「支配される罪」が残存する。ここからキリスト者は「義人にして同時に罪人」であることが明らかとなる。彼は義認のもとにある罪の現実を『ローマ書講義』[13]におけると同様に，本書でもサマリヤ人によって救われた「半死半生の人」として考察する。

> サマリヤ人によって介護された半死半生の人のたとえ話も（ルカ 10・30 以下），完全にかつ真っ先にこのことに関わっている。この人は直ちに癒されたのでなく，癒されるために直ちに庇護されたが，律法に仕えるレビ人や祭司らは彼を見ていながら助けなかった。律法は（わたしが述べたように）〔罪を〕認識させるが，キリストこそ信仰によって癒し，神の恩恵に連れ戻すのである。この点に関してヨハネは「体を洗った人は全身が清い」（ヨハネ 13・10）と言う，つまり恩恵によって清いのであるが，罪の残滓である足が洗われるのは活動する信仰による（本書 280 頁）。

このように罪の残滓は信仰である賜物によって清められる。それゆえ聖化は信仰によって起こり，そしてこの信仰とはキリストと一つになる運動である。

(3)　キリストとの一体化　ルターが強調したのは

13）　Luther, WA 56, 272, 19ff.

信仰による義認であって，それはキリストの御翼の影に逃れ，キリストと一体となることである。そのさい信仰者は道徳的な清さを求めてさ迷わないで，神は「キリストに寄りすがるように欲せられた」と彼は言う。ここにはキリストと一体となる信仰が神秘主義的な表現によって次のように語られる。

> そうではなく，神はわたしたちが日ごとにキリストの内に拉っし去られ（rapi），受け取ったものにとどまらず，キリストへと完全に改造されること（in Christum plane transformari）を欲したもう。というのはキリストの義は確実であり，永続的であるから。……キリストはわたしたちを彼自身のうちに引き入れ，改造し，神の怒りが去るまでいわば隠れ家の中にかくまうためである。……信仰はキリストの御翼の下に隠す〔がゆえに〕彼の義を誇る信仰だけで十分である。……使徒は，キリストの御翼の下にあなたが希望を懐くようになるために，ただあなたをひよことなしキリストを雌鳥となす信仰だけを欲している。……見よ，この信仰こそ神の賜物であり，この賜物は神の恩恵をわたしたちに獲得させ，あの〔洗礼後の〕罪を清め，わたしたちを救い，かつ，確かにする（本書286-287頁）。

このテキストの中にある「キリストの内に拉っし去られる」（rapi in illum=Christum）という表現は「離脱・脱自・拉致」（excessus, exstasis, raptus）という中世における神秘的経験の三段階の最終段階を言い表す。この「拉致」という上からの力によってキリストとの一体化が実現する。続いて「キリストへと完全に改造されること」（in Christum plane transformari）が説かれる。これは一般には同じく神秘主義の用語である「キリストとの同形化」（conformitas Christi）として語られる事態であって，人間に与えられた「神の像」（imago Dei）が実質的に罪の状態から変化し，「神の似姿」（similitudo Dei）として完成されることを意味する。このような神秘的表現はルターの霊性思想によって正しく解釈されなければならない。そのためにはまず「生活の変化と改造」の内実について考察しなければならないが，同時にそれは「聖化」（sanctificatio）や「神化」（deificatio, Vergottung）の問題ともなってくる[14]。

(4)　生活の変化と改造は「聖化」や「神化」を意味するのか　ルターは『スコラ神学者ラトムス批判』で福音書が説く「悔い改めよ，天国は近づいたから」（マタイ 3・2）という言葉に表明されている悔い改めは「生活の変化」であるという。つまり悔い改めとは，「信仰が罪を清め，赦しを授ける恩恵が実現するように，神の国の支配下に入るように，生活を変える（mutare vitam）以外の何であろうか。……というのは，もし罪が清められ，外面的な行為が装われなければ，ヨハネはこれらのことを〔悔い改めに〕ふさわしい実りと呼んでいるから（同 3・8）。これはパン種と三サトンの粉のたとえ話に，これより適切なものがないほど見事に一致している（同 13・33）」（本書 280 頁）。この生活の変化は生き方の転換であって，上述の思想世界は二元的な対立から解放され，恩恵のもとに賜物としての信仰が残存する罪を駆逐するようになる。

ラトムスがルターを批判した問題には「残存する罪」があった。義認論に対してカトリック教会からの批判はここに向けられていた。これに対しルターはキリスト者は恩恵

14)　C.E.Braaten and R.W. Jenson, Union with Christ, The New Finnish Interpretation of Luther, 1998, p. 49-50

の中に置かれているがゆえに，罪によってもはや支配されず，ただ罪に同意しないことが必要であると説き，次のような二つの根拠を挙げている。

(1)「第一の根拠はキリスト自身が神〔の怒り〕を宥める供え物である（ローマ 3・25）。……信仰は，キリストの恩恵から引き離されることを許さず，キリストが神の恩恵の下にあって，罪に定められることはあり得ないし，このように彼に身を投げかける人はだれも罪に定められ得ないことを知ることによって支えられる」（本書 293 頁）。ここに信仰がキリストを捉えるばかりか，キリストとの関係にとどまり続けるとあるように，キリストとの一体性にとどまり続けることによって，生活の転換が現実に起こる。

(2)「第二の根拠は賜物を受容した後も，肉に従って歩まず，罪にも従わないことであって，たとえ第二の根拠が何らかのものであっても，第一の根拠が主要にしてきわめて強固なものであって，力において先行するということである。なぜなら，こういう仕方でキリスト〔ととも〕にある人たちと神は契約を結びたもうたからである。そのため彼らが自己自身および自己の罪と戦うならば，断罪に値するものは何もないであろう」（本書 289 頁）。

ここに罪を駆逐する聖化の出発点が与えられる。このような説明によって，外的な善としての恩恵と内的な善としての信仰とが，分けられながらも密接に関係するものとして説かれていることが明らかである。

次に信仰による生活の変化と改造の内実がどのように「聖化」や「神化」となるかを問題にしてみたい。カトリック教会の「聖化の神学」はルターの信仰義認論には聖化がない点を批判した。法廷的な無罪放免では罪人は義人とならないので，倫理への道がふさがれ，義認は受け身的で怠慢な人によってのみ受容されるとの批判が当時のカトリック教会から出ていた[15]。ルターに対する批判は同時に彼が聖化を否定する点に向けられていた。これに対し確かに「聖化」(sannctificatio) とほぼ等しい「神化」(deificatio) は認められると最近主張さるようになった。事実ルターが初期の『第一回詩編講義』以来ディオニシオス・アレパギテースの神秘神学の影響を受けており，さらにタウラーや著者不詳の神秘主義的な『ドイツ神学』の神化思想の影響を受けていることは認められなければならない[16]。またルターは当時タウラーの影響によって魂の根底における永遠の神性と一つになることを強調し，創造以前の姿に帰還する神化を学んだ。さらに『ドイツ神学』にある神化の基本主張「神は人となった。そして人が神となった」(got ward vermenscht, und der mensch ward vergottet)[17]という命題によって「神化」の思想を学んでいる[18]。このような神化の思想が『第一回詩編講義』と『ローマ書講義』の間になされた説教に認められるように，一時的であるがルターに流入した[19]。しかし，この思想はやがて説かれなくなり，それに代わってシュタウピッツやベルナールの「花嫁神秘主義」が『第一回詩編講義』から始まって，『ローマ書講義』や『キリスト者の自由』さらに『マグニフィカト』を経て『詩編四五の講解』に至るまで彼の中で成長し続けた。『マグニフィカト』とほぼ同じときに書かれた本書ではルターの神秘思想は明らかにキリストと一つになる「キリスト神秘主義」の特質をもっており，既述の「キリスト

15) トリエントの公会議での批判を参照。金子晴勇『アウグスティヌスの恩恵論』303-306 頁参照。

16) 金子晴勇『ルターとドイツ神秘主義』65-69，77 頁以下参照。

17) Theologia Deutsch, hrsg. v. H. Mandel, 1908, S. 11

18) 初期のルターの説教には「神化」の主題が登場している。

19) E.C.Kiessling, The early sermons of Luther and their relation to the pre-reformation sermons, 1935 を参照。

の御翼の下に逃れる」という思想にみごとに表現されている。その思想は思弁的ドイツ神秘主義ではなく，信仰によってキリストと一体化する花嫁神秘主義の傾向を明らかに示している。

（5） **聖書の解釈学の問題**　本書でとくに注目すべき点はルターの聖書解釈学が纏まって論じられており，それがパウロのローマの信徒への手紙の解釈として大がかりに展開していることである。ルターは聖書の修辞学的な表現，とくに比喩の問題をとりあげ，なかでも聖書の転義的表現をとりあげており，しかもそれによって罪のキリストへの「転嫁」を説いている。彼は「比喩を使って転義されているものは，比喩〔の法則〕にしたがって自分を〔そこに〕移している」と主張し，「そうでなければ転義〔比喩的用法〕は必要ではないであろう」と言う。

> この転義には言葉の隠喩〔比喩的な語り方〕だけでなく，ものの隠喩〔事物的な転義〕もある。というのも，わたしたちの罪は実際はわたしたちから移されてキリストの上に置かれており，こうしてキリストを信じる者は実際は何ら罪をもたず，罪はキリストの上に移されており，キリストのうちに呑み込まれていて，その人をもはや断罪しないからである。したがって比喩を使っての語りは単純で粗野な語りよりも好ましく，かつ，有効であるように，現実の罪はわたしたちにとって煩わしく，耐え難いが，転義され比喩的になると，それは最高に喜ばしく有益になる（本書217-218頁）。

ルターは『第一回詩編講義』で「転義的解釈」を次のように規定していた。詩編の言葉は「文字的には敵なるユダヤ人たちから受けたキリストの悲嘆である。比喩的には暴君や異端者から受けた教会の悲嘆と告発である。だが，転義的解釈（tropologia）では試煉の中で発せられた信仰者と痛める霊との悲嘆もしくは祈りである」（WA 3, 13, 28ff.）と。これが「転義的方法の原則」（regulaula tropologia）であって，それについて「実際，転義的解釈には次の規則がある。キリストが詩編の中で文字通り身体的苦痛によって大声で嘆き祈っているところではどこでも，その同じ言葉の下でキリストによって生まれ教えられたすべての信仰ある魂が嘆き祈っており，自己が試練を受けて罪に転落しているのを認めているということである」（WA 3, 167, 21ff.）と語っている。ところが本書ではこの解釈はさらに発展し，転義はキリストへの転嫁（imputatio）となっている。この「キリストへの転嫁」こそ信仰者への「非転嫁」（nonimputatio）としての義認，つまり「宣義」としての義認を意味する。ここに信仰義認論の完全な表明を見ることができる。

聖書解釈で「転義」をとくに問題としたのはアウグスティヌスであった。聖書の文字が理解されないとき，その意味を知らない場合とそれが多義的である場合とがある。その場合「記号」は「原義」と「転義」とに分けて考察される。そのさい「転義」をどのように理解するかが重要な問題となる。アウグスティヌスは「記号」を原義と転義に分けて考え，次のように言う。「ところで記号は原義的（propria）であるか，転義的（translata）であるが，ある記号が，きめられている通りの指示対象を示すとき，その記号は原義的とよばれる」[20)]。次に事例として「牛」があげられ，それが「牛」とは別の指示対象「伝道者」を指すとき，「転義」となる。たとえばボース（bos）と言われる

20）アウグスティヌス『キリスト教の教え』II・10・15。

と，ラテン語を話す人々には，それがだれしもこの名前で呼んでいる動物である牛をさしていることが分かる。ところが「原義的な語が示している指示対象を，それとは別の事柄を示すために用いるとき，その記号は転義的である」。このようにアウグスティヌスはすべての記号を「原義的」と「転義的」に二分し，「原義的」を「本来的」つまり「字義的」として規定した。また「転義的」は「神秘的」であるとも主張し，たとえば数字が隠された意味をもっている点を聖書・音楽・異教文学で説き明かす[21)]。

ルターの同時代人エラスムスはこのような区別と意義とをアウグスティヌスから直接受け継いでおり，転義を比喩と同じものと理解する。転義（tropus）とはそれはあることを別のことから理解するという意味であり，「もの」を「しるし」から理解することである。この意味で聖書では転義法が使用され，「もの」や「事柄」を理解するために，それとは別の譬え話や比喩が多く用いられている。

ところがルターでは転義的な解釈が中世における「道徳的解釈」の意味で使用されたため，そこに主体的で実存的な意味が加えられるようになった。ここから両者の解釈の特質も明らかになる[22)]。

たとえば詩編の理解は二重になっており，その言葉は字義的には（ad literam）イエス・キリストの人格について予言的に解釈し，比喩的には（allegorice）教会を意味し，「同じことは同時に転義的にすべての霊的にして内的な人間に関して，その肉的にして外的な人間との対立において，理解されなければならない」（Idemque simul trpologice debet intelligi de quolibet spirituali et interiori homine; contra suam carnem et exteriorem hominem. --WA.

21）アウグスティヌス『キリスト教の教え』2・16・25-27。
22）金子晴勇『ルターの人間学』創文社，70-71 頁参照。

3, 13, 16f.）と説かれた。したがって，詩編講解においてルターは字義的にはキリストを転義的には人間（つまり内的人間と外的人間との葛藤の直中にある人間）を指すものとみなし，キリストの出来事を転義的に解釈したのであった。

このような転義的解釈が先にも指摘されたようにキリストの義の罪人への転嫁となり，義認思想を生み出したのである。こうしてルターの神学思想が歴史的に成立し，成熟してその中心思想として定着してゆく過程をこの著作は明確に示している。

総説　ルターによるスコラ神学批判

ルターが置かれた精神的な状況は中世的色彩の強い教会生活と教育が行われていた時代であった。彼は幼少年時代を中世的な家庭教育と学校教育の中で過し，大学時代にドイツ人文主義の影響を僅かに受け，修道院において後期スコラ学のオッカム主義の神学教育を受けた。そのためか修道院時代に彼はルネサンスの花咲くローマに旅行していても，その美術についてはすこしも関心を示していない。むしろルネサンスの現世的文化に全く背を向けている修道士の姿しか見いだされない。とはいえルネサンスのドイツ的形態たる学問的なドイツ人文主義の影響を彼も受け，後にはこれを神学教育に積極的に受け入れている。2 世紀も続いたイタリア人文主義に対比して，ドイツのそれは短い期間であったが，ルターの活躍した時期に一致している。したがって 16 世紀前半のドイツは人文主義と宗教改革の時代であった。

この時代の影響を受けてルターは自己の思想を形成するようになったが，その影響の中でも後期スコラ神学がきわめて重要な役割を演じていた。この神学の影響がどのように若き時代の文書に残され，その影響の跡を刻み，やがてそれとの対決から彼独自の神学思想が生まれてくるのか。本書はそのような足跡が刻まれた五つの文書を翻訳することによって，この問題を考察し，彼の信仰義認が成立するプロセスを明らかにしようとする。そこでまずルターが直面した時代の思想状況を述べておきたい。

1　16世紀ヨーロッパの三つの精神的潮流

16世紀の精神史には中世思想の中から三つの思想運動が流入して来ている。その第一の運動は最も穏健な運動で，伝統的な敬虔と信心を重んじ，内面的宗教生活を説き，神秘主義の思想傾向をもった改革運動である。第二はスコラ神学の内部から起こったオッカム主義の新しい学問運動であり，第三はドイツ・ヒューマニズムの古典的学問の復興運動である。この時代には宗教改革が起こる以前に教会の改革の必要性が説かれていたし，この必要性はコンスタンツ，バーゼル，第五ラテラノと続く公会議での重要な議題であった。しかし公会議に集った改革神学者は，教皇に改革の実行をゆだねることによって自らを裏切ってしまった。パリのソルボンヌの総長ジェルソンは心の内面から神学を刷新すべきことを説き，「公会議による宗教改革は，公会議指導者がそれに好意をいだき，機敏に振舞い，確固不動でなければ成功しないと思う」と述べ，改革を説く神学者自身の実践を力説している。そして実際このような実践は「新しい敬虔」(devotio moderna) の運動によって広汎に行きわたっていたのである。

(1)「新しい敬虔」運動

15世紀に入ると新しい敬虔の運動がネーデルランドを中心にして活発になってくる。この運動は14世紀の終りに創始者ゲラルト・フローテによって霊的生活の復興を目ざして開始され，主として一般信徒の交わりからなる「共同生活兄弟団」を結成し，修道士のような共同生活を営んで学校教育，病人の看護，慈善事業また書物の筆写と教育にたずさわって，人文主義運動をも促進させた。「ドイツのペトラルカ」と呼ばれていたアグリコラは人文主義とキリスト教神学とを調和させようと試み，この運動の有力な指導者となった。この運動は神秘主義的思想傾向をもつ思想家を生みだし，ロイスブロークやトマス・ア・ケンピスの美しい思想を開花させた。この派の精神はトマスの作品『キリストにならいて』のなかに古典的表現をもって伝えられ，なによりも個人の内面的生活を強調し，キリストの生涯を黙想し，それを模範とすべきことを説いた。

(2)　後期スコラ学のオッカム主義の「新しい方法」

16 世紀に流入する精神史上重要な第二の潮流はオッカム主義であり，中世スコラ神学内部から興ってきた新しい学問運動である。これは「新しい方法」（via moderna）と呼ばれ，オッカムの学説を中心にして形成され，エルフルト大学やウィーン大学がそのメッカとして栄えた。ルターも「新しい学問を学ばんと欲する者はエルフルトに来たるべし」という声を聞いて，この大学に入学し，さらにアウグスティヌス派の隠修士会の修道院でもオッカム主義の神学教育を受けている。彼はオッカムを「わたしの敬愛する師」（WA. 30, I, 420; 30, II, 300; Tr.2, 516）としばしば呼んでいるばかりでなく，「わたしはオッカム派に属している」（WA. 6, 600）とも語っていた。

(3)　トマス・アクィナスにもとづく「旧来の方法」

オッカム主義の「新しい方法」に対抗して「旧来の方法」（via antiqua）は 1473 年以来興り，オランダのルーヴァン大学とフランスのパリ大学から始まってドイツに波及し，ケルンとライプチヒの大学，さらに西南ドイツの各大学に広まっていった。ルターはライプチヒでトマス主義者エックと論争し，アウグスブルクでは当代の有名なトマス学者カエタヌスに審問され，自説を撤回するように説得された。ここにも当時の二大学派の対立が精神史的出来事となっていることが知られる。

2　中世スコラ神学の歴史

ルターは後期スコラ神学の影響を受けたのであるが，それはいかなる思想から成り立っていたのであろうか。その歴史と思想の特質を概観しておきたい。

(1)　中世スコラ学の定義，その特質

中世とは古代と近代との中間の時代をいう。したがって中世哲学は9世紀から15世紀の前半にわたる西洋哲学の総称であり，大部分は中世キリスト教会の聖堂や修道院の付属の学院また学僧たち（Scholastici）によって説かれた哲学であるため，スコラ学またはスコラ神学とも言われる。古代末期のアウグスティヌスはこの時期の思想家に決定的な影響を与えているため，広い意味で中世哲学に属していると見なすことも不可能ではない。この哲学には公会議によって決定された教会の正統的な教義に忠実な思想家と異端的な思想家とが分けられるが，ユダヤ哲学やアヴィケンナやアヴュロエスに代表されるアラビア哲学も含まれている。一般的には三つの時代に区分されている。① 初期の9-12世紀の成立期には，エリウゲナ，アンセルムス，クレルヴォーのベルナルドゥス，アベラルドゥスなどが活躍し，② 13世紀の全盛期にはボナヴェントゥラ，トマス・アクィナス，ロジャー・ベーコンなどが活躍した。③ 後期の14-15世紀前半にはドゥンス・スコトゥスやオッカムさらにエックハルトやタウラーのような神秘主義者たちが活躍した。

中世哲学の基本的特質は聖書によって啓示された信仰内容を理性的に解明していくところに求めることができる。アンセルムスによって説かれた「理解するために，わたしは信じる（Credo, ut intelligam）はこのことの基本姿勢を示す。信仰内容の合理的な説明を試みるために最初はプラトンと新プラトン主義の哲学が，後にはアラビアを経由して移入されたアリストテレスの哲学が積極的に受容された。このことは，同時に，信仰と理性，神学と哲学，教会と国家との対立をどのように和解させ，調停して，秩序づけるかという問題を生み出し，相互に対立しているものを上下の階層秩序において統一する中世統一文化を構築させた。その思想体系の壮大にして深遠なのは他に類例がなく，12 世紀に始まるゴシック式大聖堂の壮麗な建築に比較される。

(2)　初期スコラ神学

まず初期のスコラ神学を代表するのは「スコラ神学の父」といわれるアンセルムス（Anselmus,1033-1109）であり，修道院長からカンタベリーの大司教となった。彼は教育者としても活躍し，神学と哲学とを統合し，「理解を求める信仰」に立って信仰内容を理性的に解明しようとする。たとえば『プロスロギオン』における神の存在論的証明は有名で，「神はそれよりも大いなるものが決して考えられないものである」と前提した上で，神は思考する人間の理性の中だけでなく，現実の中にも存在するとしたほうがいっそう大きいゆえに，神は存在すると結論している。また彼の主著『クール・デウス・ホモ』（神はなぜ人と成られたか）においても受肉の理性的解明を試みた。また 12 世紀の前半には神秘主義者クレルヴォーのベルナルドゥス（Bernardus, 1090-1153）が現れる。有名な『雅歌の説教』ではキリストを花婿，魂を花嫁と見なし，両者の神秘的合一を説き，キリストと一つとなる花嫁神秘主義を説き，ルターに大きな影響を与えた。

(3)　盛期スコラ学のトマス・アクィナス

13世紀という中世の盛期にはトマス・アクィナス（Thomas Aquinas, 1225-74）が登場し，中世哲学の頂点となった思想体系を形成した。彼はアウグスティヌスの思想をアリストテレスの哲学によって解釈することで組織化し，それを『神学大全』で実現させた。そこには「恩恵は自然を破壊せず，かえってこれを完成する」という命題に端的に示されているように，彼は信仰と理性，啓示と自然，神学と哲学とを区別しながらも調和的に統一する思想を完成させた。神学により全体として方向づけられている終局目的をめざしながら理性によって一歩一歩そこに近づいていく。ここに哲学に対する神学の優位があり，トマスは神学者として哲学を使用しているが，理性は信仰と区別されながらも自律性をもたされ，階層的に秩序づけられている。ここに中世統一文化の哲学的表現が見られ，古代文化とキリスト教との統合が完成している。トマスの哲学体系はカトリック教会の最高権威として今日に至るまで認められている。

(4)　後期スコラ学とスコラ学の解体

しかし13世紀においてはトマスに対する批判者も多く輩出し，なかでもヨハンネス・ドゥンス・スコトゥス（Joannes Duns Scotus, 1266-1308）とその学派は，実践的で倫理的な領域においてトマスの主知主義を批判し，主意主義の思想を確立した。スコトゥスはフランチェスコ会を代表する神学者として伝統的意志優位説と道徳的責任および罪責感情に対する強訴を受容し，とくに自覚され始めた自我意識と直接的な自由体験にもとづいて自己の思想を形成した。トマスでは神が第一原因であるが，人間の意志が第二原因にすぎなかったのに対し，人間の意志がそれ自身で原因であり，生産的動力因であることが認められるようになった。

ところで，スコトゥスが意志は本性的に自由であっても，客観的な「正しい理性」と一致することによって善い業を実現すると説いたのに対し，同じくフランチェスコ会に属していたオッカムのウイリアム（William of Ockham, 1285 頃 -1349）になると，自由な意志はいっそう徹底して強調され，「正しい理性」でさえも意志によって立てられるから，意志に並ぶ同等な根拠にはならないと見なされ，主意主義が貫徹されるようになった[1]。こうしてオッカムは自由な精神と鋭利な論理をもってトマスの哲学や教皇政治を批判し，哲学ではノミナリズム（唯名論）を復興させ，伝統的なスコラ哲学を解体させた。すなわち彼は神学と哲学とを階層的に統一する伝統的な方法に対して懐疑的であり，哲学の論証と宗教の信仰とを区別し，いわゆる二重真理説を説いた。なかでも神の存在証明はいかなる仕方でも論証できず，推論によって第一原因たる神に至ることも，霊魂の不滅・三位一体・万物の創造・受肉の教説も論証できないとしている。こうしてアウグスティヌス以来構想されてきた宗教哲学的なスコラ学の体系は今や解体しはじめた。

同じ 14 世紀にはエックハルト（Eckhart, 1260-1327）は，スコトゥスの批判によって打撃を受けたトマスのアリストテレス主義を新プラトン主義によって克服しようとし，ド

1）　オッカムは言う「わたしは自分で無記的にかつ偶然的に様々なものを生みだしうる能力を自由と呼ぶ。こうしてわたしはその能力の外部に存在する多様なものになんらよることなく，同じ結果を惹き起こすことも起こさないこともできる」（Ockam, Quodlibeta Septem, I, q. 16 , opera theologica IX, 87. ）。

イツ神秘主義を代表する思想を確立し，それをタウラー（Tauler, 1300 頃 -1361）が継承し，ルターに大きな影響を与えた。しかし，オッカムこそ他のだれよりも信仰の主体性を重んじ，神学を哲学から切り離した上で，神学を意志の主体に集中させ，神の全能と人間の罪や功績との関係を問うノミナリズムの伝統を確立したのである。このノミナリズムによって育てられたルターは深刻な罪の意識をもって救済を求め，ノミナリズムの救済論の欠陥を指摘し，それを攻撃するようになった。

3　15 世紀におけるノミナリズムの意義

15 世紀にオッカムに発するノミナリズムの「新しい方法」がなにゆえに人々に受け入れられたのかが問題となろう。この世紀後半の時代には人々はそれまでに経験しなかったような最大の自然災害であった黒死病（ペスト）に襲われ，二千万人を超える死者をもたらした。実はこのことが最大問題として注目されねばならない。ヨーロッパ各地にわたって活躍したエラスムスは黒死病の噂を聞くとその地を離れなければならなかった。それに関する最近の研究から直接関係した医療の次元のみならず，新しい経済と人口統計学的分析の観点からも激変を経験し，最後に，決定的に重要なことである思考と感情の新しい事態が起こって来ていたことが判明した。つまり黒死病に蹂躙された世界は，トマス・アクィナスの知性的な世界観ではとうてい理解できず，ノミナリズムの「神の絶対的な権能」を説く恣意的な神とも感じられた観点から悲惨な現実を直視することを迫られた。つまり黒死病の予想できない発生と経過により，またそれが原因不明であるが，破壊的な影響を及ぼすようになると，この事態を理解するのに現実を直視するノミナリズムの思想が役立ち，それが中世後期の現実生活に見られる無秩序の経験に立ち向かうのに適合していたことが分かった。このような経験は，実際，15 世紀になぜノミナリズムが発展したのか，またそれが神学から自然科学までのすべての分野に革新運動をもたらしながら学校や大学へと実り豊かに浸透していったかが理解できる。こうしてそれは「新しい方法」として至るところで確立され，これまで君臨してきたトマス・アクィナスの学問方法は「旧来の方法」と呼ばれるようになった。

ノミナリズムは「旧来方法」であるトマス・アクィナスの神学と哲学との階層的な調和に基づく哲学大系を批判した[2)]。この点に関してオーバーマンの主張が重要な意味をもってくる[3)]。彼はまずトマスの致命的な欠陥を突く。トマスはギリシア語もヘブライ語も知らないで，誤解を招くヴルガタを頼りにして出エジプト記 3・14 を「わたしはあるという者である」(ego sum, qui sum) と読んで，ここから存在の哲学を開始したところに欠陥がある。ルターは彼の訳になる聖書で「神はモーセに言った。わたしはなるであろうものになるであろう」と訳し，そこに意図された約束を守る契約の神を捉えた。トマスにとって神は最高存在であって，この箇所が神の存在を証明する「五つの論拠」の聖書的根拠となっていた。ここから天と教会と被造物の間に聖なる階層秩序が設定され，現世の文化は存在の構造の一部分であって，被造物と創造者の間には「存在の類比」というパイプが存在すると説かれた。こういった存

2)　トマスでは哲学が神学に対して侍女の役割を負わされていたが，ルターでは哲学に対する神学の関係を再定義する運動が起こった。ノミナリズムの教育を受けた彼はこのことをトマス的な演繹法を捨て，事実認識から結論に導く帰納法を採用することによって行った。

3)　オーバーマン『二つの宗教改革――ルターとカルヴァン』日本ルター学会その他共訳，教文館，第 2 章参照。

在の哲学はアンセルムスを経てアウグスティヌスにまで遡ることができるが，聖フランチェスコの「主なる神」という思想の中に被造物が人格的に神と関わっている視点が見いだされる。ここにはこの人格的な神が世界に働きかけ，歴史の主となるというパラダイム〔共有された問題の解き方〕の転換がすでに起こっていた。それがボナヴェントゥラを経てスコトゥスとオッカムによる「新しい方法」の樹立に至る方向を採ったのである。

この存在の神から人格の神へのパラダイムの転換は，社会を根本的に再び秩序づけることを促した。こうして聖職位階制が崩壊し，国家と教会の関係のような社会的関係が根本的に改められた。またこの転換なしには「神の義」の発見といわれる宗教改革的突破は考えられない。そこには歴史の中で活動する人格としての神の発見，契約の神，義認の約束が立てられ，ルターの発見と転換につながっている[4]。

4　ルターによる後期スコラ神学の批判

オッカムの思想を神学的に完成させたのは最後の中世スコラ神学者といわれるガブリエル・ビール（Gabrier Biel, 1420 頃—1495）であり，エルフルトの哲学者と神学者はビールの影響下にあり，ルターもこのオッカム主義により決定的な影響を受けている。

ところでルターにとりオッカム主義は同時に超克すべき課題として立てられたため，彼が受容した優れた側面よりも，彼が苦悶のすえ克服した問題性の方が歴史の前景に現れてこざるをえなかった。彼はトマスの『神学大全』を修

4)　オーバーマン，前掲訳書，64 頁

学時代に学んだ形跡もなく，当時起こってきたトマス主義者たちによるオッカム主義に対する批判も知らないで，オッカム主義の伝統を受容した。しかし彼は自分の修道会の神学としてアウグスティヌス自身の著作をも研究しており，やがて独自の宗教経験に基づいてアウグスティヌスによってオッカム主義自身をも批判するようになる。

ルターはオッカム主義の伝統の下に育ち，その救済方法に疑問をいだき，苦闘のすえこれを克服したが，その思考はオッカム主義的傾向が強いといえよう。なかでも哲学と神学とを分離し，理性と信仰とを厳しく分ける分析的思考は，両者を区別した上で階層的に統合する中世的な総合的思考と対立する。このような修道院における訓練と神学研究からルターは自己を形成していったので彼は中世スコラ神学に負うところが大きいと言わねばならない。

修道院における訓練の中でも，神によって義人と認定され，判断されることがその最大の目的であったが，そこでは義認への準備についてのビールの学説がもっとも重要である。この学説ではスコラ神学によって古くから提示されてきた公理が最大の問題となった。その公理は「自己にできるかぎりをなしている人に対し神は恩恵を拒まない」という命題で示される。この命題は「はしがき」でも述べておいたようにさまざまに理解されており，トマス・アクィナスは，この義認のための準備が神の恩恵と自由意志との協働によって遂行されると初め説いたが，後に恩恵の先行性を強調し，この命題では恩恵を受けるに値する功績が自由意志に帰せられているのではない，なぜなら恩恵は無償で与えられるから，と説くにいたった。それに対しオッカムとビールにおいては義認への準備を自由意志の功績に帰する解釈がなされた。つまり義認への準備が，自然的人間の自由意志によりまず開始されると主張した。そうは言ってもビールは「適宜的に」(de congruo) 与えられる恩恵と，

「応報的に」(de condigno) に当然の報酬として与えられる恩恵を区別し，応報的報酬として与えられると説くペラギウス主義を回避した。しかし，そこには「適宜的」な「神の寛大さにもとづく受納」が説かれており，「相当分以上」の恩恵が神のあわれみによって与えられるという，キリスト教的福音の使信を洞察することができる。

この後期スコラ神学批判の文書にはこのようなビールの思想についての批判が展開しており，第2文書ではスコラ神学を名指しで批判しており，第3文書ではルターの神学が「神学的逆説」によって展開し，第5文書ではルターの主張に躓いたラトムスに対する批判として展開し，終わりにパウロ神学の人間論を通して解明される。その中でも最大の問題は信仰義認の問題であった。

5　宗教改革的認識の成立

信仰義認は宗教改革的な認識から直接説かれるようになった。ルターの修道士としての生活は修道院から大学の教師となって活躍した時期にいたるまで続き，宗教改革の発端となった「95ヵ条の提題」(1517) の発表へ向かう。この期間に彼の精神的発展に新局面が起こった。それこそ宗教改革的認識の開眼である。彼がこの認識に達したのが塔のある建物の一室であったことからそれは「塔体験」(Turmerlebnis) とも呼ばれる。修道院で経験した内的危機はこれにより克服され，確かな救済体験の基礎に立って，彼はこれまで支配していた後期スコラ神学の救済論を批判しながら自己の新しい神学を形成するようになった。

(1)　信仰義認論の確立

修道士としての修練の目的は，神によって義人として受納され，聖霊の賜物にあずかり，永遠の生命にいたることに，置かれていた。したがって神の恩恵を受けるにはどのような準備が必要であるかが論じられていた。恩恵には罪の赦しの洗礼を受けることが「第一の恩恵」と呼ばれ，永遠の生命を受けることが「最後の恩恵」と呼ばれていた。ルターの場合には形式的には洗礼を受けていたが，罪の赦しの確信もなく，永遠の生命にも予定されていないのではなかろうかという不安により彼は苦しめられていた。したがって彼が終始求めていたものは救済の確実性，つまり救いの確信であった。

彼は先述のビールの学説にしたがって義認への準備に努めても恩恵の注ぎの経験にも，救いの確信にも達することができず，かえって絶え間ない罪の意識によりさいなまれた。だが，この罪意識は道徳上の違反より生じたのでも情欲にかかわるものでもなく，「真の葛藤」であった[5]。この葛藤は道徳上のもではなく，「傲慢」のように宗教的なものであった[6]。彼はこのように罪を知らされたのであるが，罪を罪として率直に認めず，かえって罪を憎むようになり，罪の認識のなかにも自己を追求してやまない自我の根源的罪性が傲慢として宿っていることに気づくようになる。この罪性が存在する以上，すべての行為は神の前には全く役立たない。そこで彼は神が人間にとうていできないことを行うように戒めを与えておいて，義認へ導こうとしていると考え，「神の義」に対する憎悪が生じてきた。

この間にルターはヴィッテンベルク大学の神学部長で

5）「わたしが修道士であったとき，わたしはすこしも情欲を感じなかった」，また「シュタウピッツ博士にわたしがしばしば告白したのは女性のことではなく，真の葛藤であった」（WA.Tr.1,122）参照。

6）それはたとえば「もっと征服の困難なのは傲慢である。なぜならそれは悪なる性癖に対する勝利によってさえ養われるからである」（WA.Tr. 1, 47）とあるような傲慢の罪が指摘されている。

あったシュタウピッツからも宗教上の指導を受けている。シュタウピッツは自己の神秘主義の立場から「キリストの御傷」の省察をすすめ,「真の悔い改めは神に対する愛にはじまる」と述べて,悔い改めから出発していって神の愛に昇りつめるオッカム主義の精進の道を逆転させなければならないことを彼に示唆している[7]。実際ルターが発見した真理もこの延長線上にあった。すなわちオッカム主義の修道による準備の終局目標として立っている聖霊による恩恵の注ぎこそ,実はいっさいの善いわざの出発点である,というのが彼の到達した認識であった。宗教の本質は道徳からは認識できないのであって,聖なる存在からの生命によって生かされる経験によってのみ認識できる。したがって聖なる生命である聖霊の注ぎは,人為的なものでも道徳的なものでもなく,ただ信仰によって受容する以外にそこへの通路はない。この認識は一つの決定的転向となり,「行為義認」から「信仰義認」への方向転換を生んだ。これが「神の義」の発見である。

> わたしは,「神の義」がここでは義人が神の贈物により,つまり信仰によって生きるさいの,その義であり,福音によって神の義が啓示されているという,この〔義という〕言葉が明らかに「受動的」であって,それによって神はあわれみをもって信仰によりわたしたちを義とすると,理解しはじめた。……そのときわたしはまったく生まれ変わったような心地であった。

---

7)　シュタウピッツ宛ての手紙のなかでルターは言う。「真の悔い改めはすなわち神への愛であり,この愛は他の神学者たちでは終局のもの,悔い改めの実現であるが,実際にはすべての悔い改めの初めに立っている。このあなたの言葉は強者の放った矢のようにわたしにつきささり,悔い改めについて聖書のすべての出典を比較考察するようになりました」(WA. 1, 525)。

そしてわたしは広く開かれた門から天国そのものに入ったように思った（WA.54, 185ff.)。

この「神の義」というのは，神がそれによって罪人を裁く審判の正義ではなく，キリストの福音のゆえに罪人を義人とみなす，したがって人間の側からは信仰によって受動的に与えられる義である。これが宗教改革的な新しい認識なのであるが，その発見は恐らく『第1回詩編講義』（1513-15）が終わって次の『ローマ書講義』(1516-17）が始まる間，詩編講義の出版に携わった頃であるが[8]，それが新しい神学として確立されるのは，後期スコラ神学と対決する討論集において，とりわけ1518年の『ハイデルベルク討論』であって，具体的には1521年の『スコラ神学者ラトムス批判』においてではなかろうかと思われる。

したがって義認論はアウグスティヌスが説いていた「義認」と「宣義」との二つの意味のなかで，後者の宣義によって確立され，その意味は単なる法廷的な「無罪宣告」ではなくて，キリストと信仰者の間で取り交わされる「転嫁」(imputatio）によって成立する。これが『キリスト者の自由』で説かれた「喜ばしい交換」の内実であるといえよう。したがってこの後期スコラ神学批判文書の進行過程において，つまり後期スコラ神学との対決の直中において新しい神学で完成しているといえよう。

8）ルターはこの新しい認識に達したのは，詩編の第2回目の講義の前年であると『ラテン語全集第1巻への序文』(1545年）の自伝的文章で語っている。そうすると遅くとも1522年以前となり，後期スコラ神学との討論が行われた時期となる。しかし，この発見はすでに『第一回詩編講義』(1513-15年）の中で成立し，『スコラ神学者ラトムス批判』(1521）になって義認論として完成したと推測される。

(2) 新しい神学の形成

そういうわけで初期の詩編講義からパウロの手紙の連続講義になかに彼の新しい認識が次第に成熟し確立されるプロセスが見いだされる。とりわけ重要なのは『ローマ書講義』（1515-16）であって，そこにはスコラ神学に対する激しい批判が展開する。一例として「神の義」の発見との関連するローマの信徒への手紙1・17の講解と註解をルターがどのようにしているかを挙げてみよう。その箇所でルターはアリストテレスの行為によって義人と成るという行為義認論を批判しており，彼の信仰義認論が次のように述べられている。「神の義が救いの根拠である。ここで再び神の義とは，それによって神ご自身が義しいのではなく，わたしたちが神から義とされるものと理解すべきである。それは福音に対する信仰により生じる」（WA. 56, 172, 3ff.）。この信仰義認からアリストテレスの倫理学に立つスコラ神学の批判はさらに展開していって，ローマの信徒への手紙4・7の講解でクライマックスに達し，スコラ神学の公理である「自己の中にあるかぎりをなしている人に対し神は恩恵を拒まない」という命題を批判し，「何んと愚かな豚のような神学者どもよ」（O stulti, O Sawtheologen!）と叫んでいる（ibid., 274, 14)。なおスコラ神学批判では後年の『ガラテヤ書講義』（1532）が受動的な義について詳論しており重要な資料を提示している。しかしそれよりも重要な資料はこの文書集に残されている。

6　転義的解釈の特質と「転嫁」

本書の第5文書『スコラ神学者ラトムス批判』でとくに注目すべき点はルターの聖書解釈学の方法が詳しく論じられており，それがパウロのローマの信徒への手紙の解釈として展開していることである。ルターは聖書の修辞学的な表現，とくに比喩の問題をとりあげ，なかでも聖書の転義的表現をとりあげる。しかもそれによって罪のキリストへの「転嫁」(imputatio) を説くようになった[9]。彼は「比喩を使って転義されているものは，比喩〔の法則〕にしたがって自分を〔そこに〕移している」と主張し，「そうでなければ転義〔比喩的用法〕は必要ではないであろう」と言う。

> この転義には言葉の隠喩〔比喩的な語り方〕だけでなく，ものの隠喩〔事物的な転義〕もある。というのも，わたしたちの罪は実際はわたしたちから移されてキリストの上に置かれており，こうしてキリストを信じる者は実際は何ら罪をもたず，罪はキリストの上に移されており，キリストのうちに呑み込まれていて，その人をもはや断罪しないからである。したがって比喩を使っての語りは単純で粗野な語りよりも好ましく，かつ，有効であるように，現実の罪はわたしたちにとって煩わしく，耐え難いが，転義され比喩的になると，それは最高に喜ばしく有益になる（本書 221-222 頁）。

そこにはルターが最初期の聖書講義である『第一回詩編講義』以来追求していた問題の最終的な表現と宗教改革的な認識が成立することが示されている。

(1)　『第 1 回詩編講義』における「転義的解釈」

この講義の中でルターは転義的解釈の方法を次のように

9)　本書ではすでに第 1 文書（15 頁）および第 5 文書 2C，3（253 頁など）でこの言葉が使用されている。

規定した。詩編の言葉は「文字的には敵なるユダヤ人たちから受けたキリストの悲嘆である。比喩的には暴君や異端者から受けた教会の悲嘆と告発である。だが，転義的解釈（tropologia）では試練の中で発せられた信仰者と痛める霊との悲嘆もしくは祈りである」（WA 3, 13, 28ff.）と。これが「転義的方法の原則」（regulaula tropologia）であって，それについて「実際，転義的解釈には次の規則がある。キリストが詩編の中で文字通り身体的苦痛によって大声で嘆き祈っているところではどこでも，その同じ言葉の下でキリストによって生まれ教えられたすべての信仰ある魂が嘆き祈っており，自己が試練を受けて罪に転落しているのを認めているということである」（WA 3, 167, 21ff.）と語った。ところが『スコラ神学者ラトムス批判』ではこの解釈はさらに発展し，転義はキリストへの「転嫁」（imputatio）となっている。この「キリストへの転嫁」こそ信仰者への罪の「非転嫁」（non-imputatio）としての義認，つまり「宣義」としての義認を意味する。ここに信仰義認論の完全な表明を見ることができる。

そこで少し歴史を遡って「転義」の使用について考察してみよう。

(2)　アウグスティヌスとエラスムスにおける転義

聖書解釈で「転義」をとくに問題としたのはアウグスティヌスであった。聖書の文字が理解されないとき，その意味を知らない場合とそれが多義的である場合とがある。そのさい「記号」は「原義」と「転義」とに分けて考察される。それゆえ「転義」をどのように理解するかが重要な問題となる。アウグスティヌスは「記号」を原義と転義に分けて考え，次のように言う。「ところで記号は原義的（propria）であるか，転義的（translata）であるが，ある記号が，きめられている通りの指示対象を示すとき，その記号は原義的とよばれる」[10]。次に事例として「牛」があげられ，それが「牛」とは別の指示対象「伝道者」を指すとき，「転義」となる（Ⅱコリント９‐９以下，Ⅰテモテ５・18参照）。たとえばボース(bos)と言うとすると，ラテン語を話す人々には，それがだれしもこの名前で呼んでいる動物である牛をさしていることが分かる。ところが「原義的な語が示している指示対象を，それとは別の事柄を示すために用いるとき，その記号は転義的である」。つまり牛が伝道者に転義される。このようにアウグスティヌスはすべての記号を「原義的」と「転義的」に二分し，「原義的」を「本来的」つまり「字義的」として規定した。また「転義的」は「神秘的」であるとも主張し，数字が隠された意味をもっている点を聖書・音楽・異教文学で説き明かす[11]。

ルターの同時代人エラスムスはこのような区別と意義とをアウグスティヌスから直接受け継いでおり，転義を比喩と同じものと理解する。転義（tropus）とはそれはあることを別のことから理解するという意味であり，「もの」を「しるし」から理解することである。この意味で聖書では転義法が使用され，「もの」や「事柄」を理解するために，それとは別の譬え話や比喩が多く用いられている。

(3)　ルターの転義的解釈の特質

エラスムスとルターとの聖書解釈における相違点は「転義的解釈」についての理解が相違している点から解明できる。というのもエラスムスがアウグスティヌスの『キリス

10)　アウグスティヌス『キリスト教の教え』II, 10, 15。「ところで記号は原義的（propria）であるか，転義的(translata)であるが，ある記号が，きめられている通りの指示対象を示すとき，その記号は原義的とよばれる」。

11)　アウグスティヌス『キリスト教の教え』II, 16, 25-27。

ト教の教え』における「転義法」の解釈を踏襲しているのに，ルターは『第一回詩編講義』では異なる解釈を採用したからである[12)]。

ルターはこの講義の序文で中世を通して発展してきた聖書解釈の方法を詩編に適用し，人間の在り方を聖書の転義的解釈によって捉える。伝統に従ってルターは詩編をキリストを示す預言と考え，預言的・文字的意味はキリストをめざしているので，詩編を単にその歴史的意味に限定する場合には真の意味が失われると言う。そこでキリストを語っている詩編の理解は次のように解釈される。つまり字義的には（ad literam）イエス・キリストの人格について予言的に解釈し，比喩的には（allegorice）教会を意味し，「同じことは同時に転義的（tropologice）にすべての霊的にして内的な人間に関して，その肉的にして外的な人間との対立において，理解されなければならない」[13)]と説いた。したがって詩編講義においてルターは詩編の言葉を字義的にはキリストを，転義的には人間（つまり内的人間と外的人間との葛藤の直中にある人間）を指すものとみなし，キリストの出来事をキリストから人間への義の転嫁として解釈する。これこそ先に「転義的方法の原則」として示されたものである。

このような転義的な解釈は中世における四重の解釈法にあった「転義的な解釈」を中世的な「道徳的」（moraliter）解釈として使用された方法から転じて「試練」の状況にある人間に適用し，その主体的で実存的な意味を追求し，意味を移す「転義」から自己の罪をキリストに移す「転嫁」として説かれるようになった。この点を先に本書 363 頁

12）　金子晴勇『ルターの人間学』創文社，70-71 頁参照。

13）　Luther, WA. 3, 13, 16f. Idemque simul trpologice debet intelligi de quolibet spirituali et interiori homine; contra suam carnem et exteriorem hominem.

に引用したテキストが明示している。ここに宗教改革的な認識といわれる「宣義」としての「義認」の重要な意義とその内実が明瞭に示されている。

このようにして転義的解釈はキリストの義を信徒に移す「転嫁」となり『キリスト者の自由』で説かれたキリストと魂の間に成立する「喜ばしい交換」の内実を意味するようになった。このように伝統的な聖書解釈の方法としての転義はこれまで説かれてきた比喩から転じて自己の罪をキリストに移す「転嫁」として説かれるようになった。ここに宗教改革的な認識における「宣義」としての「義認」の意義が成立する。ここには単なる無罪宣告としての法廷的判断ではない，実質的な罪とキリストの義との交換――ルターはこれを「喜ばしい交換」と呼ぶ――から成立する義認思想が確立される。

このような転義的解釈がルターの義認思想を生み出したのである。こうしてルターによる「神の義」の発見は宗教改革的な神学の端緒となり，それが神学思想として歴史的に成熟して行くことになる。このような神学思想の発展過程をこの著作の第 5 文書は明確に示している。

あとがき

ルターがその著作活動を開始するに当たって最初に批判しなければならなかったのは後期スコラ神学であった。この批判の仕事は五つの文書によって行われた。これらの文書はアウグスティヌスの友人ノアの司教パウリヌスが友人の名作『告白録』を含めてマニ教を批判した書物を「マニ教批判の五書」と命名したことに擬えて，ルターの文書集を「後期スコラ神学批判の五書」と呼ぶことができよう。ここで「五書」というのはもちろん「モーセの五書」を指しており，旧約聖書の最初に記録された五つの書物に対する名称である。

本書の「はしがき」や「解説」で述べたように，オランダのルーヴァン大学教授でスコラ神学者のラトムスは，本書の第 2 文書から第 4 文書の中から疑問点を取り出して，ルターを批判した。この批判が一般に歓迎されたのを知ったルターは，これに反論して大規模な批判の書となった第 5 文書を書いた。ところがこの反論で明らかとなったのは，ルターと後期スコラ神学との間にある思想の基本的相違であって，そこから思想の世界が異質であることが判明した。それを端的に示しているのが実は，第 1 文書の sine gratia「恩恵を欠くと」つまり「恩恵がないとすると」という鍵になる言葉であって，恩恵がある場合とない場合とがこの鍵語によって厳密に区別される。ここにルター神学の基礎構造は据えられている。ところがスコラ神学者ラトムスと，その後批判的に対決するようになる人文主義者エラスムスも，ルターとは反対に「恩恵が与えられると」人間には何が可能となるかを追求する。このような思想的な世界の相違を示すのが第1文書であるので，この文書が最初に書かれている。この点に留意していただくとルターの思想が分かり易くなると思われる。

ところで，これらの文書はルターの神学形成にとってきわめて重要であった。とりわけ第3文書の「ハイデルベルク討論」が宗教改革史上もっとも重要であって，これをもってルター神学が確立されたとみなされた。したがって『ルターの十字架の神学』との標題の下にレーヴェニッヒやマッグラスによって代表されるルター神学の形成期の研究も，この範囲に限定されていた。しかし実際はそこから起こってきた当時のスコラ神学からのルター批判とそれに対するルターの反論が続けられており，しかも大きな規模でもって遂行されていたのである。この意味で本書は，今後，徹底的に研究され，ルター神学の組織的な叙述として考察されることができる内容が豊かに備わっていると言えよう。

わたしが大学院でルターの研究を始めたころ，すでに本書に収録されている最初の三つの文書は翻訳されていたが，重要な内容を湛えている第5文書の近代語訳（英語訳と独逸語訳）がやっと出版されるようになった。英語訳はかなりの意訳であったので，文書内容を捉えることができなかったが，独逸語訳はとても難解ではあっても思想内容を的確に理解させる優れた訳業であった。そのために訳者はこれによって博士号を授与されているほど優れていた。わたしはこの訳業に助けられて初めてこの文書のもつ意義を学ぶことができた。当時「ルター著作集」（第1集）の出版がはじまっており，その第10巻には第五文書の翻訳も予定されていたので，それを心待ちにしていたがついにそれは訳出されなかった。このことは恐らくこの文書の難解さに由来するようにわたしには思われた。ルターがこの文書を著述しているときは特別な精神状態にあって，心身とも極度の疲労状態に陥っていたといえよう。というのもその当時ヴォルムスの国会で彼は帝国追放令に処せられ，ヴァルトブルク城に匿われていたから，それも当然である。そこに幽閉中に彼は新約聖書のドイツ訳を開始していたが，彼に対する批判が高まって来たので，それを一時中止してまでもこの文書に取りかからねばならなかった。そのためかラテン語の原文はかなり難解であって，これを翻訳するのは無理ではないかと思われた。そんなわけで，わたしも「ルター著作集」の翻訳に期待していたのであるが，それが実現を見なかったので，自分でも翻訳してみようかと考えるようになった。だがラテン文が余りに難解なため，翻訳の仕事は途中で一度は挫折せざるを得なかった。幸いなことに定年で退職した後には時間の余裕ができたので，しかも宗教改革 500 周年も近づいてきたので，再度，翻訳に取り組むようになり，このような老年になってではあるが，その翻訳を完成することができた。

出版に際してはいつもお世話になっている知泉書館に今回もお願いすることになった。出版事情がことのほか厳しいときに，この種の学術書の出版は絶望的であるが，無理を承知のうえでお願いした次第である。なお，本書の第 1 文書から第 4 文書までは拙訳『ルター神学討論集』教文館，2010 年に既訳があったが，今回は教文館の了承を得て，第 1 文書と第 2 文書はその全文を，第 3 と第 4 文書はその前半だけを再録させてもらった。

2019 年 1 月 13 日

金　子　晴　勇

固有名索引

事項索引

ア　行

カ　行

サ　行

マ～ラ 行

金子　晴勇（かねこ・はるお）
昭和 7 年静岡県に生まれる。昭和 37 年京都大学大学院文学研究科博士課程修了。聖学院大学総合研究所名誉教授，岡山大学名誉教授，文学博士（京都大学）
〔著訳書〕『愛の思想史』『ヨーロッパの人間像』『人間学講義』『ヨーロッパ人間学の歴史』『現代ヨーロッパの人間学』『エラスムスの人間学』『アウグスティヌスの知恵』『アウグスティヌスとその時代』『アウグスティヌスの恩恵論』ルター『生と死の講話』『ルターの知的遺産』『知恵の探究とは何か』『エラスムス「格言選集」』コックレン『キリスト教と古典文化』（以上，知泉書館），『ルターの人間学』『アウグスティヌスの人間学』『マックス・シェーラーの人間学』『近代自由思想の源流』『ルターとドイツ神秘主義』『倫理学講義』『人間学―歴史と射程』（編著）（以上，創文社），『宗教改革の精神』（講談社学術文庫），『近代人の宿命とキリスト教』（聖学院大学出版会），『キリスト教霊性思想史』，アウグスティヌス『ペラギウス派駁論集Ⅰ－Ⅳ』『ドナティスト駁論集』『キリスト教神秘主義著作集 2 ベルナール』（以上，教文館）ほか。

〔後期スコラ神学批判文書集〕　ISBN978-4-86285-293-9

2019 年 4 月　5 日　第 1 刷印刷
2019 年 4 月 10 日　第 1 刷発行

訳　者　金　子　晴　勇
発行者　小　山　光　夫
印刷者　藤　原　愛　子

発行所　〒113-0033 東京都文京区本郷1-13-2
電話03（3814）6161 振替00120-6-117170
http://www.chisen.co.jp
株式会社 知泉書館

Printed in Japan　印刷・製本／藤原印刷